Heide Göttner-
Abendroth

Inhalt

Vorwort

Das Emblem auf dem Titelblatt des Buches verbildlicht das Thema in dreifacher Hinsicht:

Geschichte: Es ist eine archaische Drachingestalt, das Sinnbild des archaischen Matriarchats.

Gegenwart: Ein Mensch wird aus der Drachin geboren – das Thema ersteht wieder auf.

Utopie: Die wiedergebärende Drachin schreitet als rituelles Spiel daher, als inszenierte Ironie. Denn sie wird in der Jetztzeit geschaffen, sie ist durch unser Bewußtsein, unsere Reflexionsstufe gegangen. Sie ist nicht mehr eine archaische, sondern eine heutige Gestalt.

Das Ganze ist ein Labyrinth-Bild, in welches Hell und Dunkel, Zeit und Raum, Tier, Mensch und Leute verwoben sind. Auf labyrinthischen Wegen wird Matriarchat als Vergangenheit, Gegenwart und Utopie wiederentdeckt. Die winzigen uralten Zeichen zu Füßen der Drachin sagen dasselbe, sie sind Hinweise auf Kosmos und Menschen. So erinnert diese moderne Zeichnung an sehr alte Felsbilder. Die Künstlerin ist Agnes Barmettler.

Zuerst sage ich Dank allen Forscherinnen und Forschern, die zum Thema »Matriarchat« gearbeitet haben und von denen ich lernen konnte. Am wichtigsten für mich persönlich waren die Werke von Robert von Ranke-Graves, auf die ich mit 21 Jahren stieß und die mich seither begleitet haben.

Dann sage ich Hermann Dank, der mich zu meiner Forschung ermutigt und auf vielen anstrengenden Forschungsreisen begleitet hat. Sie führten uns vom nördlichsten bis zum südlichsten Europa, vom nordamerikanischen Kontinent bis nach Indien und Nepal.

Ich danke den vielen Frauen, die mich seit meiner ersten Publikation zum Thema als Leserinnen, Zuhörerinnen, Briefeschreiberinnen, Hinweisgeberinnen, Diskussionspartnerinnen, Kritikerinnen und praktische Helferinnen bekräftigt haben, auch unter den widrigsten Umständen mit dieser Forschung fortzufahren.

Insbesondere danke ich Rosmarie, Salome, Martina, Maria, Anne Margreth, Marianne und meinen halberwachsenen Kindern Heide, Gereon und Helen, daß sie mir auf Weghof eine Situation geschaffen haben und noch schaffen, in der ich meine Forschung niederschreiben kann.

Ich danke André für unermüdliche Hilfe beim Aufsuchen und Bereitstellen von Materialien aus den Bibliotheken, und ich danke allen Förderinnen und Förderern meiner Akademie, in deren Rahmen dieses Werk entsteht.

Weghof, August 1987

Einleitung

Immer wenn ich vor öffentlichen Versammlungen über meine Matriarchatsforschung spreche, werden mir ganz bestimmte Fragen gestellt, die grundlegend sind, sich aber in wenigen Sätzen nicht beantworten lassen. Denn sie enthalten die Breite der Probleme, die bei der wissenschaftlichen Beschäftigung mit diesem Thema zu lösen sind. Diese typischen Fragen sind:

- Hat es überhaupt Matriarchate gegeben?
- Woher kann man darüber etwas Sicheres wissen?
- Wie haben matriarchale Gesellschaften ausgesehen?
- Wie kam es zu dem offenbar totalen Siegeszug des Patriarchats, ist es eine überlegene Gesellschaftsform?
- Was nützt uns Matriarchatsforschung heute? Lenkt die Beschäftigung mit dieser frühen Geschichte nicht ab von der dringenden Patriarchatsanalyse und Patriarchatskritik?
- Wie können wir aus einer vergangenen Gesellschaftsform eine Perspektive für die Zukunft gewinnen; sind Matriarchate nicht geschichtlich unwiederholbar?
- Wünschen wir uns überhaupt Matriarchat als Zukunftsperspektive, und wenn ja, wie sähe das aus?

So oder ähnlich lauten die Fragen, und sie drücken die große Unsicherheit und Verwirrung aus, die zu diesem Thema heute bestehen. Sie zu beantworten ist die Aufgabe dieses Werkes. Es ist aus einer mehr als zwanzigjährigen intensiven Beschäftigung mit Theorien und Materialien zum Thema »Matriarchat« sowie aus gleichzeitigem kritischen Nachdenken über die gegenwärtige Situation, beides in rückhaltloser Ehrlichkeit, entstanden. Wenn mir Leserinnen und Leser die Chance ihrer Geduld geben, dann werden sie am Ende dieses Werkes selbst entscheiden können, ob diese Fragen mit der entsprechenden Genauigkeit und Weite zugleich beantwortet wurden, welche diesem riesigen Thema angemessen sind.

Absichtlich spreche ich von »Matriarchat« und nicht von »matristischen« (Bornemann), »matrifokalen« (Wesel), »gynaikokratischen« (Bachofen) oder »gynaikostatischen« (Meillassoux) Gesellschaften oder wie auch immer diese Ersatzbezeichnungen lauten. Denn sie werden im allgemeinen dazu benutzt, die matriarchale Gesellschaftsform durch bloße Definition entweder zu verzerren oder zu verkürzen oder ganz zum Verschwinden zu bringen. So wird behauptet, es hätte zwar »matristische«, »matrifokale« usw. Gesellschaften gegeben, in denen die Frauen irgendeine unklare Bedeutung gehabt hätten, aber »Matriarchate« im vollen Sinne, daß nämlich diese Gesellschaften *in allen ihren Bereichen* von Frauen geschaffen und geprägt worden waren, habe es nie gegeben. Aber in genau diesem Sinne behaupte ich, daß es Matriarchate gegeben hat, und ich werde meine Behauptung in diesem Werk belegen.

Die umgekehrte Behauptung, daß »Matriarchate« Gesellschaften gewesen seien, in denen – wie es der Begriff angeblich sagt – die Mütter genauso geherrscht hätten wie später die Väter im Patriarchat, ist ebenfalls haltlos. Denn in diesem fiktiven Sinne hat es »Matriarchate« nie gegeben. Herrschaft ist eine geschichtlich relativ späte Erfindung und typisch mit der Entstehung des Patriarchats verknüpft. Meine Definition von »Matriarchat« lautet deshalb: *von Frauen geschaffene und geprägte Gesellschaften, in denen sie dominierten, aber nicht herrschten.* Was das heißt, wird sich später inhaltlich füllen. Zugleich lese ich den Begriff »Matriarchat« anders, denn das griechische Wort »arché« bedeutet nicht nur »Herrschaft«, sondern auch »Anfang«: Am Anfang war die Mutter, das weibliche Prinzip. Und das trifft die Sache.

Es geht bei meinen Untersuchungen um die *Entwicklungsgeschichte einer ganzen Gesellschaftsform,* eben der matriarchalen, die weithin unbekannt und aus dem Geschichtsbewußtsein verdrängt ist. Sie wieder aufzufinden, ihre räumliche, zeitliche und geistige Reichweite zu rekonstruieren ist meine Aufgabe. Ihre Lösung wird eine beträchtliche Veränderung unseres traditionellen Geschichtsbildes und eine tiefgreifende Umwertung unserer üblichen Weltsicht mit sich bringen. In diesem Sinne ist Matriarchatsforschung kein Spezialgebiet neben schon so vielen, keine Lückenbüßerforschung, um die wenigen exotischen Ausnahmen aufzuarbeiten, welche die herkömmliche Geschichtsschreibung vergaß. Sie ist vielmehr *Grundlagenforschung,* welche den Rahmen der traditionellen Geschichtsschreibung und Weltsicht sprengt und überschreitet. Dabei geht es nicht allein um ein Neuschreiben der Geschichte, ein historisierendes, akademisches Glasperlenspiel, in das unsere Gegenwart nicht einbezogen wäre. Je tiefer wir in die Kenntnis der Epoche der matriarchalen Gesellschaft und Kultur eindringen, desto mehr sehen wir unsere Denkgewohnheiten und Anschauungsweisen, die uns seit den patriarchalen Jahrtausenden eingeimpft werden, in Frage gestellt. Immer deutlicher können wir die Normen, Gesetze, Bilder, Muster, Denk- und Sprachschienen der uns umgebenden patriarchalen Kultur auf dem Hintergrund dieses anderen Wissens erkennen. Und das erst gibt der Kritik an der patriarchalen Gesellschaftsform, die heute nötiger ist denn je, ihre Genauigkeit und Schärfe.

Matriarchatsforschung heißt deshalb für mich auch immer *gleichzeitig Patriarchatsanalyse und Patriarchatskritik* mit dem Ziel der utopischen Veränderung der gegenwärtigen, sichtlich verrotteten Gesellschaftsform. Sie ist ein *neues philosophisches Paradigma*

(T. S. Kuhn), das in drei Richtungen zugleich wirkt: Erstens ist sie vergleichende Geschichtsforschung weit über die offiziell anerkannte Geschichte hinaus; zweitens ist sie Patriarchatskritik und als solche eine Gegenwartsanalyse weit über die Grenzen der bisherigen Gesellschaftskritik hinaus; drittens ist sie die geistige Suche nach einer Utopie jenseits der bekannten abstrakten oder dogmatischen Muster, nach Utopie als konkreter, experimenteller Leitidee, als heller Faden durch die Verworrenheit unserer Zeit.

Gegenüber der bisher geleisteten Matriarchatsforschung, von der ich viel lernen durfte, heißt das, sie »vom Kopf auf die Füße zu stellen« in folgendem Sinne: Merkwürdigerweise gilt Matriarchatsforschung, soweit sie überhaupt als solche deklariert wird, in Wissenschaftlerkreisen als »unseriös«, keiner ernsthaften Beschäftigung wert. Das wunderte mich, denn »unseriös« kann ja nicht ein Thema selber sein, sondern höchstens die Art des Umganges damit. Und die Art des Umganges mit dem Thema »Matriarchat« ist in der Tat bis heute vorwiegend unseriös, was aber nur den Forschern und nicht der Sache angelastet werden kann. In den universitären Institutionen wird diese Forschung unterdrückt und tabuisiert, in den journalistischen Medien wird sie mit dem Hautgout des Exotischen vermarktet. Durchgängig ist festzustellen, daß alle sexistischen Ängste, Abwehrhaltungen und Vorurteile, die man(n) Frauen gegenüber kaum noch offen zu sagen wagt, auf die matriarchale Gesellschaftsform projiziert wurden und werden. Darum ist Matriarchatsforschung bei ihren Befürwortern und Bekämpfern bisher alles andere als neutrale, sachliche Forschung. So ergeben sich die oft zitierten Ambivalenzen und Unsicherheiten in der Matriarchatsforschung weniger aus der Sache selbst als aus der ambivalenten, unsicheren Haltung der Forscher, Fachkollegen und Öffentlichkeit gegenüber diesem Thema. Es wird darum höchste Zeit, sie auf einen nüchternen, rationalen Boden zu stellen, indem alle Ideologien, die ihr aus verunsichertem männlichen Selbstwertgefühl übergestülpt wurden, abgestreift werden. Deshalb wende ich als erstes Verfahren, um dieses Ziel zu erreichen, die Methode der *Ideologiekritik* an.

Zu diesen außerwissenschaftlichen Gründen, welche die Matriarchatsforschung verzerren, kommen die innerwissenschaftlichen Gründe. Diese bestehen hauptsächlich in der Zersplitterung des Themas über viele Einzelzweige, wo es nur am Rande behandelt wird, verknüpft mit der jeweiligen fachgebundenen Verkürzung des Blicks. In vielen Fällen wird – mit Rücksicht auf die Abwehr der Fachkollegen – noch nicht einmal deklariert, daß es sich um Matriarchatsforschung handelt. Bei diesem Umgang mit dem Thema kann weder ein Gesamtbild der matriarchalen Gesellschaftsform noch eine Darstellung ihrer Entwicklungsgeschichte aufkommen. Statt dessen wimmeln die disparaten Untersuchungen dazu von Widersprüchen gegenüber anderen Forschungsergebnissen und von Selbstwidersprüchen, was logisch fatal ist. In mühsamer Sammelarbeit der einzelnen Mosaiksteine habe ich daraus das Bild des Matriarchats zusammengetragen und stelle dieses Thema damit auf einen interdisziplinären Boden, der ihm allein angemessen ist. Zugleich erlaubt mir das, der Matriarchatsforschung jenen gesellschaftskritischen Impetus zu geben, den sie bei ihrer fachspezifischen Idiotisierung völlig verliert. Mein zweites Verfahren ist deshalb eine *interdisziplinäre und kritische Forschungsmethode*. So behandelt hängt Matriarchatsforschung nicht mehr in der Luft haltloser Projektionen, sondern sie wird zu einer *rationalen, interdisziplinären und kritischen Forschung*, die vielen einzelnen wissenschaftlichen Zweigen dann ihrerseits Denkanstöße geben kann. Das ist es, worum ich mich bemühe.

Die ersten Früchte meiner Bemühung waren die beiden kleinen Bücher »Die Göttin und ihr Heros. Die matriarchalen Religionen in Mythos, Märchen, Dichtung« (1980) und »Die tanzende Göttin. Prinzipien einer matriarchalen Ästhetik« (1982) sowie zahlreiche Aufsätze. Diese beiden Bücher, erste Einzelstudien aus dem riesigen Gebiet der Matriarchatsforschung und weniger für Akademiker als für interessierte Laien, insbesondere für Frauen geschrieben, waren mein Einstieg. Das Ziel ist, die matriarchale Gesellschaftsform mit ihrer Entwicklung auf der ökonomischen, der sozialen, der rituellen und der mythologischen Ebene darzustellen. Mein Einstieg war, mit der *mythologischen Ebene* zu beginnen (»Göttin und Heros«). Mein zweiter Schritt war, mich in die *rituelle Ebene*, welche zugleich eine ästhetische ist, einzuarbeiten, sie mir auch praktisch vorzustellen (»Die tanzende Göttin«). Dabei wurde das erste Büchlein eine religionswissenschaftliche Studie und das zweite ein Essayband. Danach war ich forschend insbesondere mit der *ökonomischen* und der *sozialen Ebene* des Matriarchats beschäftigt, die – zusammen mit der bereits bearbeiteten mythologischen und rituellen Ebene – nun in diesem Werk zur Gesamtdarstellung des Matriarchats und seiner Entwicklungsgeschichte kommen sollen.

Die Schritte dazu sind die einzelnen Bände dieses Werkes: Dieser erste Band ist die *Forschungsgeschichte zum Matriarchat*. Darin wird die Frage beantwortet, woher wir überhaupt etwas über die matriarchale Gesellschaftsform wissen können. Zugleich wird meine Methode sichtbar, mit deren Hilfe ich interdisziplinär und ideologiekritisch mich der Sache Matriarchat annähere, um sie aus vielen Fragmenten zu rekonstruieren. Dabei ist inhaltlich bereits einiges über die matriarchale Gesellschaftsform zu erfahren.

Der zweite Band ist dem *Matriarchat bei den Naturvölkern* gewidmet. Anhand ethnologischen Materials entsteht vor unserem Auge
das Bild der matriarchalen Gesellschaftsform auf ihrer einfachen
Stufe. Gedanken über ihren Ursprung und ihre Ausbreitung werden erörtert, zugleich ihre überraschende zeitliche Ausdehnung anhand der Urgeschichtsforschung gezeigt.

Der dritte Band stellt die matriarchale Gesellschaftsform auf ihrer
hochentwickelten städtischen Stufe dar und ist damit den *matriarchalen Hochkulturen,* welche die ältesten Kulturen sind, gewidmet.
Hier greifen die Forschungen aus der Archäologie und der Kulturgeschichte in allen ihren Zweigen ineinander, und dabei wird sich
am deutlichsten zeigen, wie sehr wir unser herkömmliches Geschichtsbild revidieren und verändern müssen.

Der vierte Band stellt meine Forschung zu den dramatischen Jahrhunderten dar, in denen die *matriarchale von der patriarchalen Gesellschaftsform abgelöst* und verdrängt wurde. Die verschiedenen
Theorien dazu werden diskutiert, ihre Verkürzung gezeigt, dann
meine eigene Theorie zu diesem Umschwung entwickelt. Danach
werden die subkulturellen und an den Rand gedrängten matriarchalen Traditionen beschrieben, die in den patriarchalen Jahrtausenden in Europa weitergewirkt haben. Zugleich wird gezeigt, daß
der Patriarchalisierungsprozeß und seine Verschärfung heute in
vielen Teilen der Welt unvermindert weitergeht. Das schließt die
Analyse und Kritik der patriarchalen Gesellschaftsform ein und ist
damit auch eine Gegenwartsanalyse. Zugleich werden die Tendenzen und Strömungen sichtbar, welche diese Situation heute unter-
laufen und aufzubrechen versuchen.

Auf diese Weise hoffe ich, alle Fragen, die mir von an diesem
Thema interessierten Menschen immer wieder gestellt werden, im
Zusammenhang beantworten zu können.

Dieser *vorliegende erste Band* zeigt sehr deutlich, welche verschiedenen Forschungszweige und wissenschaftlichen Disziplinen her-
angezogen werden müssen, um zu einer angemessenen Beantwor-
tung der relevanten Fragen kommen zu können. Weniger als das
führt zu keiner rationalen, kritischen Matriarchatsforschung, wie
wir an mehreren Beispielen sehen werden, eher dürfte die Reichweite noch größer sein. Denn ich habe hier nur die wichtigsten
Forschungszweige genannt und aus diesen nur sehr wenige exem-
plarische Werke analysiert. Es ist nämlich nicht mein Anliegen, wie
ein Lexikon vollständig alle Schriften aufzuzählen, die für Matriarchatsforschung heute bearbeitet werden müssen. Vielmehr möchte
ich anhand der wichtigsten Zweige und exemplarischer Werke zeigen, wie es um die Matriarchatsforschung bisher steht und welche
Methoden angewandt werden müssen, um sie aus diesem großen-

teils noch vorwissenschaftlichen Zustand in den einer ernst zu nehmenden kritischen Wissenschaft hinüberzuführen.[1]

Ich beginne damit, die Vorstellungen vom Matriarchat, wie sie im öffentlichen Bewußtsein kursieren, zu benennen (Kap. 1). Dann stelle ich die wissenschaftliche Diskussion zum Matriarchat dar, welche von den beiden Pionieren J. J. Bachofen und H. L. Morgan eröffnet wurde (Kap. 2 und 3). Es folgt die Diskussion marxistischer Theoretiker, die auf den Forschungen Bachofens und Morgans aufbaut und sich insbesondere mit Fragen der Patriarchatsentstehung beschäftigt (Kap. 4). Die Forschungen aus dem anthropologisch-ethnologischen Zweig geben eine Vorstellung von der Ökonomie und Sozialstruktur matriarchaler Gesellschaften (Kap. 5), während durch die Forschungen im religionswissenschaftlichen Zweig die Ebenen von Mythologie und Ritual sichtbar werden (Kap. 6). Der archäologische Zweig führt uns die erstaunliche Kulturhöhe matriarchaler Stadtgesellschaften vor Augen und – in seinem Seitenzweig der Urgeschichtsforschung – die erstaunliche Dauer der matriarchalen Kulturentwicklung (Kap. 7). Der volkskundliche oder folkloristische Zweig verweist im Bereich mündlicher Traditionen auf subkulturell weiterlebende Reste der matriarchalen Epoche (Kap. 8). Im psychologistischen Zweig beobachten wir, wie das geschichtsträchtige und sozialpolitisch brisante Thema »Matriarchat« zum reinen Symbolismus erstarrt und damit entpolitisiert wird, was auch durch die Sozialpsychologie nicht mehr ganz eingeholt werden kann (Kap. 9). Das war unheilvoll, denn nun wird es im Nationalsozialismus um so kräftiger repolitisiert und unter den widersprüchlichsten Interpretationen für sachfremde Zwecke mißbraucht (Kap. 10). Erst der feministische Zweig der Matriarchatsforschung befreit es wieder aus diesem Zustand, mit unterschiedlichem Erfolg, wie die sehr verschiedenartigen Ansätze zeigen. Damit gerät das Thema »Matriarchat« erstmalig in der Forschungsgeschichte in die Hände von Forscherinnen, die – im Gegensatz zu den meisten Forschern – Frauen mühelos nicht nur als Objekte, sondern vor allem als Subjekte geschichtlicher Prozesse wahrnehmen können; das führt zu überraschenden Einsichten (Kap. 11). Aber wie es im Patriarchat so üblich ist, wenn etwas Innovatives geschieht, setzen zeitgenössische Forscher gleich nach, um als Gegner oder Vereinnahmer der Matriarchatsforschung sogleich wieder besser zu wissen, wie es eigentlich war. Dennoch kommen auch von dieser Seite ein paar weiterführende Einsichten (Kap. 12).

1. Das Matriarchat im öffentlichen Bewußtsein

Die patriarchale Geschichtsschreibung blickt auf eine dreitausendjährige Tradition zurück. Sie hat seit ihrem Beginn bis heute eine
breite Entfaltung erlebt, ihre Variationsvielfalt ist kaum noch zu
überschauen. Aber in einem Prinzip ist sie sich von Anfang bis
heute gleichgeblieben: in ihrem Verschweigen der matriarchalen
Epoche der Geschichte.
Aus diesem Grund hat sie bis heute tendenziösen Charakter. Diese
ideologische Haltung erklärt sich aus ihrem Ursprung: Die matriarchale Epoche der Menschheit war weitgehend schriftlos, besonders die religiösen Inhalte wurden wegen der ihnen zugeschrie-
benen Heiligkeit mündlich tradiert. Erst seit dem Beginn der großen Eroberungen, aus denen die frühpatriarchalen Reiche hervor-
gingen, erachteten es einige für wichtig, ihre Taten für die Nach-
welt festzuhalten – die Eroberer selbst ließen sie in Stein meißeln
oder auf Papyros schreiben. Und was sie schrieben, war eine Sie-
gergeschichte: In schöner Regelmäßigkeit ließen sie die politische
wie kulturelle Geschichte der Menschheit erst mit sich beginnen.
Diese Zeugnisse gelten in der heutigen Geschichtsschreibung als
die ältesten Quellen. Daher beginnt auch heute die eigentlich nen-
nenswerte Geschichte sowie die wirkliche Hochkultur noch immer
mit der Gründung der ersten patriarchalen Reiche. So kam der
dreitausendjährige Zirkelschluß zustande.
Unterdessen hat die Erforschung der schriftlosen Ur- und Frühgeschichte Fortschritte gemacht, besonders mit dem Aufschwung der
Archäologie im letzten Jahrhundert. Später kam ihr die vergleichende Ethnologie mit der Erforschung noch heute existierender
schriftloser Kulturen zu Hilfe. Als dritte trat die Folkloristik in den
Bund, die innerhalb von Hochkulturen mit Schrift die mündlichen
Traditionen und Bräuche erforschte. Diese drei Disziplinen zusam-
men konnten das Vorurteil von der ausschließlichen Gültigkeit
schriftlicher Quellen im Bereich der Geschichte erschüttern. Diese
Konstellation hätte sich nun als sehr günstig für die Erforschung
des Matriarchats erweisen können – warum war sie es nicht? Die
Antwort liegt auf der Hand: Mit patriarchalen Vorstellungen und
Denkgewohnheiten gesättigt interpretierten die Erforscher der
Frühgeschichte in diese hinein, was immer ins Patriarchat paßte.
Unversehens erlagen sie einem zweiten, etwas jüngeren Zirkel-
schluß.
Auf welche Weise ist es unter diesen Voraussetzungen möglich,

überhaupt etwas Zuverlässiges über das Matriarchat in Erfahrung zu bringen? Dazu gibt es zweierlei Wege: Erstens kann ich die Risse und Widersprüche in der Argumentation der patriarchalen Geschichtsschreibung verfolgen, diese weisen auf unbewußt oder bewußt Verschwiegenes und Entstelltes hin. Ich nenne dies das Negativ-Verfahren. Zweitens kann ich mich auf die von den beiden Pionieren H. L. Morgan und J. J. Bachofen begonnene Forschung zum Matriarchat stützen, die in verschiedenen Fächern unterdessen zu einem breiten, von der Öffentlichkeit weithin ignorierten Strom angeschwollen ist. Auch hier muß ich wiederum auf Risse und Widersprüche in der Argumentation achten, allerdings nicht um das verschwiegene Matriarchat, sondern um die verschwiegene patriarchale Wertung zum Matriarchat, die diese Forschungen durchzieht, zu entschlüsseln. Der Vergleich dieser oft widersprüchlichen Forschermeinungen untereinander wird mir gestatten, die jeweiligen persönlichen oder gesellschaftlichen Verkürzungen, die sie ihrem Thema angedeihen lassen, aufzuheben und so das vollständige Bild des Matriarchats behutsam zu rekonstruieren. Ich nenne dies das Positiv-Verfahren. Abgesehen von ihrer immer wieder durchschimmernden patriarchalen Ideologie weiß ich mich diesen Forscherinnen und Forschern für die Erkenntnis meines Themas zu Dank verpflichtet und werde ihre Werke kritisch würdigen.

Ich möchte in diesem Kapitel mit dem Negativ-Verfahren beginnen. Denn ich habe meine Behauptung, daß die patriarchale Geschichtsschreibung auch heute noch durchgängig tendenziös ist, zu belegen. Sehr schön läßt sich dabei das offizielle (falsche) Geschichtsbild zeigen, mit dem Generationen von Schülerinnen und Schülern großgezogen werden, das in den Köpfen aller halbwegs Gebildeten seinen festen Platz einnimmt und die öffentliche Meinung zum Thema »Matriarchat« bestimmt.

Ich habe für meinen Nachweis drei Beispiele ausgewählt, die keineswegs Extremfälle darstellen, sondern anerkannte Normalfälle auf ihren jeweiligen Ebenen sind. Das erste ist ein didaktisches Beispiel, ein Schulbuch für den Geschichtsunterricht am Gymnasium, das zweite ist ebenfalls ein didaktisches Beispiel, ein Standardwerk für den Unterricht deutscher Geschichte an der Universität. Das dritte Beispiel stammt aus der wissenschaftlichen Forschung zum Matriarchat selber, es ist das Werk eines anerkannten Ethnologen, der sachlich viel zur Matriarchatsforschung beigetragen hat, in seiner Wertung sich jedoch durch eine unglaublich unverblümte Ideologie vor anderen Forschern auszeichnet.

1.1. Das erste Beispiel, das Schulbuch (»Grundriß der Geschichte«)[2]

In diesem repräsentativ zu nennenden und insgesamt gut gearbeiteten Buch kommt das Matriarchat vor, allerdings nur auf knapp einer Seite. Das läßt auf sehr geringe Bedeutung des Themas schließen. Eingebettet wird dieses offensichtlich unbedeutende Thema in eine Beschreibung der »Kulturen der Urzeit«, worin es gleich zu Anfang über die Ökonomie der Altsteinzeit heißt:

> »Lange lebte der Mensch nur von dem, was ihm die Natur an Nahrung unmittelbar bot. Dabei kam es schon früh zu einer Arbeitsteilung zwischen Mann und Frau: Der Mann ging der Jagd nach, während die Frau mit den Kindern die pflanzliche Nahrung, dazu Eier und kleine Tiere sammelte.« (S. 9)

Das ist die Ökonomie der »Jagd- und Sammelwirtschaft«. Daran interessiert uns, welche Anteile die Männer und welche die Frauen zum Nahrungsangebot beitrugen und welche Kenntnisse, Techniken und Fähigkeiten dabei von Männern und Frauen entwickelt wurden. Doch wir erfahren auf den folgenden Seiten nur das, was die Männer taten: welche Arten, Klassen und Qualitäten von Faustkeilen, Speer- und Pfeilspitzen sie herstellten, welche Jagdtiere Beute wurden und wie die Techniken der Jagd aussahen. Vor uns entfaltet sich das Panorama der altsteinzeitlichen Jägergesellschaft: wie *er* entlang den Flüssen wandert und das Gestein für *seine* Geräte findet, wie *er* sich als Wohnung einen Windschirm macht oder eine Höhle einrichtet, wie *er* sich dort zum Schmause und zur Ruhe niederläßt und wie *er* seine Toten in Gruben, durch Steinplatten geschützt, in der Höhle unmittelbar neben dem Herd(!) bestattet. Ist diese Nähe des männlichen Menschen zum Herd an sich schon verblüffend, so wundern wir uns noch mehr, wenn wir gleich darauf erfahren, daß *er* den Toten Geräte, Schmuck und zubereitete Speisen für das Weiterleben nach dem Tode mitgibt und den Leichnam »mit rotem Ocker, der Farbe des Lebens, bestreut« (S. 13).

Die Antwort auf die Frage, wieso ausgerechnet *er* zur Farbe des Lebens kommt, welche als Farbe des Blutes auch die Fähigkeit Leben zu geben meint, die bekanntlich genuin weiblich ist, bleibt uns der Autor schuldig. Statt dessen fährt er fort:

> »So war *der* Altmensch zum waidgerechten Jäger geworden, der durch *seine* geistigen Fähigkeiten *seine* Umwelt immer besser be*herrschte* . . . Aus den Knochen fertigte *er* nun Jagdwaffen und Geräte für alle möglichen Zwecke, . . . aus den Fellen nähte *er* mit feinen Knochennadeln *seine* Kleidung oder machte aus ihnen Planen für *seine* Zelte.« (S. 12; Hervorhebungen von mir)

Bereits die früheste Menschheit scheint nur aus einem Geschlecht zu bestehen, das mit »er« umschrieben wird. Fähigkeiten und Kenntnisse von Frauen kommen ausdrücklich nicht vor. Daran ändert sich auch nichts, als dieser Mensch zum nacheiszeitlichen Fischer wird:

»*Er* bewehrte Pfeile und leichte Speere mit Feuersteinsplittern und machte mit diesen Waffen Jagd auf Wassertiere und Fische. *Er* knüpfte auch Netze aus Lindenbast und kunstvolle Reusen. *Er* baute die ersten Einbäume, die er mit Rudern vorwärts bewegte. Zeitweise scheinen Meermuscheln *seine* Hauptnahrung gewesen zu sein ... vielleicht kochte *er* die Muscheln schon, nachdem *er* gelernt hatte, die ersten Tongefäße aus der Hand ohne Drehscheibe zu formen.« (S. 14; Hervorhebungen von mir)

Dieser phantasievolle »Er« der Altsteinzeit, er konnte wirklich alles! Und wir erfahren nichts Näheres über die oben behauptete Arbeitsteilung zwischen Mann und Frau, über seine *und ihre* besonderen Tätigkeiten.

Wie steht es mit der Sozialstruktur in der Altsteinzeit? Neugierig lesen wir in unserem Schulbuch weiter:

»*Er* begründete sie (die Verwandtschaft) nicht auf der leiblichen Abstammung, sondern aus *seinem* jägerischen Denken heraus auf dem Zusammenhang einer Menschengruppe mit irgendeinem Jagdtier, einem sogenannten Totem.« (S. 12)

Es ist interessant zu erfahren, daß die erste Verwandtschaftsordnung nicht auf der sichtbaren Geburtsarbeit der Frauen, sondern dem ungreifbaren »jägerischen Denken« des Mannes beruhen soll; vor allem wenn Totems als Clanbezeichnungen nicht nur Jagdtiere einschließen, wie uns indianische Totems lehren: Bei den Hopi bezeichnen sechs von 36 Totems Naturelemente, weitere sechs sind Pflanzen gewidmet, nicht jagdbare Vögel haben die Ehre sechs weiterer Totembezeichnungen, fünf Clans heißen nach Werkzeugen, von denen nur zwei Jagdwaffen benennen, vier Clans heißen nach Insekten und Kriechtieren, drei Clans nach heiligen Plätzen, zwei Clans nach Nagetieren, einer nach einem ungenießbaren Raubtier, einer nach indianischen Geistern. Ganze zwei Clans tragen die Namen von Jagdtieren, Bär und Dachs, wobei diese keine Tiere sind, von denen sich Völkergruppen üblicherweise ernähren.[1] Manche dieser Totems mögen Hopi-speziell sein, die meisten jedoch wie Bär, Schlange, Krähe, Rabe, Adler, Coyote, Wolf – von denen nur der Bär ein Jagdtier bezeichnet – sind bei allen Indianerstämmen des amerikanischen Kontinents zu finden. Hinzu kommt, daß in der ältesten indianischen Tradition (Hopi) das Kind den Totemnamen seiner Mutter erhält und nicht den seines »jägerisch denkenden« Vaters.

Doch vertrauensvoll lesen Schülerinnen und Schüler in diesen staatlichen Geschichtsbüchern, und was lernen sie dort über die geistige Vorstellungswelt der Altsteinzeit? Es ist ausschließlich von Jagdmagie und geopferten Beutetieren die Rede, obwohl neuere Forschung diesen Jagdzauber als »faulen Zauber« entlarvt hat.[4] In einer winzigen Fußnote (S. 13) werden »die plastischen Darstellungen meist stark beleibter Frauen« erwähnt, die zum »Fruchtbarkeitszauber« gedient haben sollen. Die massenhafte Verbreitung dieser Frauenstatuetten über riesige Gebiete, die von Mitteleuropa bis Indien reichen, ist keine Erwähnung, schon gar keine Interpretation wert. Es herrscht die Methode des Verschweigens, um das vorgefaßte Bild vom »Mann, dem Jäger«, der die gesamte Kultur der Altsteinzeit geschaffen haben soll, nicht zu stören.

Noch spannender wird es in unserem Schulbuch beim Thema Matriarchat – und dieses Schulbuch erwähnt »Matriarchat« wenigstens, was bei den neueren und wesentlich primitiveren Schulbüchern nicht mehr der Fall ist. Das Matriarchat wird irgendwo zwischen Altsteinzeit und Jungsteinzeit angesiedelt, in einem zeitlich diffusen Raum, im Nirgendwo. Und es wird sehr weit weggeschoben, bis in exotische Ferne, nämlich nach Südasien. Auf einer knappen dreiviertel Seite wird das »mutterrechtliche Pflanzertum Südasiens« dieserart abgehandelt:

»Wohl im regenreichen Südasien ging *der* Mensch noch während der diluvialen Regenperioden von der nur aneignenden Wirtschaft der Samm*ler* und Jäger zur erzeugenden Wirtschaft über, indem er die Gunst des Klimas und des Bodens zum Anbau von Knollen- und Wurzelfrüchten nutzte.« (S. 14)

Dieser grundlegende Wandel in der Ökonomie von der aneignenden zur produzierenden Wirtschaft ist eine tiefgreifende Umwälzung, eine Revolution mit unabsehbar günstigen Folgen für die menschliche Weiterentwicklung. Wem verdanken wir diese?

»Wahrscheinlich (!) hatten die Frauen *der Wildbeuter* in diesem feucht-heißen Klima schon früh bei der Rückkehr zu alten Lagerplätzen beobachtet, daß in der Zwischenzeit die Reste weggeworfener Pflanzenknollen sich besonders üppig vermehrt hatten. Sie bauten daher absichtlich Knollen- und Wurzelfrüchte an.« (S. 14)

Die Frauen werden hier wenigstens als Subjekte erwähnt, auch wenn sie anhängselhaft die »Frauen der Wildbeuter« sind und ihre Revolution nur »wahrscheinlich« schufen. Die männliche Kulturschöpfung ist dagegen immer ohne Zweifel, sogar beim Kochen, Nähen und den Bestattungsriten am Herd. An solchen Äußerungen sehen wir, wie manipulativ der Sprachgebrauch durchweg ist. Es folgt die Schilderung einer Reihe weiterer wichtiger Erfindungen, deren Zuordnung zu den Frauen jedoch höchst unklar bleibt: Sie benutzten den »altgewohnten Grabstock«, den sie zum Grabscheit umwandelten – wer erfand ihn? Der Anbau von Getreiden wie Hirse »scheint zuerst in Indien aufgekommen zu sein«, und von da verbreitete er sich von selber – wer schuf die Getreidekultur und verbreitete sie? »Man« lernte die Hacke zum Lockern des Bodens zu brauchen, und die Hirsen »wurden nicht gesät, sondern ebenfalls gepflanzt« – wer ist »man«, und wieso geschieht die Erfindung und Arbeit des Hirseanbaus in Passiv-Konstruktionen? Ferner »gewöhnten sich« einzelne Tiere wie das Schwein und das Huhn daran, im Abfallhaufen nach Nahrung zu suchen und wurden zu Haustieren – die Tiere machten sich offenbar selber dazu, denn niemand zähmte und züchtete sie.

»Um so höher stieg die soziale Geltung der Frau. Schon durch ihr Wissen um das geheimnisvolle Wachsen der Pflanzen war sie geachtet. Nach dem Grundsatz, daß Eigentum nur aus Arbeit entsteht, wurde die Frau *bei den Pflanzern* nun zur Eigentümerin des Bodens. Sie erlangte das soziale Übergewicht über den Mann . . . Sie bildete den Mittelpunkt der Familie, und ihre Kinder wurden ihrer Sippe zugerechnet. Mütterliche *Erdgottheiten* als Spenderinnen der Fruchtbarkeit kamen wohl auch (!) zuerst *im Kreise der Pflanzer* auf.« (S. 15; Hervorhebungen von mir)

Offenbar hat die Frau bei den Pflanz*ern* erst aufkommen müssen, da sie immer nur die Frau *bei* den Pflanzern ist. Schlicht von Pflanz*erinnen* zu sprechen, die sich für ihr »soziales Übergewicht« gar nicht erst abrackern müssen, weil Frauen schon in der Altsteinzeit hohe Bedeutung hatten, ist dem Autor offenbar unmöglich. Der Erdgöttin geht es ebenso: Sie ist eine Erd*gottheit*, die parvenühaft ebenfalls erst aufkommen muß, um im Kreis der Pflanz*er* unter Umständen geduldet zu werden. Hier wird die geschichtliche Sache zugunsten des empfindlichen männlichen Selbstwertgefühls auf den Kopf gestellt.

Nicht geringer sind die sachlichen Fehler in diesem kurzen Text: Die Frau muß kein »soziales Übergewicht erlangen«, weil der Mann es vorher nicht besessen hat – hier zeigt sich der patriarchale Zwang zum hierarchischen Denken. Die Frau wird nicht »Eigentümerin des Bodens«, weil es den Eigentumsbegriff in diesem Sinn noch nicht gibt – die Mitglieder der Sippe, des Stammes bearbeiten den Boden, der allen »gehört«, gemeinsam. Die Frau bildet nicht den »Mittelpunkt der Familie«, weil es keine der heutigen Familienformen gab, sondern die Form der Sippe. Und der Sippe »wurden« ihre Kinder nicht zugerechnet, sondern die Frau tat dies selber, indem sie den neuen Verwandtschaftsbegriff der Matrilinearität (Sippenbildung in mütterlicher Linie) erfand.

Mit diesen dürren Worten hat unser Schulbuchautor das Thema »Matriarchat« bereits abgehandelt, und der Sprachduktus war, gegenüber den Fanfaren für die Jäger der Altsteinzeit, äußerst vorsichtig und verschweigend. Noch auf derselben Seite geht er flugs zum »vaterrechtlichen Hirtentum« über, ohne Ortsangabe, weil dieses offenbar – gegenüber der südasiatischen Spezialität des Mutterrechts – sehr menschheitlich-allgemein gewesen sein muß.

»Die Rinderzucht kam wahrscheinlich im Kreise früher Pflanzervölker Indiens auf, die das Rind kultisch verehrten. Erst als die Zahl der Rinder größer wurde und die Futterbestände der Pflanzer zur Ernährung nicht mehr ausreichten, wurden die Rinderzüchter zu Nomaden, die im regelmäßigen Wechsel ihre Weideflächen besuchten.« (S. 15)

Drei Gedanken sind an dieser Feststellung sehr überraschend: Erstens hat sich offenbar nicht nur die Zucht kleiner Haustiere, sondern auch großer Haustiere im Matriarchat entwickelt. Aber das wird nicht gesagt, statt dessen finden wir diesen einzigartigen Zuchterfolg unter der Rubrik »vaterrechtliches Hirtentum« wieder. Zweitens »breitete sich« die Rinderzucht, wie schon zuvor der Hirseanbau, nach unserem Autor von Asien nach Afrika und Europa aus – und dies tat sie von selbst und ohne die matriarchale Kultur? Immerhin ist die Rinderzucht, vor der Zucht von Schaf und Ziege, die verbreitetste Art der Tierhaltung und weitaus früher als die Pferdezucht, die nie zur Ernährungsgrundlage gedient hat. Eine dritte stillschweigende Aussage ist, daß sich die Hirtengesellschaft nicht – wie allgemein behauptet wird – direkt aus der Jägergesellschaft entwickelt hat, sondern die matriarchalen Pflanzerkulturen mit ihren Zuchterkenntnissen voraussetzte. Darum verwundert, daß die Hirtengesellschaft schlicht »vaterrechtlich« genannt wird – woraus wird das geschlossen? Könnte ihr Anfang nicht ebenfalls mutterrechtlich gewesen sein? Aber genauso wie bei der altsteinzeitlichen Jägergesellschaft wird bei der Hirtengesellschaft sofort Vaterrecht angenommen, weil das die patriarchale Geschichtsschreibung so will. Die Begründung für diese Behauptung ist kurios:

»In der gesellschaftlichen Gliederung spielte der Mann die wichtigste Rolle, denn ihm oblag die Sorge für die Tiere. Das erforderte viel Umsicht. . . . Mut und schnelle Entschlußkraft waren nötig bei der Abwehr plötzlich auftretender Gefahren. So wurde hier die vaterrechtliche Familie zur Grundlage der Gesellschaft.« (S. 15/16)

Es ist klar: Umsicht, Mut und Entschlußkraft des Mannes allein sind die Gründe für die vaterrechtliche Sippe! Frauen haben diese Eigenschaften beim Aufbau der mutterrechtlichen Gesellschaft selbstredend nicht gebraucht, denn dort geschah ja alles von selbst. So einfach entstand das Patriarchat in der Geschichte! Wie ging es in dieser »vaterrechtlichen Familie« zu?

»Damit war der feste Zusammenhalt aller Männer gesichert, unter denen es keine Standesunterschiede gab, denn die Herde gehörte allen gemeinsam.

Nur der Älteste . . . genoß eine autoritäre Stellung und forderte strengste Unterordnung unter seine Führung.« (S. 16)

Wie sonderbar! Es gab unter den Männern keine Standesunterschiede, aber dennoch war einer der Chef und forderte strengste Unterordnung? Abgesehen davon ist dies Bild der späteren patriarchalen Hirtenstämme falsch: Die Herden gehörten einzelnen Patriarchen, je größer die Herde, desto größer deren jeweilige Macht. Aber trotz seiner Ungereimtheiten und Selbstwidersprüche kommt unser Schulbuchautor mutig zum Schluß:

»Die geistige Welt der Hirtenvölker hatte einen größeren Umfang als die der Jäger und Pflanzer (!). Die grenzenlose Weite des Himmels über der Steppe und die Gestirne, die auf ihm auf- und abwanderten, waren die stärksten Eindrücke: alles schien von Gestirn-Geistern bevölkert, über denen am höchsten Himmel der Himmelsvater gleich einem Patriarchen thronte. Der Kampf gegen räuberische Tiere und Menschen erzog nicht bloß zu Mut, Scharfblick und Entschlossenheit, sondern lebte weiter in den Erzählungen der Männer. Und die enge blutmäßige Verbundenheit der Sippe wurde in den Erinnerungen an die Stammväter gepflegt. Hier lagen also die Anfänge geschichtlichen Denkens und Dichtens.« (S. 16)

Nun wissen wir es: In einem lyrischen Erguß wird uns die herrliche Geistigkeit der vaterrechtlichen Nomaden vorgeführt, die großartiger ist als das dumpfe Herumstochern in Abfallhaufen und Scholle bei den Pflanzerinnen in Südasien. Recht banausisch kommen uns diese und die armen Jäger im Vergleich dazu vor! Ein einziger Blick in den gestirnten Himmel genügte, um den Vatergott dort thronen zu sehen und das vorher überhaupt nicht vorhandene »Denken und Dichten« entstehen zu lassen. Und wir erfahren, welch wunderbares Ding doch der Kampf ist, wie alle Vorzüge aus dem kämpferischen Wesen der Männer fließen. Sobald das Patriarchat aufkommt, beginnt die Kultur – vorher war nichts gewesen! Diese Geschichtsfälschung, die allgemeines Bildungsgut ist, findet ihren krönenden Abschluß im Abschnitt über die »Bauernkulturen der Jungsteinzeit«, eine Epoche, die im Zusammenhang mit der Entwicklung der matriarchalen Gesellschaftsform von größtem Interesse ist. Natürlich ist sie für unser Schulbuch wie für viele Autoren schon nicht mehr mutterrechtlich, weil das so rasch vom Himmel gefallene Patriarchat eine Ausbreitung der nicht wünschenswerten südasiatischen Zustände verhindert. Darum kann man befriedigt zur nächsten Kulturepoche fortschreiten, von der es im Schulbuch heißt:

»Der gesellschaftliche Aufbau des Bauerntums war von der Tatsache bestimmt, daß die schwere Pflugarbeit und die Wartung der Tiere Aufgabe des Mannes war. Er hatte darum auch die Zügel der Wirtschaft in der Hand, während der Frau die Hauswirtschaft, die Töpferei und die Weberei und die

Sorge für das Kleinvieh zufielen. Ein gesunder Ausgleich der Geschlechter war so erreicht.« (S. 18)

Das ist die Lösung des Problems: Der »gesunde Ausgleich der Geschlechter« ist erreicht, wenn der Mann die Zügel fest in der Hand hat. Der Frau fällt der bedeutungslose Kleinkram zu, den sie – wie die Töpferei und die Weberei – nicht einmal selbst entwickelt zu haben scheint. Das ist das bürgerliche Ideal der Gleichberechtigung auf dem Boden des fest verankerten Patriarchats. *Diese* Art egalitärer Gesellschaft haben wir dauernd um uns, weshalb es dem Schulbuchautor auch so leichtfällt, diese idealen Verhältnisse schon in die Jungsteinzeit hineinzuverlegen. Damit ist sein Zirkelschluß perfekt und die Gesundheit des weiteren Geschichtsverlaufs garantiert.
Ich möchte dem Schulbuch noch ein Stück weiter folgen, um zu sehen, wie es mit möglicherweise matriarchalen Zügen bei höher entwickelten Gesellschaften steht. Im folgenden wird deutlich, warum der Mann in den jungsteinzeitlichen Bauernkulturen die Zügel in der Hand haben muß – sie waren nämlich von weittragender Bedeutung! Sie umzogen als archäologisch greifbare Megalith-Kulturen (Kunst des Großstein-Baues) den Vorderen Orient, das gesamte Mittelmeer und strahlten als Westkreis (Spanien, Frankreich, England), als Donau-Kreis und als Nordischer Kreis (Dänemark, Südschweden) weit in den europäischen Raum hinein. Alle diese Megalith-Kulturen in Mittel- und Nordeuropa wurden von mittelmeerischen Völkern getragen. Außerdem waren sie die Grundlage sämtlicher nachfolgenden Hochkulturen in diesem Gebiet (S. 18–21). Durch die Einschränkung auf die europäische Geschichte ist hierbei nicht erwähnt, daß Megalith-Kulturen weltweit waren: Es gab sie auch in Ozeanien (Gebiet des Pazifischen Ozeans), in Mittel- und Südamerika, in Vorderasien, in Indien, in Afrika, dort waren sie ebenfalls die Grundlage nachfolgender Hochkulturen. Würde man nun zugestehen, daß diese bäuerlich getragenen Megalith-Kulturen der Jungsteinzeit genau die Epoche des entwickelten Matriarchats spiegeln – und dafür spricht alles – welch ungeahnte Konsequenzen hätte das! Sie bekämen einen nicht mehr einzudämmenden Einfluß in der Geschichte! Und sie würden nicht mehr in Südasien bleiben, sondern rückten uns im Herzen von Europa entschieden zu nahe!
Die Megalith-Kulturen waren Hochkulturen, doch davon spricht unser Autor nicht. Statt dessen geht er den offiziellen Pfaden nach und bezeichnet erst die Induskultur, Sumer, Ägypten und Kreta als die ersten Hochkulturen, ohne zu erwähnen, daß sie allesamt noch zur Jungsteinzeit gehören. Wie sind sie entstanden?

»Aber erst als bewegliche Kriegerstämme in diese bäuerlichen (Megalith-)

Kulturen einbrachen und hier ihre Herrschaft auf der Grundlage der Waffengewalt errichteten, wurde der Schritt zur Hochkultur getan: es entstand der Staat. Seine Spitze bildete der Herrscher.« (S. 22)

Wie merkwürdig: Hochkultur entsteht erst durch Waffengewalt, schlicht ist diese die Grundlage jeden höheren Lebens. Wieder einmal ist der Krieg der Vater aller Dinge. Das Problem kompliziert sich aber, wenn diese »beweglichen Kriegerstämme« mit den indoeuropäischen Wanderungen identifiziert werden – denn diese waren bewegliche Kriegerstämme –, dann stimmt die Chronologie nicht mehr: Die indoeuropäischen Wanderungen begannen um 2000 v. Chr., aber mindestens 3500 v. Chr. blühte die Hochkultur von Sumer. Die Hochkultur Anatoliens, von der Chatal Hüyük ein Zeugnis ist, begann bereits 7000 v. Chr. Kreta blühte seit 3000 v. Chr., und erst 1400 v. Chr. wurde es durch indoeuropäische Achäer zerstört. Danach folgten die kulturlosen »dunklen Jahrhunderte« in der Geschichte Griechenlands, aber keinerlei Hochkultur. Daran wird deutlich, daß Waffengewalt keine Hochkultur erzeugt, sondern sie – wie eh und je – zerstört. Was sie jedoch hervorgebracht hat, ist die frühpatriarchale Reichsbildung mit »dem Herrscher an der Spitze«, der durch indirekte Gewalt die Hierarchie über die Unterworfenen aufrechterhält. Diese Art von Staat halte ich nicht für eine Errungenschaft. Die Redeweise enthüllt lediglich den patriarchalen Fehlschluß, daß Staat erst dann entstehen kann, wenn die Waffen gesprochen haben und Herrschaft errichtet worden ist. Dabei werden die Begriffe »Staat« und »Reichsbildung« und »Hochkultur« unzulässig in eins gesetzt. Denn matriarchale Stadtstaaten waren Staaten und Hochkulturen, aber keine zentralistischen, hierarchisch regierten Eroberungsreiche.
Sumer und Altägypten werden von vornherein falsch eingeschätzt. Sie werden ohne weitere Frage als »Gottesstaat« bezeichnet, weil ein König angeblich an der Spitze steht:

»Alles Land und seine Bewohner gehörten der Gottheit, als deren Vertreter der Fürst galt.« (S. 23)

Wer ist diese »Gottheit«? Der Begriff »Gottesstaat« suggeriert ohne Begründung, daß es ein Gott war. Außerdem scheint es plausibel, daß der Fürst nur einen Gott vertreten kann. Allerdings spricht die neuere Forschung dagegen, denn in Ägypten, Sumer, Indien und Kreta wurde das Land durch eine Göttin repräsentiert, deren Verkörperung die Priesterin und deren Gefährte und Sohn-Geliebter der König war (Göttinstaaten). Ungeachtet seiner Ahnungslosigkeit kommt unser Schulbuchautor allerdings bei der Beschreibung der Minoischen Kultur Kretas in Verlegenheit:

»In der kretischen Gesellschaft spielte die Frau eine besondere Rolle, so daß manche von mutterrechtlichen Zügen sprechen. . . . Sie übten auch den priesterlichen Dienst der Erdmutter aus, die in kleinen Hauskapellen verehrt wurde.« (S. 30)

Wie seltsam: Nachdem das Mutterrecht oder Matriarchat im fernen Südasien zwischen Alt- und Jungsteinzeit seinen unbedeutenden Platz erschöpft hat und die Epochen zwischendurch ausschließlich vom Glanz patriarchaler Gesellschaften erfüllt sind, ist über Tausende von Kilometern und Tausende von Jahren hinweg das Matriarchat in Kreta plötzlich wieder da. Wie ist ein solcher Sprung ohne historische Traditionen möglich?

Aber elegant löst der Autor das Problem, das ihm mit Kreta entgegensteht, denn sogleich kommt die vom kriegerischen Mann bestimmte Kultur Mykenes (Griechenland) auf den Plan:

»Trotz aller Beziehungen zur kretischen Kultur lebte aber in den Werken der Achäer ein anderer Geist als in Kreta. Schon die klare Anordnung aller Räume um das rechteckige Herrenhaus (Megaron) . . . steht in scharfem Gegensatz zu der regellosen Aneinanderreihung von Sälen, Gängen und Treppen der kretischen Paläste. Und die Darstellungen von Streitwagenkämpfen . . . zeigen einen kriegerischen Geist, wie er in Kreta nie zu beobachten ist. Die ganze mykenische Kultur war vom Manne bestimmt, während in der kretischen die Frau eine hervorragende Rolle spielte. So schied sich deutlich das Wesen der Indoeuropäer vom altmittelmeerischen Volkstum.« (S. 37)

Hier wird entgegen der vorigen Behauptung zugegeben, daß im »altmittelmeerischen Volkstum«, das als Megalith-Kultur bis nach Mittel- und Nordeuropa ausstrahlte, die Frau eine hervorragende Rolle spielte. Ferner wird auch im Gegensatz zu vorigen Behauptungen eine Hochkultur mit Dominanz der Frau angenommen, ohne daß kriegerische Streitwagenvölker mitgemischt haben. Aber selbstverständlich waren die kriegerischen Indoeuropäer – trotz aller Selbstwidersprüche des Autors – dann doch die Besseren, als sie endlich angekommen waren, denn sie hatten »Geist«, wovon bei den kretischen Frauen nie die Rede ist. Die Assoziationskette der simplen Höherwertung liegt auf der Seite von »Mann – Klarheit – kriegerischer Geist – Indoeuropäer«, während der Assoziationskette »Frau – Regellosigkeit – unkriegerischer Geist, wenn überhaupt – Vor-Indoeuropäer« die Abwertung verbleibt. Entlang diesen Klischees verläuft das verworrene und tendenziöse Geschichtsbild, das in unseren Schulen gelehrt wird.[4a]

1.2. Das zweite Beispiel, das Standardwerk (Gebhardt: »Handbuch der deutschen Geschichte«)[5]

Dieses Handbuch gilt als Standardwerk für jeden Studierenden der deutschen und europäischen Geschichtswissenschaft, es hat also wie das Schulbuch einen offiziell sanktionierten Status. Dennoch ist es sehr unergiebig zum Thema Matriarchat. Der Autor versucht, diese kulturelle Epoche schlicht zu ignorieren, nur läuft auch das nicht ganz ohne Widersprüche ab. So heißt es im Abschnitt über die Wildbeuter:

»Der Mann besorgt die Fleischnahrung und verlangt von der Frau die Bereitstellung der pflanzlichen Kost.« (S. 39)

Der Mann hat von der Frau zu »verlangen«, umgekehrt steht es ihr nicht zu, auch von ihm etwas zu verlangen. Bereits hier beginnt die Suggestion eingefleischter bürgerlich-patriarchaler Rollen.

»Die Jagd ist der wesentliche Inhalt der männlichen Tätigkeit, und so beherrscht sie auch sein Denken. In der Unterhaltung der am Feuer lagernden Männer, die auf der Jagd ihr Leben einzusetzen gewohnt sind, spielen die Eigenschaften und Gewohnheiten des Wildes eine so große Rolle, daß diese Tierwelt in gleichem Maße in die übersinnlichen Vorstellungen Eingang findet.« (S. 39)

Am Lagerfeuer werden die echten Männergespräche wach, Gespräche unter Mutigen selbstverständlich, die ihr Leben einsetzen – was Frauen bei Geburten ja nicht tun. Hier werden die übersinnlichen Ideen entwickelt, und was macht die Frau inzwischen?

»Die Frau hütet das Herdfeuer und die kleineren Kinder, sie sammelt die pflanzliche Nahrung. . . . Aber weder durch diese Tätigkeit noch durch die Herstellung der überaus wichtigen Dauernahrung gelingt es ihr, das geistige Leben der Gemeinschaft in der Art zu beeinflussen, wie es die Beschäftigung des Mannes mit sich bringt.« (S. 40)

Die Forschung hat offenbar eindeutig ergeben, daß die Frau schon in der Altsteinzeit zwischen ihren Kindern am Herdfeuer verblaßt. Stillschweigend wird eine geistige Herrschaftsfunktion des Mannes unterstellt.

»So bedeutsam der Anteil der Frau an der Wirtschaft auch ist, so scheint doch das weibliche Geschlecht im Leben der Trupps sehr in den Hintergrund zu treten. Ob unter diesen Umständen der Einfluß der Mutter auf die Kinder so groß werden kann, daß man die verwandtschaftlichen Beziehungen nach mutterrechtlichen Gesichtspunkten regelt, dürfte also wenig wahrscheinlich sein.« (S. 40)

Hier liegt eine petitio principii vor: Bewiesen werden soll die Unmöglichkeit des Mutterrechts (die Stellung der Frau im Hintergrund) eben dadurch, daß sie von vornherein in den Hintergrund gestellt wird. Ein anderes Problem liegt darin, daß die Frau zwar einen »bedeutenden Anteil an der Wirtschaft« leistet, aber daraus für sie keine Einflußnahme folgt. Doch immer wenn der Mann einen Anteil an der Wirtschaft erbringt, sei der nun bedeutend wie bei den Hirten oder unbedeutend wie bei den Jägern, dann beeinflußt er die Gemeinschaft nicht nur, sondern hat sofort die Zügel in der Hand (Schulbuch). Warum ist das so? Wir erfahren es: der Frau »gelingt« das einfach nicht.

Warten wir ab, was ihr eine Epoche später, als Pflanzenbau und Seßhaftigkeit sich bemerkbar machen, gelingt:

> »Diese Seßhaftigkeit kommt dem inneren Leben der Truppe sehr zugute; sie macht Kräfte frei nicht nur für materielle Verbesserungen. Tagelang können sich die Männer am Herdfeuer damit beschäftigen, bestimmten Gedankengängen nachzugehen, unbewußt fördern sie damit die Entwicklung sowohl ihrer Sprache wie ihres Geistes.« (S. 41)

Saßen die Männer mit ihren Erzählungen erst am Lagerfeuer in der Wildnis, so sitzen sie plötzlich am Herdfeuer im Haus, um ihren Geist zu pflegen. Zuvor war der Herd schattenhafte Domäne der Frau, wo ist sie jetzt geblieben? Aber die Männer müssen jetzt am Herd im Haus sitzen, weil dieser Ort nun kulturhistorisch in den Mittelpunkt rückt – und im Mittelpunkt sitzt immer der Mann. Sonst war es die Anstrengung der Jagd, der Arbeit, die seinen Geist schärfte, jetzt ist es offenbar der Müßiggang, der für ihn dieselben Vorteile hat.

Bei der dritten Entwicklungsstufe, der Bauernkultur, hören wir zur Frage der Bedeutung der Geschlechter wieder dieselbe stereotype Meinung:

> »Der Mann beherrscht das öffentliche Leben und bildet auch den Mittelpunkt der Familie. . . . So erscheint es nicht denkbar, daß die Beziehungen der verschiedenen Familienmitglieder zueinander und zu ihrer Umwelt auf dem Wege des Mutterrechts geregelt worden sind.« (S. 71)

Wir hören es: Es kann nicht sein, was nicht sein darf. Einfach undenkbar erscheint eine solche Möglichkeit. Eine Fußnote verrät, worum es dem Autor dieses Studenten-Standardwerkes geht:

> »Die kulturgeschichtliche Bedeutung des Mutterrechts sollte nicht überschätzt werden.« (S. 74)

Wie kann jemand etwas überschätzen, das nicht existiert? Das hat uns der Autor doch Epoche um Epoche durch alles, was ihm so schien, bewiesen.

1.3. Das dritte Beispiel, aus der wissenschaftlichen Forschung (W. Schmidt: »Das Mutterrecht«)[6]

Wilhelm Schmidt aus der Wiener ethnologischen Schule erkannte die Existenz des Matriarchats voll an. Sein Buch ist eine spannende Studie zu diesem Thema. Was aber im Schlußwort angesichts der Kenntnisse des Autors verwundert, ist sein außerordentlicher Reichtum an Vorurteilen, mit der er sein eigenes Thema am Ende abtut. Wir können diese Vorurteile in unübertroffener Direktheit und Vollständigkeit bei ihm studieren:

»Unhaltbar ist zunächst die Auffassung J. J. Bachofens, daß das Mutterrecht ... Zucht und Gesittung gebracht und damit die ersten Grundlagen einer wirklichen sozialen Ordnung geschaffen habe. Wir haben gesehen, wie das Mutterrecht vielmehr die übermäßige Betonung des weiblichen Elementes der menschlichen Gesellschaft ist, die vorher in der Urkultur jahrzehntausendelang in einer verhältnismäßig harmonischen Gleichstellung beider Geschlechter mit fester Ordnung, insbesondere auch von Ehe und Familie, lebte.« (S. 298)

Diese »harmonische Urkultur« mit fester Ordnung von Ehe und Familie ist eine Fiktion. Denn Einzelehe und Kleinfamilie sind eine sehr späte Erfindung in der menschlichen Gesellschaftsentwicklung und sehr bezeichnend für das Patriarchat. Die Menschen der Altsteinzeit kannten die Begriffe »Ehe« und »Familie« überhaupt nicht. Aber es ist klar: Bei »übermäßiger Betonung des weiblichen Elementes« kann keine Ordnung bestehen, im Gegenteil, eine angebliche vorherige Ordnung geht daran kaputt! Wir verstehen auch die Absicht: Dem Matriarchat muß durch die vorgeschaltete Fiktion unbedingt die Priorität der Einführung einer »wirklich sozialen Ordnung« abgesprochen werden. Denn wie wir schon von den anderen Autoren wissen, gelingt der Frau eben nichts!

»(Das Matriarchat) war nur eine Liste des sich vollziehenden Fortschritts, der die Frau in ihrer wirtschaftlichen Tätigkeit folgte, allerdings von genügend gewaltiger Bedeutung, um nicht unterschätzt zu werden: die Erfindung des Pflanzenbaues, die Steigerung des Bodenwertes und damit eine festere Seßhaftigkeit.« (S. 299)
»Die Gedanken des Mutterrechts waren in ihrem tiefsten Grunde, wie E. Grosse selbst ja so trefflich darlegt, materieller, wirtschaftlicher Natur.« (S. 303)

Wir haben es vernommen: Die Leistungen des Matriarchats waren nur eine Liste des sich offenbar von selbst vollziehenden Fortschritts, dem die Frau hinterdreinrennt. Und die gewaltige Bedeutung ist ausschließlich materiell, es fehlt jede Spur von Geistigkeit. Das haben wir vorher schon gelernt, daß der Mann, wenn er wirtschaftliche Umwälzungen schafft, sofort eine geistige Kultur miterfindet, die Frau hingegen nicht. Wahrhaft trefflich!
Schmidt hatte versprochen, wenigstens die wirtschaftliche Leistung nicht zu unterschätzen, aber er bleibt nicht dabei:

»Aber nicht einmal die Seßhaftigkeit schlechthin kann dem Mutterrecht als Verdienst zugerechnet werden. Wir werden sehen, wie auch der totemistisch-vaterrechtliche Kulturkreis bereits eine Art von Seßhaftigkeit eingeleitet hatte, die man, mit der sich dort entfaltenden reicher gegliederten Tätigkeit des Mannes in Handwerk, Kunst und Handel, als Beginn einer städtischen gegenüber der dörflichen Seßhaftigkeit des Mutterrechts bezeichnen könnte.« (S. 299)

Wie haben es die angeblich vaterrechtlichen Jäger fertiggebracht, ohne Zwischenstufe dörflicher Seßhaftigkeit und mitten bei der Jagd eine Stadtkultur hervorzubringen? Selbstverständlich waren Handwerk, Kunst und Handel bei den jägerischen Horden *reicher,* denn das Matriarchat muß nach dem Willen des Autors als ein Rückschritt herauskommen.

»Und wenn man es als ausgezeichnetes Verdienst des Mutterrechts preisen wollte, daß es in der Ausnützung der Gesetze des Pflanzenwachstums das erste Beispiel einer Bezwingung der Naturkräfte . . . vollbracht habe, so ist auch dieses Verdienst . . . nicht ohne gleichartige Parallele. Wir haben sie gefunden in der Tierzucht des nomadistischen Kulturkreises, in welchem der Mann sich einen anderen Teil der Natur, das Tierreich, untertänig machte, dessen Bedeutung sicher nicht geringer war als das von der Frau eroberte Pflanzenreich.« (S. 299)

Da die Frau etwas »erobert« und »bezwungen« hat, muß sich der Mann rasch auch etwas »untertänig« gemacht haben – welche Sprachgebung! Die Einzigartigkeit der Leistungen des Matriarchats wird hier durch den zweiten Trick der Parallelisierung gleicher Leistungen herabgemindert, nachdem der erste Trick der Vorschaltung gleicher oder besserer Leistungen schon zur Anwendung kam. Gleichzeitig wird eine zeitliche wie lokale Einschränkung des Matriarchats bewußt vollzogen, indem Vaterrecht sowohl vorher wie gleichzeitig allüberall gewesen sein soll, auch wenn es dafür weder logische noch sachliche Gründe gibt. Auf diese Weise gewinnt das Vaterrecht Ewigkeitswert, und das Mutterrecht erscheint wie eine Ausnahme.

Wir kommen jetzt auf den Hintergrund dieser sachlichen Verzerrungen zu sprechen, denn Schmidt fährt fort:

»Steht also überall hier das Mutterrecht nicht ohne gleichartige Rivalen da, so könnten ja doch zwei Errungenschaften als ein . . . Vorzug gelten: die von ihm . . . scheinbar völlig sichergestellte Monogamie und die Beugung der zu roher Gewalttätigkeit geneigten Natur des Mannes unter die sittigende Kraft des weiblichen Gemütes. Sie könnten so gelten, wenn sie nicht erkauft worden wären um den Preis einer Übertreibung, die dazu führen mußte, . . . die Familie in ihrem innersten Wesen zu zerstören und völlig zu sprengen.« (S. 299)

»Diese Verschiebung der Rechte von Frau und Mann wirkte sich dann katastrophal in der Gestaltung von Ehe und Familie aus.« (S. 300)

Es liegt auf der Hand: Die matriarchale Monogamie – die es trotz der christlich-katholischen Geschichtswünsche des Autors nicht gab – sprengte die Familie, die patriarchale hingegen nicht. Sogar »katastrophal« gestaltete sich die Ehe im Matriarchat. Woran liegt das?

»Kann somit im Mutterrecht der Vater nicht so viel Vater sein, als er müßte und möchte, so ist aber auch die Mutter hier nicht in dem Grade Mutter, wie es der Natur entspräche.« (S. 300)

Der Mann möchte Vater sein, obwohl es den Begriff der Vaterschaft noch nicht gibt. Und die Frau kann nicht Mutter sein, obwohl sie das von Natur aus schon immer ist. Wie geht das zu?

»Sie ist zunächst nicht soviel Gattin, als sie sollte, weil sie zuviel Schwester und Tochter, zu sehr von dem älteren Bruder und der Mutter abhängig ist.« (S. 300)

Die matriarchalen Familienbeziehungen von Mutter und Tochter, Schwester und Bruder taugen nichts, denn die Frau ist das »zu sehr«, nur deswegen ist sie offenbar abhängig. Die patriarchalen Familienbeziehungen hingegen, bei denen er Vater und Gatte ist, sind die einzig wahren, denn Vater sein möchte er und seine abhängige Gattin sein sollte sie!

»In der streng mutterrechtlichen Familie konnte die herrschende weitgehende Recht- und Bedeutungslosigkeit des Ehemannes sicher nur zur Folge haben, daß die Frau sich an ihn nicht mit der stolzen Liebe und vertrauensvollen Hingabe anschließen konnte, die auch ihrem eigenen Wesen zur Ergänzung und Erhebung nötig ist.« (S. 301)

Nun ist die Katze aus dem Sack: Die Bedeutungslosigkeit des Ehemannes ist das Problem, auch wenn das Matriarchat die Rolle des Ehemannes ebensowenig kannte wie eine andere Kultur vorher. Nichts in der Geschichte geht gut, wenn die Frau den Mann nicht als Oberhaupt und Beschützer hat, zu dem sie liebevoll aufblicken kann!

»Die Unnatürlichkeit des ... Mutterrechts rief dann ja auch die energische Reaktion des Mannes gegen die ihm aufgezwungene Unterordnung hervor, in der stets umfangreicher werdenden Durchbrechung des mutterrechtlichen Gesetzes, daß bei der Heirat er der Frau folgen müsse.« (S. 301)

War das Matriarchat vorher schon »ungesund«, so ist es jetzt gleich »unnatürlich«. Und warum? Weil eine Hierarchie von Überordnung und Unterordnung hineingeheimnist wird, nur mit Umkehrung der Geschlechter, die aber typisch patriarchal ist. Das Matriarchat war keine Umkehrung des Patriarchats, und es ist beschämend für einen Autor wie Schmidt, daß er in der Erforschung seines Themas über solche Trivialitäten nicht hinausgekommen ist. Die Beschreibung einer Revolte des Mannes ist grundsätzlich falsch, denn die Linie der Auseinandersetzung in der Umbruchszeit verlief nicht zwischen Frauen und Männern, sondern zwischen matriarchalen Frauen und Männern auf der einen Seite und patriarchalen Eroberern auf der anderen Seite, wie ich noch nachweisen werde.

Doch Pater Schmidt weiß, warum die angebliche Überordnung der Frau so »unnatürlich« ist:

»Schon vorher hat sich der Mann zu schützen und die Frau zu schrecken und einzuschüchtern gewußt – was nicht ohne tiefe Verachtung ihrer ›Dummheit‹ zustande kommen konnte – durch die Errichtung der Geheimbünde, und in diesen hatte doch noch er, der Mann, trotz allen Mutterrechts, den eigentlich bedeutungsvollen und bleibenden sozialen Fortschritt zu erringen vermocht.« (S. 301)

Das ist die Erklärung: die Frau ist einfach dümmer. Sie läßt sich sogar im vollen Matriarchat durch die Machenschaften von Männern erschrecken! Wer die geistige Überlegenheit des Mannes noch nicht akzeptieren will, lernt es bei der Charakterisierung dieser fiktiven Geheimbünde im Matriarchat:

»Auch das war eine Frucht der Tätigkeit des Mannes, dem wirtschaftliche Bedeutungslosigkeit auch manche wirtschaftliche Arbeit und Sorge weggenommen hatte, daß er Muße fand, über die dunklen Probleme von Leben und Sterben, von Diesseits und Jenseits nachzugrübeln und insbesondere den Begriff der Seele nach allen Richtungen hin zu verfolgen.« (S. 301)

Während die Frau im Matriarchat also die gesamte Wirtschaftsform erfindet und arbeitend erhält, zudem wie seit Urzeiten die Kinder gebiert und die Toten bestattet, erfindet der Mann unterdessen alle geistigen Leistungen. Das erinnert an das »Denken und Dichten« der Männer im Schoß der nicht von ihnen gegründeten blutsverwandten Sippe (Schulbuch) und an die »Entwicklung ihrer Sprache und ihres Geistes« am heimeligen Herdfeuer im Haus (Standardwerk). Das Fazit solcher Gedankengänge kann nur dieserart ausfallen:

»Die im Mutterrecht sich vollziehende Umkehrung und Auflösung der natürlichen Formen von Ehe und Familie rächte sich am schlimmsten an der Mutter, an der Frau selber und führte ihre tiefste Erniedrigung herbei.« (S. 302)

Wo sonst erlebte die Frau ihre tiefste Erniedrigung als ausgerechnet im Matriarchat? Nichts ist so selbstevident wie das.
Ich möchte am Schluß meiner Analyse im Negativ-Verfahren darauf hinweisen, daß diese Ansichten nicht etwa alt und überholt sind, sondern sie wurden veröffentlicht im Zeitraum von 1955 bis 1973. Das Schulbuch-Beispiel zeigt, wie die patriarchale Indoktrinierung Jugendlicher verläuft, das Standardwerk-Beispiel zeigt dasselbe für die Indoktrinierung Studierender, und das Beispiel des katholischen Ethnologen, der mit dem Missionswerk der Kirche zusammenarbeitet, zeigt, was bei nicht-christlichen und nicht-patriarchalen Völkern in Ländern der Dritten Welt noch heute angerichtet wird.

In meinem Negativ-Verfahren der Argumentationsanalyse habe ich die typischen Vorurteile gewonnen, die uns zum Thema Matriarchat auf Schritt und Tritt begegnen. Es ist nützlich, sie im Auge zu behalten, um in der Forschung die Sache von der Ideologie trennen zu können. Das macht den Weg frei für das Positiv-Verfahren der Analyse. Darum stelle ich diese Vorurteile in einer Typologie zusammen, die als Werkzeug zu ihrer Wiedererkennung dienen kann.

Die erste Gruppe enthält die eigentlich ideologischen Vorurteile:

1. Beurteilung des Geschlechterverhältnisses in matriarchalen Kulturen nach patriarchalen Normen, zum Beispiel:

1.1. Zitieren der »natürlichen« Rollenverteilung als rechtlich-sozialer Unterordnung der Frau und Überordnung des Mannes.

1.2. Aufstellen psychologisch-intellektueller Wesensdefinitionen der Frau, die ihre geistige Unterlegenheit gegenüber der geistigen Überlegenheit des Mannes dokumentieren sollen (Dummheit, Regellosigkeit, Unklarheit der Frau).

1.3. Moralische Abwertung matriarchaler Familienbeziehungen zugunsten patriarchaler Familienbeziehungen.

1.4. Abwertung der Rolle des Mannes im Matriarchat (die angeblich erzwungene Unterordnung) in Parallele zur unterdrückten Rolle der Frau im Patriarchat.

1.5. Zitieren einer angeblichen Revolte des Mannes im Matriarchat aus seiner geistigen Überlegenheit.

Die zweite Gruppe enthält die sachlichen Vorurteile, die sich aus den ideologischen ergeben und oft den eigenen Ergebnissen der Forscher widersprechen; daraus fließen Widersprüche:

2. Leugnung der Existenz von Matriarchaten überhaupt.

3. Ignorieren der Eigenstruktur und Eigenwertigkeit des Matriarchats: Das Matriarchat wird als umgekehrtes Spiegelbild des Patriarchats hingestellt, mit emotionaler Abwehr wird von der »Herrschaft« der Frau geredet.

4. Leugnung des jahrtausendelangen und weltweiten Auftretens des Matriarchats durch folgende Methoden:

4.1. Matriarchate werden örtlich auf ferne, exotische Gegenden eingegrenzt, patriarchale Kulturen hingegen nicht.

4.2. Ihre zeitliche Ausdehnung wird gar nicht angegeben, sie kommen nur als diffuse Zwischenstufe vor.

4.3. Ihre wirtschaftliche Bedeutung wird auf das frühe Pflanzertum mit Hackbau eingeschränkt.

4.4. Es werden nur einzelne »Züge« genannt, welche die Gesellschaft als nicht durchgehend matriarchal erscheinen lassen; eine vollständige und zusammenhängende Beschreibung einer matriarchalen Kultur fehlt.

4.5. Sie werden durch unbegründet vorgeschaltete und parallelgeschaltete patriarchale Kulturen zu Ausnahmen gemacht.

5. Die Leistungen des Matriarchats werden geleugnet oder nur bedingt anerkannt, zum Beispiel:

5.1. Die Priorität verschiedener Leistungen wird geleugnet, indem eine fiktive Urkultur oder eine vaterrechtliche Kultur mit fiktiven Leistungen vorgeschaltet wird; eine genaue Darstellung der Urkultur fehlt.

5.2. Die Einzigartigkeit der gelegentlich anerkannten Leistungen wird sofort herabgemindert, indem eine vaterrechtliche Kultur mit gleichen oder komplementären Leistungen parallelgeschaltet wird; eine genaue Erklärung, woher diese plötzlich kommt, fehlt.

5.3. Leistungen matriarchaler Kulturen werden patriarchalen Kulturen zugeschoben.

6. Leugnung der Weiterentwicklung der Matriarchate, zum Beispiel:

6.1. Es wird ihre Weiterentwicklung vom einfachen Hackbau zum bäuerlichen Ackerbau geleugnet, es heißt, Matriarchate seien nie Grundlage hochkultureller Entwicklung gewesen.

6.2. Es wird ihre Weiterentwicklung von bäuerlicher Dorfkultur zur hochentwickelten Stadtkultur geleugnet, es heißt, Matriarchate seien angeblich nie Hochkulturen gewesen.

6.3. Es wird geleugnet, daß hochkulturelle Matriarchate – wenn man sie schon zugeben muß – Staaten waren (falsche Ineinssetzung von Begriffen).

6.4. In der hochkulturellen Phase werden matriarchale Königtümer stets als patriarchale Monarchien gedeutet; das gesamte Gefüge der Entscheidungsbefugnis wird nicht berücksichtigt.

6.5. Matriarchale Thea-kratien (Göttinstaaten) werden stets mit patriarchalen Theo-kratien (Gottesstaaten) verwechselt; ihre Eigenart wird nicht erkannt.

7. Eine Erklärung für den Wechsel der matriarchalen Epoche zur patriarchalen Epoche wird nicht gegeben, denn:

7.1. Das Patriarchat wird als ewig und nur kurz durch das deviante Matriarchat unterbrochen hingestellt.

7.2. Der Mann wird als ewig geistig überlegen hingestellt, so daß durch diese seine Wesenseigenschaft das Patriarchat wie die Erlösung vom Himmel fällt.

8. Leugnung matriarchaler Traditionen bis in die Gegenwart: Dieses Vorurteil ergibt sich aus den anderen. Seine Folge ist, daß die patriarchale Geschichtsschreibung viele Phänomene auch in den schriftlich belegten historischen Epochen nicht erklären oder nur verzerrt deuten kann.

Meine Forschungsaufgabe ist zu zeigen, daß es sich bei dieser durch das Negativ-Verfahren gewonnenen Vorurteils-Liste tatsächlich um Vorurteile handelt. Das Positiv-Verfahren der kritischen Würdigung der eigentlichen Matriarchatsforscher wird meine Annahme erhärten. Und meine eigenen Forschungen durch Reisen, empirische Studien und theoretische Überlegungen werden der dritte Schritt sein um zu zeigen, daß die bisherige patriarchale Geschichtsschreibung die aufgeworfenen Fragen nicht erklären kann und damit eine angemessene Erfassung der menschlichen Geschichte verhindert. Es ist Zeit für eine grundsätzliche geschichtliche Neuorientierung.

Stier, der Boden, das Fundament

2. Der Pionier der Matriarchatsforschung: J. J. Bachofen[7]

Bachofens Werk »Das Mutterrecht« erschien 1861. Mit ihm begründete er den kulturhistorischen Zweig der Matriarchatsforschung. Er hat darin großartige Arbeit geleistet, die neue Türen zum Verständnis der menschlichen Kulturentwicklung geöffnet hat. Außerdem besaß er – im Gegensatz zu späteren Kollegen im Bereich dieser Forschung – den Mut, sein Forschungsgebiet offen zu benennen und ertrug dafür den Spott der zünftigen Wissenschaftler.

Bachofen macht aus den Quellen antiker Schriftsteller unmißverständlich klar, daß das Mutterrecht oder Matriarchat (bei Bachofen heißt es »Gynaikokratie«) nicht nur eine exotische südasiatische Spezialität gewesen ist. Es war vielmehr in Indien, Persien, Ägypten und im östlichen Mittelmeerraum einschließlich Griechenlands verbreitet und überall die Grundlage der späteren kulturellen Weiterentwicklung. Er zeigt uns, daß es sich in diesen Erscheinungen nicht um bedeutungslose Ausnahmen handelt, sondern um gesellschaftliche Systeme mit innerer Notwendigkeit, die nicht nur einzelnen Völkern zugerechnet werden können, sondern ganz allgemein einer bestimmten frühen Kulturstufe angehören. Wichtig ist dabei nicht die Gleichheit einzelner Äußerungen, sondern die Übereinstimmung der Grundanschauung, aus der das Matriarchat sich bei verschiedenen Völkern entwickelt.

Für den griechischen Raum weist Bachofen nach, daß die mutterrechtlichen Stämme stets die älteren, die vor-hellenischen waren. Nach neuerem Sprachgebrauch gehören sie damit zu den vor-indoeuropäischen Völkern. Mit dem Einbruch der Indoeuropäer (Hellenen, Kelten, Germanen) beginnen in Europa die sich immer mehr verstärkenden patriarchalen Phasen.

Bachofen gibt ebenfalls klar Auskunft über seine Methode, mit der er seine Untersuchungen macht: Es ist die Mythenanalyse, die er soweit wie möglich mit historischen Zeugnissen vergleicht. Er interpretiert also nicht nur mythische Geschichten, sondern er arbeitet mit einer vergleichenden kulturhistorischen Methode. Dabei stellt er, trotz der weiten Zeiträume, die dabei überbrückt werden, erstaunliche Ähnlichkeiten fest und kommt zu dem Schluß, daß man Mythen durchaus als geschichtliche Zeugnisse betrachten darf, die in Bildern statt in Worten reden. Er wendet sich damit strikt gegen die ästhetisierende romantische Mythostheorie, die darin nur Phantasieprodukte aus ungreifbaren »Volksseelen« sah. Zugleich wendet er sich mit beißendem Spott gegen den Umgang seiner zeitgenössischen Geschichtswissenschaftler mit Mythologie:

»Jede Trennung von Mythos und Geschichte, wohlbegründet sofern sie die Verschiedenheit der Ausdrucksweise des Geschehenen in der Überlieferung bezeichnen soll, hat gegenüber der Kontinuität der menschlichen Entwicklung keine Bedeutung und keine Berechtigung. ... (Aber) das Bedürfnis des zusammenhängenden Wissens hat (dann) nicht selten zu dem Versuch geführt, durch Gebilde philosophierender Spekulation der Sehnsucht nach Kenntnis der Ursprünge einige Befriedigung zu gewähren und die großen Lücken ... mit den Schattengestalten eines abstrakten Verstandesspieles auszufüllen. Sonderbarer Widerspruch, den Mythos als Dichtung zu verwerfen und zugleich den eigenen Utopien (Erdichtungen) sich so vertrauensstark zu überlassen.« (S. 7—9)

Diese Kritik Bachofens an der historischen Forschung hat – wie wir gesehen haben – noch keineswegs ihre Aktualität verloren. Er nimmt Mythologie als Aussage über vergangene geschichtliche Zustände ernst und wurde darin glänzend von dem Archäologen Heinrich Schliemann bestätigt, der auf dem Boden von Homers mythischen Geschichten die historischen Stätten von Troja, Mykene, Tyrins und Orchomenos entdeckte. Einen schöneren Beweis für den geschichtlichen Kern von Mythen – wenn man sie lesen kann – gibt es wohl kaum.

So akzeptabel Bachofens Methode ist, so problematisch sind seine theoretischen Deutungen und seine unbedachten Wertungen, in die er sein reiches, spannendes Material preßt. Die Deutungen stellen eher seine romantisierende Ideologie des Matriarchats dar als das, was er zur Sache selbst aus den Quellen herausfindet. Seine Matriarchats-Ideologie ist geprägt von seiner sonderbaren Auffassung vom Wesen der Frau:

»Die erste Beobachtung, in welcher sich diese Folgerichtigkeit der gynaikokratischen Gedankenwelt bewährt, liegt in dem Vorzug der linken vor der rechten Seite. Das Links gehört der weiblichen leidenden, das Rechts der männlichen tätigen Naturpotenz.« (S. 9/10)
»Keine geringere Bedeutung hat eine zweite Äußerung desselben Grundgesetzes, das Prinzipat der Nacht über den aus ihrem Mutterschoße hervorge-

henden Tag. . . .Weitere Verfolgung desselben Gedankens zeigt die kultische Auszeichnung des Mondes vor der Sonne, der empfangenden Erde vor
dem befruchtenden Meere, der finstern Todesseite des Naturlebens vor der
lichten des Werdens, der Verstorbenen vor den Lebenden, der Trauer vor
der Freude als notwendige Eigentümlichkeit der mütterlichen Weltpe-
riode.« (S. 10)

Daß die Nacht mit Mond und Sternen als Bild des Kosmos Vorzug
hat vor dem Tag, der nur die Sonne sehen läßt, können wir leicht
verstehen. Daß die fruchtbare Erde, auf der die Menschen leben,
vor dem Meer, auf dem sie nur herumfahren können, Vorzug hat,
verstehen wir auch. Daß die linke Seite als die des Lebens vor der
rechten als der des Todes Vorzug hat, wissen wir aus anderen
Quellen. Aber daß bei matriarchalen Gesellschaften, welche die
Frau gerade ihrer lebengebärenden Fähigkeit wegen verehren, die
Todesseite vor der des Lebens Vorzug haben soll, die Toten vor
den Lebenden, die Trauer vor der Freude, ist schlicht unverständlich. Warum sollten Frauen ausgerechnet in mutterrechtlichen Gesellschaften lieber trauern als sich freuen? Vielleicht liegt es daran,
daß Bachofen ganz genau weiß, daß die Frau aus »Naturpotenz«
lieber leidet statt tätig zu sein!
Im folgenden erfahren wir von ihm, daß das Mutterrecht selbst
»das Gesetz des stofflich-leiblichen, nicht des geistig höheren Lebens« sei und die matriarchale Gedankenwelt überhaupt nur »Aus-
fluß der mütterlich-irdischen, nicht der väterlich-himmlischen Be-
trachtungsweise des menschlichen Daseins« (S. 11). Wir ahnen, ja
wir fürchten schon: Gleich geht es wieder ganz ohne Geist zu im
Matriarchat. Deshalb sind wir verblüfft, etwas später zu lesen:

»Ohne (die Religion) ist keine Seite des alten Lebens verständlich, die früheste Zeit zumal ein undurchdringliches Rätsel. Durch und durch vom
Glauben beherrscht, knüpft dieses Geschlecht (die Frauen) jede Form des
Daseins, jede geschichtliche Tradition an die kultischen Grundgedanken
an. . . . Daß die gynaikokratische Kultur vorzugsweise dieses hieratische
(priesterlich-heilige) Gepräge tragen muß, dafür bürgt die innere Anlage der
weiblichen Natur, jenes tiefe, ahnungsreiche Gottesbewußtsein, das, mit
dem Gefühl der Liebe sich verschmelzend, der Frau, zumal der Mutter, eine
in den wildesten Zeiten am mächtigsten wirkende religiöse Weihe leiht.«
(S. 19)

Wir verstehen diesen Widerspruch nicht, daß die »stofflich-leib-
liche« Natur der Frau jetzt in der Lage ist, eine ganze Kulturform
mit religiöser Geistigkeit zu durchdringen und offenbar ein sehr
frühes, stimmiges Weltbild zu schaffen. Wir fragen an Bachofen
zurück: Ist das kein »geistig höheres Leben«? Aber offenbar hat
die Frau dafür nicht zu denken brauchen, sondern alles nur aus ihren tiefen Ahnungen und ihren verschmelzenden Gefühlen ge-
schöpft.

Wir sind hier schon Bachofens typischem Vorurteil auf der Spur, das in meiner Liste das »Aufstellen psychologisch-intellektueller Wesensdefinitionen der Frau, die ihre geistige Unterlegenheit gegenüber der geistigen Überlegenheit des Mannes dokumentieren sollen« heißt. Aus diesem hypothetischen Wesen der Frau versucht er das Matriarchat zu erklären, und wir fürchten, daran wird er scheitern.

Wenn wir den Aufbau seiner Dreistufen-Theorie zur Entwicklung der matriarchalen Gesellschaftsform betrachten, so bestätigt sich unser Verdacht: Die erste Stufe soll ein regelloser Hetärismus gewesen sein, wobei volle sexuelle Promiskuität bestimmend gewesen sei, welche die Frauen zu Hetären, unentwegtem Beischlaf ausgeliefert, erniedrigt habe. Daraus soll sich die Gynaikokratie oder das Matriarchat entwickelt haben als entschiedener Widerstand der Frauen gegen diese Lebensweise, von der sie sich abwandten, um »geregelte Zustände und eine reinere Gesittung« (S. 30) zu finden. Verwirklicht sieht Bachofen die Gynaikokratie im sogenannten »Demetrischen Prinzip« als dem der ehelichen Zucht, der Keuschheit und Monogamie. Angeblich setzen die Frauen dies gegen den Widerstand der Männer durch, und um das zu erreichen, müssen sie wenigstens begrenzte hetärische Zustände wie zum Beispiel »die Tempelprostitution« zulassen. Die Demetrische Stufe des Matriarchats soll zuletzt im Amazonentum ihrer Verwilderung und ihrem Untergang entgegengegangen sein.

Die Gegenden, in denen diese sozialen Verfassungen sich abgespielt haben sollen, werden auch beschrieben: Der Hetärismus lebte im Sumpf, wo die wilde Vegetation wächst, die Demetrische Gynaikokratie hingegen fußt auf der Ackerbaukultur, und die Amazonen sind Städtegründerinnen.

In diesem prüden, viktorianischen Geschichtsbild steht leider alles auf dem Kopf; darum müssen wir Bachofen behutsam auf die Füße stellen: Der Hetärismus ist eine unbewiesene Annahme, die auf nicht mehr als einer einzigen, relativ späten Quelle (arabisches Zeugnis) beruht. Jegliche archäologische und anthropologische Kenntnis über die Verhältnisse in der frühesten Zeit, nämlich der Altsteinzeit, fehlt. Das können wir Bachofen nicht unbedingt zum Vorwurf machen, da diese Wissenschaften zu seiner Zeit kaum entwickelt waren.

Vorwerfen kann man ihm aber seine Rückwärtsprojektion später bürgerlich-patriarchaler Verhältnisse mit christlicher Monogamie in die sogenannte Demetrische Stufe des Matriarchats. Die geschichtlich relativ spät eingeführte Monogamie, erzwungen gegen den Willen der Frau, hat nichts mit »reiner Gesittung« zu tun, sondern mit ökonomischen Verhältnissen von Privateigentum und dem Zwang zum Erkennen der Vaterschaft zwecks Beerbung der legitimen Erben, der echten Söhne. Diese Sozialstruktur ist klassisch patriarchal, einer der Eckpfeiler dieser Gesellschaftsordnung und deshalb von Anfang an mit allen möglichen Ideologien verbrämt. Sie als matriarchal auszugeben, etwa weil die »weibliche Natur« weniger Sexualität begehrt als die der Männer, ist schlicht grotesk.

Daraus folgen die anderen Verdrehungen wie zum Beispiel die über die »Tempel-Prostitution«. Denn diese war keine Konzession an die »wilden« Männer, sondern eine echt matriarchale Form des Göttindienstes in Venus-Tempeln. Zurückgedrängt wurde diese Art von Göttindienst erst von der sich immer stärker durchsetzenden patriarchalen Sozialordnung, in der die »Prostituierten« nicht mehr ihrer Göttin, sondern den Männern dienen mußten.

Unter solchen Umständen wundern wir uns zuletzt nicht mehr, daß die Amazonenreiche, trotz ihrer kulturellen Leistung der Städtegründungen, nur noch eine »wilde Entartung« (S. 43) darstellen können. Denn die Amazonen lebten weder monogam noch männerfreundlich. Eine historische Erklärung, wie es zu Amazonenreichen kam, gibt Bachofen ebensowenig, wie er die Entwicklung der Gynaikokratie erklärt. Sie sind einfach da und vollbringen »Eroberungstaten«, um angeblich ihren Göttinkult zu verbreiten (S. 44). Das klingt sehr nach missionarischem Eifer und »Heiligem Krieg«, Gedanken, die dieser Zeit fremd waren. Und warum bleiben sie, trotz ihres Erfolges, dann nicht bei weiterer Eroberungstaten – wie es die Eroberer doch tun –, sondern lassen sich so bald wie möglich in ihren Städten nieder?

Weil »in der Fixierung des Lebens das weibliche Geschlecht seine Naturbestimmung erfüllt«, denn »von der Gründung und Schmückung des häuslichen Herdes hängt die Hebung des Daseins und alle Gesittung vorzugsweise ab« (S. 45).

Das klingt eher nach bürgerlicher Hausfrau und paßt keineswegs auf die matriarchalen Amazonen. Das Phänomen dieser Kulturstufe, obwohl er es als existierend ernst nimmt, bleibt bei Bachofen wie so vieles ungeklärt. Dafür geht es nach der amazonischen »Entartung« um so schneller mit dem Patriarchat:

»Ein Weltalter geht unter, ein neues erhebt sich auf dessen Trümmern, das apollinische. . . . Auf die Göttlichkeit der Mutter folgt die des Vaters, auf das Prinzipat der Nacht das des Tages. . . . Dort stoffliche Gebundenheit, hier geistige Entwicklung; dort unbewußte Gesetzmäßigkeit, hier Individualismus; dort Hingabe an die Natur, hier Erhebung über dieselbe, Durchbrechung der alten Schranken des Daseins, das Streben und Leiden des prometheischen Lebens an der Stelle beharrender Ruhe, friedlichen Genusses und ewiger Unmündigkeit in alterndem Leibe. . . . Im Kampfe wird der Mann sich seiner Vaternatur bewußt, kämpfend erhebt er sich über das

Muttertum. . . . Für ihn liegt die Quelle der Unsterblichkeit nicht mehr in dem gebärenden Weibe, sondern in dem männlich-schaffenden Prinzip. . . . Überall dieselbe Erhebung von der Erde zum Himmel, von dem Stoffe zur Unstofflichkeit, von der Mutter zum Vater, überall jenes Prinzip, das in der Richtung von unten nach oben eine sukzessive Läuterung des Lebens annimmt.« (S. 49/51)

Nun wissen wir es. In schöner Deutlichkeit zählt Bachofen hier die prächtigen Prinzipien des Patriarchats auf, von denen es noch heute lebt: Herrschaft und Hierarchie, diese »sukzessive Läuterung« von unten nach oben; Kampf und Krieg, welche das Matriarchat nicht geistig, sondern gewaltsam überwanden; der Krieger »als Vater aller Dinge«, der vom Mutterschoß nichts mehr wissen will, außer daß er ihm die Söhne zum Kriegführen liefert; die Unsterblichkeit durch das Macher-Prinzip; die Erhebung über die »stoffliche Gebundenheit« mit Körperfeindschaft und Nekrophilie; die Erhebung über die Natur mit ihrer Zerstörung als Folge; das selbstauferlegte prometheische Leiden, das Frauen lindern oder ausbaden sollen; Individualismus bis zur Atomisierung der Gesellschaft und der Isolierung des einzelnen; das apollinische Prinzip, in welchem sich der Gott »vollständig von jeder Verbindung mit dem Weibe befreit« (S. 53). Wir kennen diese Art der Befreiung mittlerweile: Erst befreit sie uns vom Weibe, dann von der Erde und zuletzt vielleicht vom Leben.

Da Bachofen seine Beschreibung des Patriarchats ebenfalls aus dem »Wesen des Mannes« im Sinne des Selbstlobes und nicht aus sozialhistorischen Erklärungen schöpft, brauchen wir uns damit nicht weiter zu befassen. Seine geschichtslose Geschichtsschreibung hat aber, trotz seines Verdienstes Entdecker des Matriarchats zu sein, eine fatale Konsequenz: Sie hat nachhaltig das öffentliche Bewußtsein zur Frage des Matriarchats geprägt. Die von ihm aufgebrachten Klischees halten sich zäh, da die Gebildeten – falls Matriarchatsforschung sie interessiert – meist keinen anderen Autor kennen als Bachofen. So hält sich die Meinung, daß Matriarchate dumpf in sich kreisende, bewegungslos auf der Scholle hockende Müttervereine gewesen seien, die ihrer Erlösung durch Geisteshelle und Individuationsprinzip des Patriarchats dringend bedurften (vgl. auch das Schulbuch, das Standardwerk und den wissenschaftlichen Autor W. Schmidt). Daraus ergibt sich von selbst die Notwendigkeit und Höherwertigkeit des Patriarchats, wie es in Diskussionen besonders von Männern vertreten wird. Und Frauen können in einem solchen Zerrbild natürlich keine Lernmöglichkeit für ihre heutige prekäre Situation entdecken. Die Ethnologie hat dem noch die Krone aufgesetzt, indem sie erklärte, Bachofen habe zwar die Matrilinearität (die mütterliche Erbfolge) entdeckt, aber

Matriarchate gäbe es nirgends. In der Tat, *diese* Art von Matriarchat, die Bachofen beschreibt, hat es nirgends gegeben!
Fassen wir zusammen, was wir aus Bachofens Werk, wenn wir seine Ideologie abstreichen, an positivem Wissen, das allerdings ständig neuer Überprüfung bedarf, erfahren haben:

- Matriarchat ist nicht nur eine exotische Ausnahme, sondern umfaßte eine ganze Kulturepoche, die zumindest auch die Räume Indiens, Persiens, Ägyptens und den östlichen Mittelmeerraum einschloß.
- Matriarchat ist mehr als bloße Matrilinearität, sondern umschließt auch Gynaikokratie; was immer das heißen mag, gilt es näher zu bestimmen.
- Matriarchat fußt auf der Ackerbaukultur und nicht nur auf dem frühen Hackbau.
- Matriarchate sind nicht diffuse Gesellschaften, durch einige »Züge« zu umschreiben, sondern in sich stimmige soziale Ordnungen, von einem in sich stimmigen Weltbild geprägt; welches die Ordnung der Gesellschaft und des Weltbildes ist, gibt Bachofen noch sehr ungenau an.
- Die matriarchalen Völker in Europa waren Vorindoeuropäer, die indoeuropäischen Stämme stürzten die Matriarchate durch kriegerische Auseinandersetzungen.
- Matriarchate hatten eine lange Entwicklungsgeschichte, die von einer Frühform (fälschlich »Hetärismus« genannt) über eine hochentwickelte Form (fälschlich »Demetrische Gynaikokratie« genannt) zu einer Spätform führt (einen Teil davon stellten die Amazonenreiche dar).
- Matriarchate sind nicht unbedingt an ihren inneren Widersprüchen zerbrochen oder gar an der Unterlegenheit des »weiblichen Wesens«, sondern – zumindest im vorderasiatisch-europäischen Raum – an dem Einbruch von Kriegervölkern.
- Das matriarchale Geistesleben war durchgängig von religiösen Gedanken und kultischen Formen geprägt, sie waren sakrale Gesellschaften. Geschaffen wurden sie in ihren wirtschaftlichen und religiösen Formen von Frauen.
- Die tragende, universelle Gottheit wurde offenbar als die kosmische Göttin (Nachthimmel) oder als die Erdgöttin oder als beide zugleich vorgestellt.

3. Der Begründer der Ethnologie: H. L. Morgan[8]

Henry Lewis Morgan stellt in seinem wichtigen Werk »Ancient Society« (deutsch: »Die Urgesellschaft«, 1891) ein evolutionistisches Schema der menschlichen Familienentwicklung auf. Auch bei ihm verbessert sich die Geschichte ebenso unentwegt bis zur Gegenwart hin wie schon bei Bachofen. Seine Bemerkungen zum Thema »Frau« sind dabei spärlicher und klingen neutraler, denn Morgans Absicht war es nicht, eine matriarchale Gesellschaft – die der Irokesen-Liga in Nordamerika – ethnologisch zu erforschen, obwohl er es faktisch tut. Er ist darin ein glänzendes Beispiel für viele Forscher nach ihm, die sich mit matriarchaler Thematik beschäftigen, ohne es auszusprechen. Denn es könnte ihrer wissenschaftlichen Reputation ja schaden! So bleiben »Frau« und »Matriarchat« die blinden Flecken oder die Verdrängungen um jeden Preis.

Morgan nimmt drei große Entwicklungsstufen an, die der »Wildheit« (heute würden wir sagen »Altsteinzeit«), die der »Barbarei« (heute »Jungsteinzeit«) und die der »Zivilisation« (die nachfolgenden kulturellen Epochen), jede noch einmal säuberlich unterteilt in Unter-, Mittel- und Oberstufe. Das klingt wie in der Schule, wo es langsam aber stetig aufwärts geht, und so ist es bei Morgan auch zu verstehen. Seine Begriffe sind alles andere als wissenschaftlich neutral, denn mit »Wildheit« meint er immer auch »primitiv« im negativen Sinn, »Barbarei« meint eben barbarisch genauso abwertend, wie die Griechen dieses Wort gegenüber allen sie umgebenden Völkern gebraucht haben. Die Menschheit im eigentlichen Sinn beginnt erst auf der Stufe der »Zivilisation«, ausgerechnet mit Einführung der Schrift und dem Aufschwung der klassisch patriarchalen Stämme und Gesellschaften. Damit ist eine eindeutige Hierarchie der Abwertungen errichtet, auf deren oberster Stufe die arischen und semitischen Völker wegen ihrer patriarchalen Familienbildung stehen und deren Spitze die ersten patriarchalen Reichsbildungen ausmachen: Griechenland und Rom.

So problematisch Morgans naiver, vorurteilshafter Evolutionismus ist, so enthalten seine Untersuchungen doch viele Erkenntnisse, die wichtig sind für unser Thema der Entwicklung der matriarchalen Gesellschaftsform. Er erklärt am Beispiel der Irokesen, was eine »Gens« und eine »Gentilgesellschaft« sind. »Gens« meint Sippe, die nach Prinzipien der Blutsverwandtschaft geregelt ist. »Gentilgesellschaft« meint die Stammesgesellschaft, die sich aus mehreren blutsverwandten Sippen aufbaut. Morgan zeigt, wie sich Stämme

der einfachen Gesellschaftsformen nicht aus »Familien« aufbauen –
eine unbekannte Größe in der Frühzeit –, sondern aus Sippen, die
sich zuerst in der weiblichen Abstammungslinie bilden und erst viel
später in der männlichen Abstammungslinie. Mehrere Sippen bilden nach genauen Regeln einen Stamm, und mehrere Stämme wiederum nach genauen Regeln ein Volk. Bei diesen Regeln handelt es
sich um *Heiratsregeln.*

So ist es für die Stammesgesellschaften kennzeichnend, daß sie
keine Trennung von gesellschaftlicher und politischer Organisation
kennen. Die geschichtlich später aufkommende, rein politische Organisation ist – nach Morgan – auf Landgebiet und Eigentum gegründet. Sie ist »territorial« und überlagert die gesellschaftliche Organisation der Verwandtschaftsbeziehungen. In einer Stammesgesellschaft ist dagegen jede politische Einflußnahme und Entscheidung nicht dem gesellschaftlichen (blutsverwandtschaftlichen)
Ganzen übergestülpt, sondern sie ist identisch mit den Beziehungen der Personen zu ihrer Sippe und zum Stamm. Als Verwandtschaftsbeziehungen sind sie immer persönlich, während die Beziehungen einer rein politischen Organisation von den Personen ab-
strahieren.

Mit dieser Identität von Verwandtschaftslinie und politischer Entscheidung ist die Stammesgesellschaft eine »homogene«, nicht
durch den Einbruch von Fremden zerrissene Gesellschaft. Und sie
ist eine der ältesten und am weitesten verbreiteten Organisationen
der Menschheit. Morgan nennt sie die »universelle Verfassungs-
grundform der alten asiatischen, europäischen, afrikanischen, amerikanischen und australischen Gesellschaft« (S. 52/53). Sie war das
Werkzeug, durch das die frühe Gesellschaft organisiert und zusammengehalten wurde, und zwar *ohne politische Herrschaft.* Damals
waren alle Menschen tatsächlich noch Geschwister. Einige moderne Autoren (zum Beispiel Sigrist) sagen deshalb ganz zu Recht,
daß die Menschheit über die längste Zeit ihrer Geschichte ohne politische Herrschaft gelebt hat. Letztere ist ziemlich späten, geschichtlich nachweisbaren Ursprungs. Sie wird aber aus durchsichtigen Gründen als seit Beginn der Menschheit bestehend hingestellt: als die These von der Ewigkeit patriarchaler Herrschaft des
Mannes über die Frau.

Bei dieser sehr wichtigen Unterscheidung vernachlässigt Morgan
aber die Unterscheidung zwischen matriarchaler und patriarchaler
Gesellschaftsorganisation. Denn wir haben es ja nicht nur mit
Stämmen irgendwie zu tun, sondern mit matriarchalen oder patriarchalen Stämmen, die durchaus unterschiedliche Organisation
aufweisen. Dasselbe gilt für die entwickelte Gesellschaftsform, wo
wir uns mit matriarchalen und patriarchalen hochkulturellen Ge-

sellschaften beschäftigen müssen und mit ihren unterschiedlichen Formen des politischen »Überbaues«. Zur Verbreitung der matrilinearen Stammesgesellschaft sagt Morgan unmißverständlich:

»Da wo die Abstammung in der Mutterfolge stattfindet, *wie dies in der älteren Periode allgemein war,* ist die Gens zusammengesetzt aus einer vorausgesetzten Urältermutter und deren Kindern, nebst den Kindern ihrer weiblichen Deszendenten (Nachkommen).« (S. 53; Hervorhebungen von mir)

Was die Kenntnis der Vaterschaft in der Frühzeit angeht, so sagt er ebenso klar:

»Zu der Zeit, wo die Gens auftauchte, war Heirat zwischen einzelnen Personen unbekannt, und die Abstammung von Vaters Seite ließ sich nicht mit Gewißheit feststellen. Die Blutsverwandten wurden . . . durch das Band ihres mütterlichen Ursprungs zusammengehalten. In der älteren Gens galt nur die Abstammung in der Mutterfolge.« (S. 57)

Solange also die Sitte der Gruppenheirat besteht, kann der Begriff der Vaterschaft nicht aufkommen. Die Mutterschaft war dagegen durch die Geburt leicht zu sehen, während die Vaterschaft sehr komplizierte soziale Veranstaltungen brauchte, um als solche erkannt und durchgesetzt zu werden. Ohne den Begriff der Vaterschaft konnte aber auch kein Patriarchat aufkommen – dieses ist historisch so spät wie die Durchsetzung des Begriffs der Vaterschaft. Denn die Sitte der Gruppenheirat dauerte nach Morgan lange!

Wir erkennen daran, daß die heutige Familienform und die heutigen Verwandtschaftsbegriffe alles andere als selbstredend gegeben sind. Sie brauchten einen unermeßlich langen Zeitraum, um bei der heutigen Form anzulangen. Wichtig ist die Einsicht, daß manches, was uns heute selbstverständlich und einfach erscheint, weil wir so sehr daran gewöhnt sind, in der menschlichen Entwicklungsgeschichte gar nicht das Erste und Einfache ist. Und ob es das Beste ist, nur weil es das Letzte ist, das stellt eine ganz andere Frage dar. Morgan beschreibt auf der Stufe der »Wildheit« (Altsteinzeit) Familienformen, die nur auf Vielehe beruhen. Sie gingen aus dem unterschiedslosen Geschlechtsverkehr hervor, der den Beginn der menschlichen Entwicklung kennzeichnen soll. In einer begrenzten Horde von Menschen heißt das, daß jede Frau jeden Mann heiraten darf und umgekehrt. Begriffe von Blutsverwandtschaft gibt es noch nicht, Mitgliedsbeziehungen und nicht Verwandtschaftsbeziehungen bestimmen das Hordengefüge.

Morgan nimmt nun an, daß diese Urform Schritt für Schritt geändert wurde, um die negativen Folgen von Inzucht auszuschließen. Das Mittel war das sogenannte »Inzest-Tabu«. Diese Annahme als Beweggrund für die ersten Entwicklungsstufen menschlicher Sozialordnung ist aber nicht zu halten. Denn erstens setzt der Begriff des Inzests Verwandtschaftsbegriffe voraus, die es lange Zeit noch nicht gab. Zweitens sind biologisch-negative Folgen von »Inzest« keineswegs unmittelbar zu beobachten und ziemlich zweifelhaft.[9] Drittens waren Stammesgesellschaften auch bei vielen strengen Heiratsregeln so organisiert, daß ihre Mitglieder binnen zwei Generationen wieder untereinander versippt und verschwistert waren. Und viertens haben sich Stammesgesellschaften wie geschlossene Organismen jahrtausendelang im selben Territorium nur ineinander vermehrt, ob sie nun kleiner oder größer waren, und sind nicht untergegangen (zum Beispiel die Gesellschaften auf den Insel-Archipelen des Pazifischen Ozeans). Deshalb halte ich das sogenannte »Inzest-Tabu« für eine christlich-patriarchale Erfindung.

Es gibt nämlich eine viel einfachere Erklärung für das Aufstellen zunehmend einschränkender Heiratsregeln bei Stammesgesellschaften. Und diese hat etwas mit den Frauen zu tun. Denn sie waren bei matrilinearen und matriarchalen Stämmen sicherlich nicht die Empfängerinnen von Verwandtschaftsregeln, die sich die Männer ausdachten, welche die Kinder ja nicht gebaren, sondern sie entwickelten dieses Regelsystem selbst. Es muß damit zu tun haben, daß sich Horden und Sippen durch die Gebärtätigkeit der Frauen langsam vergrößerten, auch über das Maß dessen hinaus, was das umgebende Territorium an Erträgen zuließ. Da mußten sie sich trennen, Horden teilten sich, aus *Muttersippen* gingen *Tochtersippen* hervor. Aber sie trennten sich nicht bis zum Auseinanderfallen der Sippe, sondern es blieb trotz verschiedener Wohnorte das Band der Heiratsregeln, was einen gelegentlichen »Austausch« von Menschen aus beiden Sippen mit sich brachte und die Sippen durch räumlich erweiterte Verwandtschaft in Zusammenhang hielt. Je mehr ein solcher Stamm anwuchs, desto komplizierter wurden die Heiratsregeln, um das wachsende Gefüge noch immer zusammenzubinden. So entstand ein Geflecht von gegenseitigem aufeinander Angewiesensein und gegenseitiger Hilfe, denn das war der praktische Zweck der Heiratsregeln und nicht die Lust am Gruppensex. Die Erfinderinnen dieses ganzen Systems waren höchstwahrscheinlich die Frauen, deren soziale Intelligenz solche Regeln schuf, die zwar die individuellen Heiratsmöglichkeiten im Innern der Sippe beschränkten, aber dafür das Netz der Verwandtschaft über den ganzen Stamm hin erweiterten. Sie waren ja mit ihren kleinen Kindern das erste soziale Gebilde innerhalb jeder Gruppe, und mit wachsendem Bewußtsein hatten sie wohl immer weniger Lust, ihre Kinder, die alle Mitglieder der Horde oder der Sippe waren, irgendwohin zu verlieren in die damals noch menschenleere, weite Wildnis.

Legen wir also das sogenannte »Inzest-Tabu« getrost beiseite und folgen Morgans Darstellung weiter: Er nimmt als erste Stufe der Ausgrenzung aus der Horde mit unterschiedslosem Geschlechtsverkehr die »Blutsverwandtschaftsfamilie« an, bei der in derselben Generation nicht jede Frau jeden Mann mehr heiraten darf, sondern eine Gruppe von leiblichen Schwestern einschließlich ihrer kollateralen Schwestern (Cousinen) die Gruppe ihrer leiblichen Brüder einschließlich deren kollateralen Brüder (Cousins) heiratet. Das ist eine Form der Vielehe (Polygamie), die auf seiten der Frauen gemeinsame Vielmännerei (Polyandrie) und auf seiten der Männer gemeinsame Vielweiberei (Polygynie) mit den engsten Verwandten bedeutet. Soll das Wort »Blutsverwandtschaftsfamilie« irgendeinen Sinn haben, muß es hier bereits einen Begriff von Verwandtschaft geben. Es ist kein voll entwickelter genealogischer Verwandtschaftsbegriff, sondern einer, der lediglich einen einzigen genealogischen Schritt macht: den von der Mutter auf ihre Kinder, die untereinander (und mit den Kindern der Schwestern) vermählt werden. Da es um leibliche und kollaterale Geschwister geht, wird deutlich, daß auch keine einzelne Mutter sich als Institution versteht, sondern immer nur sie zusammen mit der Gruppe ihrer Schwestern. Das Wort »Geschwister« erhält hier seinen ursprünglichen Sinn zurück. Denn was die Zugehörigkeit von Frauen und Männern zu einer Heiratsgruppe ausmachte, wurde durch die Schwesternschaft ihrer Mütter bestimmt. Nur auf dieser Basis waren sie »Geschwister«. Diese Heiratsordnung stellt noch keine matrilineare Sippenorganisation dar. Diese enthält eine volle Genealogie in weiblicher Linie, die aber nicht entsteht, wenn von Generation zu Generation lediglich Geschwisterklassen bestimmt werden ohne Begriffe wie »Großmutter« – »Urgroßmutter«. Sie bedeutet aber eine Verengung der vorher offenen Heiratswahl im Hinblick auf gleiches Alter und die Geschwisterschaft.

Eine weitere Beschränkung der Heiratsgruppe tritt ein, wenn die leiblichen Schwestern und Brüder ausgeschlossen werden und nur die Cousinen und Cousins, die Basen und Vettern mütterlicherseits heiraten dürfen. Morgan nennt diese Familienform »Punalua-Familie« in Anlehnung an ein hawaiianisches Wort. Auch das hat eindeutig nichts mit einem »Inzest-Tabu« zu tun, sondern mit dem größeren Raum bei der Partnersuche und dem Zusammenhalt des Stammes. Denn bei der kreuzweisen Heirat von Cousinen und Cousins mütterlicherseits, die immer zwischen den beiden selben Sippen hin- und herwechseln, sind alle Personen nach zwei Generationen blutsmäßig so eng miteinander verwandt wie leibliche Geschwister. Um das Vermeiden zu enger Verwandtschaft kann es also nicht gegangen sein.

Aus der Punalua-Familie ging nach Morgan die Gentilgesellschaft, das heißt, die Anordnung eines Stammes nach genealogisch verstandenen Sippen hervor. Die erste Form der Sippe war matrilinear, was bei der ständigen bisherigen Beziehung auf die Mutter als verwandtschaftsstiftender Person nicht verwundert. Dabei bleibt die Vielehe als wechselseitige Gruppenheirat zwischen Frauen und Männern voll erhalten.

Mit der Ausbildung der Gentilgesellschaft in diesem Sinne geht für Morgan das Zeitalter der »Wildheit«, das heißt die Altsteinzeit, zu Ende, und es beginnt das Zeitalter der »Barbarei«, der Jungsteinzeit im modernen Sinne des Begriffs. Sahen wir schon die ganze Zeit die Frau bei der Bildung der sozialen Ordnung in entscheidender Position, so wird sie es jetzt – verbunden mit der wirtschaftlichen Revolution der Erfindung des Ackerbaus – um so mehr. Es ist die Zeit des sich entwickelnden Matriarchats.

Das sieht und sagt Morgan jedoch nicht, sondern er fährt fort in seiner Darstellung der Entwicklung der menschlichen Familienform: Nun ist die Gentilgesellschaft entstanden, angeordnet nach der Verwandtschaft in mütterlicher Linie. Einen weiteren »Fortschritt« sieht er, wenn sich aus der Schwestern- und Brüdergruppe die Ehen einzelner Paare herauskristallisieren, die jedoch nicht zu ausschließlichen Ehen (Monogamie) führten. Außerehelicher Geschlechtsverkehr mit der Gruppe der kollateralen Verwandten stand noch offen, und wenn dieser unterbunden wurde, dann konnten Frau oder Mann sich gegenseitig nach Belieben verlassen und neue Gefährten im Rahmen der kollateralen Gruppe suchen. Morgan nennt das die »syndyasmische Familie« oder »Paarungsfamilie«, die zwar durch Einzelehe gekennzeichnet ist, aber noch im Rahmen der alten Sippenorganisation steht. So lebt auch nicht eine Einzelfamilie zusammen, sondern noch immer leben mehrere Familien unter dem Dach eines Sippenhauses. Doch auch unter diesen Bedingungen des häufigen Partnerwechsels ist klar, daß es noch kein Erkennen und keinen Begriff der Vaterschaft geben kann.

Es ist naheliegend, daß es bei dieser Familienform darauf ankommt, wer im Sippenhaus das Sagen hat. In einer matrilinearen Sippe, der das Sippenhaus gehört, sind es die Frauen, die ihre Ehepartner wegschicken können, ohne wirtschaftliche Verluste zu erleiden. Auch der Ehemann kann seine Frau verlassen, ihm bleibt als wirtschaftliche Sicherheit die Rückkehr ins Sippenhaus seiner Mutter. Denn dort sitzt seine matrilineare Verwandtschaft. Diese »Matrilokalität« genannte Erscheinung löst sich dann auf, wenn sich auf seiten der Männer Privateigentum entwickelt und sie einen eigenen individuellen Hausstand schaffen. Nach Morgan ist die Entwicklung des Privateigentums durch die Männer der Auslöser für die Umwandlung matrilinearer in patrilineare Sippen. So wichtig dieser Gedankengang ist, bleibt Morgan uns doch die Antwort darauf schuldig, wie es eigentlich zur Bildung von Privateigentum in der Hand von Männern kam.

Doch unaufhaltsam schreitet die Menschheit – unter Weglassung dieser wichtigen Frage – fort aus der »Barbarei« zur »Zivilisation«, in welcher die Monogamie entsteht, die ausschließende Ehe für beide Partner meint. Der Grund, hier einen »Fortschritt« anzunehmen, liegt für Morgan allein darin, daß seit der »syndyasmischen Familie« die Möglichkeit des Mannes, die Vaterschaft zu erkennen, ständig steigt. Der damit verbundene zweite Grund ist, daß statt eines einlinigen Verwandtschaftssystems (matrilinear oder patrilinear) nun ein zweiseitiges entsteht, das angeblich beiden Partnern »gleiche Würde und gleiche Rechte« einräumt.

Schauen wir uns genauer an, wie es damit steht! Jene Stämme, denen wir nach Morgan den Aufschwung zur Zivilisation verdanken, sind die arischen und semitischen Völker – also genau jene, die uns durch ihren frühesten Patriarchalismus auffallen –, wobei Griechenland und Rom durch ihre Staatsbildung dann endgültig den Absprung in die Zivilisation schaffen – also genau jene antiken Reiche, die uns als klassisch patriarchal in der Geschichte begegnen.

Die Familienform bei den semitischen Völkern beschreibt Morgan so:

»Die Organisation einer Anzahl unfreier und freier Personen zu einer Familie unter *väterlicher Gewalt,* die Ländereien bebauen und Herden von Haustieren überwachen sollten, war im wesentlichen die charakteristische Eigenschaft dieser Familie. Die in Sklaverei gehaltenen und die als Gesinde beschäftigten Personen lebten in ehelichen Beziehungen, und mit dem Patriarchen als Vorsteher bildeten sie eine patriarchalische[10] Familie. Autorität über deren Mitglieder und Eigentum war die Hauptsache. Es war mehr die Vereinigung einer Anzahl von Personen in einem *bis dahin unbekannten knechtischen Abhängigkeitsverhältnis* als die Vielweiberei, was der patriarchalischen Familie den Charakter einer besonderen Gesellschaftseinrichtung verlieh. In der großen Bewegung der semitischen Gesellschaft, welche diese Familie schuf, war die *väterliche Gewalt* über die Gruppe und damit das Hervorragen einzelner Personen der Zweck, den man anstrebte.« (S. 394; Hervorhebungen von mir)

Und von den Griechen und Römern, diesen Glanzstücken der arischen Völkerfamilie heißt es:

»Genau demselben Beweggrund entstammte die römische Familie unter väterlicher Gewalt (patria potestas), mit der *Gewalt des Vaters über Leben und Tod* sowohl seiner Kinder und weiterer Nachkommen als auch der Sklaven und Diener, welche den Kern der Familie bildeten und ihr den Namen lieferten, und mit dem absoluten Verfügungsrecht über das gesamte von der Familie geschaffene Eigentum. Ohne Vielweiberei war der pater familias ein Patriarch und die ihm untertänige Familie eine patriarchalische. . . . In der patriarchalischen Familie römischen Typs *überstieg die väterliche*

Wir sehen, daß Vielweiberei allein noch kein Patriarchat ausmacht, aber Monogamie allein schützt auch nicht davor. Morgans Worte sind klar und deutlich und zeugen von seiner Ehrlichkeit. Dennoch wundern wir uns über folgenden Satz:

»Aber trotzdem waren die hebräische und die römische Form (der Familie) geradezu Ausnahmen in der menschlichen Kulturentwicklung.« (S. 395)

Waren sie das in der Tat? Immerhin hat die hebräische Geschichte den Vorderen Orient entscheidend beeinflußt, und die Römer überzogen mit ihrer »Lex Romana«, dem römischen Sittengesetz, ganz Europa.

Und wie steht es mit den Griechen, die doch die ganze Welt um sich herum für »barbarisch« hielten, während sie sich selbst als den Gipfel des Menschentums betrachteten – ein unglaublich arrogantes Selbstbild, das bis heute epigonal wiederholt wird:

unkritisch nachahmend

»Von Anfang bis zu Ende herrschte bei den griechischen Männern ein *Egoismus* oder eine *ausgesuchte Selbstsucht,* welche dahin führte, die Achtung vor den Frauen in einer Weise zu verringern, *wie man es unter Wilden kaum findet* ... Es bleibt immer noch ein Rätsel, wie ein Volk von solcher Begabung, das durch sein Geistesleben die ganze Welt beeinflußte, in seiner Behandlung des weiblichen Geschlechts auf der Höhe seiner Zivilisation *dem Wesen nach barbarisch bleiben konnte.«* (S. 400; Hervorhebungen von mir)

Diese unerschrockenen Worte sind an sich bemerkenswert und beweisen gegenüber der unaufhörlichen Verherrlichung der Griechen Morgans Kritikfähigkeit. Eindeutig sagt er, daß die genannten Völker in ihrem Verhalten gegenüber Frauen nicht einmal als zivilisiert bezeichnet werden können – und das auf der »Höhe der Zivilisation«. Er übersieht, daß genau dies zu ihrer »Zivilisation« gehört, weil sie patriarchal ist. Was ihm daran zum Rätsel wird, liegt nicht in der Sache, sondern in seiner eigenen Methode: Nachdem er diese Völker erst mit seiner wertenden Stufentheorie auf den Gipfel der Menschheitsentwicklung gestellt hat, wundert er sich nun, daß sie in mancher Hinsicht diesen Gipfel nicht halten können. Denn er hat vergessen zu differenzieren, worin sie womöglich *fortgeschritten* und worin sie eindeutig *rückgeschritten* sind. Vermutlich ist es gerade die Familienform, deren Entwicklung uns Morgan so glänzend vor Augen geführt hat, in der sie, was das Ethos der menschlichen Beziehungen angeht, weit unter die »Barbarei«, ja sogar unter die »Wildheit« gesunken sind. Und vermutlich ist es die Herrschaftstechnologie, in der sie Fortschritte erzielten. Denn das letztere bedingt das erstere, und ein »Rätsel« ist nicht zu sehen. Dieses liegt nur im naiven, fortschrittsgläubigen Evolutionismus Morgans. Sehr tief quält Morgan dieses »Rätsel« nicht, denn bald bastelt er sich seine eigene Lösung:

> »Die Frau war (bei Griechen und Römern) nicht die ebenbürtige Gefährtin ihres Mannes, sondern stand unter ihm wie eine Tochter. Das war ein Widerspruch zu dem Fundamentalprinzip der Monogamie, wie diese Institution in ihrer höchsten Form *verstanden werden muß*. Die Frau ist *notwendig* ihrem Gatten gleich an Würde, persönlichen Rechten und gesellschaftlicher Stellung. Wir mögen hieraus entnehmen, welchen Preis von Erfahrungen und Leiden es kostete, bis diese große Institution der modernen Gesellschaft gewonnen werden konnte.« (S. 401; Hervorhebungen von mir)

Nachdem die Hebräer, Griechen und Römer trotz ihres ungeheuren geschichtlichen Einflusses zu »Ausnahmen« gestempelt wurden, ist es der modernen bürgerlichen Gesellschaft gelungen: Sie hat die ideale Monogamie hergestellt! Aber Morgans Sprachgebung ist verräterisch: Er beschreibt, was die Monogamie nach seinem Ideal sein *soll*, aber nicht, was sie *ist*. Er verwechselt Wunsch und Wirklichkeit, bastelt fröhlich Ideologie. Darin liegt nicht nur das völlige Verdrängen der matriarchalen Gesellschaftsform, sondern zugleich die übliche Verharmlosung des Patriarchats. Wieder bricht die »Gleichberechtigung« auf dem Boden des fest verankerten Patriarchats urplötzlich aus, indem unangenehme patriarchale Gegebenheiten in die Geschichte verlegt und rasch zum Vorübergehen gebracht werden.

Die heutige bürgerliche Monogamie mit angeblich gleicher Würde, gleichen Rechten und gleicher gesellschaftlicher Stellung für die Frau ist in der Namensgebung noch immer patrilinear; sie bedeutet ausschließliche Monogamie meist nur für die Frau; sie besagt Patrilokalität für die bäuerliche Frau, die aus ihrer Sippe gerissen wird; sie besagt ökonomische Abhängigkeit vom Privateigentum des Mannes für die städtische Frau; sie hat die städtische Frau aus dem Erwerbsleben ausgeschlossen und in dienender Rolle mühsam wieder eingeschlossen; sie vereinigt in der Regel den Privatbesitz der Familie in der Hand des Mannes und die politische Entscheidungsbefugnis in Institutionen in den Händen von Männern. Unter solchen realen Bedingungen besagt ein bloßes zweiliniges Verwandtschaftssystem überhaupt nichts.

Wir stellen die Frage, wer den »Preis von Erfahrungen und Leiden« bezahlt hat, bis es zur angeblich idealen Monogamie kam? Und wir stellen die Frage, für wen und warum ist denn die Monogamie so ideal?

»Es war dies vielleicht eins von den Opfern, die vom weiblichen Geschlecht erfordert wurden, um diesen Teil des Menschengeschlechts aus der syndy-asmischen in die monogamische Familie hinüberzuführen.« (S. 400)

Die Antwort auf die beiden Fragen ist klar: Frauen haben die Leiden und Opfer gebracht. Männer haben sie von ihnen gefordert, denn die Monogamie nützt allein dem Mann zur Erkennung seiner Vaterschaft, zur Identifikation seiner legitimen Söhne, zur Weitergabe seines errafften Privatbesitzes an diese. Aber da ein Mann dies sagt, ist es ein oberster Wert fürs *ganze* Menschengeschlecht. Wieder werden Frauen durch Opfer und Leiden gegen ihren Willen zu ihrem »Glück« gezwungen. Wieder einmal ging das völlig glatt und kampflos in der Geschichte, als einfacher Fortschritt durch pure Höherentwicklung. Die Leiden der Frauen kommen nur nebenbei vor und werden achselzuckend abgetan. Das ist die Logik des Patriarchats!

Ich fasse wie bei Bachofen zusammen, was wir an tragenden Thesen, die weiter geprüft werden, aus Morgans Werk – unter Absehung von seiner Ideologie – gewonnen haben:

– Von der Altsteinzeit an hat die Entwicklung sozialer Gruppen bis hin zur vollen Gentilgesellschaft (Stammesgesellschaft, die aus Sippen besteht) sich von den Müttern abgeleitet.
– Die matrilineare und matrilokale Gentilgesellschaft umfaßt die Jungsteinzeit.
– Die Frauen, nicht die Männer, haben diese Sozialordnungen durch ihre Gebärtätigkeit und die zunehmend bewußte Bestimmung ihrer Kinder und Enkel geschaffen (meine These).
– Vaterschaft wurde erst spät in der Geschichte erkannt, das Patriarchat ist geschichtlich sehr spät.
– In der patriarchalen Familie gibt es keine von den Müttern angeleitete Übereinkunft von Gruppen, sondern die Macht und Gewalt *eines* Mannes (pater familias) über die anderen unterdrückten Familienmitglieder (Beginn des sog. »Individualismus«).
– Gruppenehe ist typisch matriarchal; Monogamie, die nur streng für die Frau gilt, ist typisch patriarchal.
– Das Erfinden von Heiratsregeln zwischen den Sippen durch die Frauen hat nichts mit einem »Inzest-Tabu« zu tun, sondern dient dem Zusammenhalt sich ablösender Tochtersippen im Gefüge des Stammes (meine These).
– Das Ethos der zwischenmenschlichen Beziehungen ist im Matriarchat hoch, im Patriarchat barbarisch bis hin zur Verwilderung.

4. Der marxistische Zweig

4.1. Die marxistischen Theoretiker Engels und Bebel

Friedrich Engels greift in seinem Buch »Der Ursprung der Familie, des Privateigentums und des Staates«[11] im Anschluß an Karl Marx genau die beiden Fragen auf, die Morgan offengelassen hat: 1. die Frage, ob die bürgerliche Monogamie das ideale Gebilde für die Gleichheit der Geschlechter ist, 2. die Frage, wie es denn zum Privateigentum in den Händen von Männern kam.

Zur ersten Frage äußert er sich in unmißverständlicher Klarheit:

»Der Umsturz des Mutterrechts war die weltgeschichtliche Niederlage des weiblichen Geschlechts. Der Mann ergriff das Steuer auch im Hause, die Frau wurde entwürdigt, geknechtet, Sklavin seiner Lust und bloßes Werkzeug der Kinderzeugung. Diese erniedrigte Stellung der Frau . . . ist allmählich beschönigt und verheuchelt, auch stellenweise in mildere Formen gekleidet worden; beseitigt ist sie keineswegs.« (S. 70)

Was den Mann zum Umsturz des Matriarchats befähigte und seine Herrschaft auch im Hause begründete, ist nach Marx und Engels die Entwicklung des Privateigentums in den Händen einzelner Männer. Auch die moderne Monogamie ist auf den Privatbesitz der Männer gegründet, daraus erklärt sich ihr Charakter:

»Die Monogamie war die erste Familienform, die nicht auf natürliche, sondern auf ökonomische Bedingungen gegründet war, nämlich auf den Sieg des Privateigentums über das ursprüngliche naturwüchsige Gemeineigentum. Herrschaft des Mannes in der Familie und Erzeugung von Kindern, die nur die Seinigen sein konnten und die zu Erben seines Reichtums bestimmt waren – das allein waren die von den Griechen unumwunden ausgesprochenen ausschließlichen Zwecke der Einzelehe. . . . So tritt die Einzelehe keineswegs ein in die Geschichte als die Versöhnung von Mann und Weib noch viel weniger als ihre höchste Form. Im Gegenteil. Sie tritt auf als Unterjochung des einen Geschlechts durch das andere, als Proklamation eines bisher in der ganzen Vorgeschichte unbekannten Widerstreits der Geschlechter.« (S. 78/79)

Diese Worte räumen energisch auf mit Morgans Vorurteil. Aus seinem Grundgedanken entwickelt Engels dann alle der modernen Monogamie innewohnenden Widersprüche:

»Die Frau ist doch schließlich für den Mann nur die Mutter seiner ehelichen Erbkinder, seine oberste Hausverwalterin und die Vorsteherin der Sklavinnen (Dienstbotinnen), die er sich nach Belieben zu Konkubinen machen kann und auch macht. Es ist der Bestand der Sklaverei neben der Monogamie, . . . was der Monogamie von Anfang an ihren spezifischen Charakter aufdrückt, Monogamie zu sein *nur für die Frau*, nicht aber für den Mann. Und diesen Charakter hat sie noch heute.« (S. 76)

Engels macht offensichtlich, wie fragwürdig der »Fortschritt« der Einzelehe ist, wenn er nur durch Zwang zustande kommt. Denn dahinter lauert seelisches und moralisches Chaos, das sich auf die gesellschaftliche Situation auswirkt. Darum schlägt er als Heilmittel gegen den ökonomischen Zwang der Monogamie die »Wiedereinführung des ganzen weiblichen Geschlechts in die öffentliche Industrie« vor. Aber hellsichtig erkennt er, daß sie dabei nicht gleichzeitig die Hausklavin eines Mannes bleiben kann, weil sich dieser Privatdienst in der Familie mit gleichberechtigter Teilnahme an der öffentlichen Produktion nicht vereinbaren läßt.

Leider kennen wir es: In dieser Situation, die sie doppelt belastet und doch in beiden Bereichen ihr nicht gerecht wird, hängen die meisten Frauen heute.

Konsequent fordert Engels deshalb nicht nur die vollständige Beteiligung der Frauen an den öffentlichen Arbeiten, sondern auch die Voraussetzung dafür: »die Beseitigung der Eigenschaft der Einzelfamilie als wirtschaftlicher Einheit in der Gesellschaft« (S. 89), das heißt, auch ihre Auflösung.

Leider kennen wir auch das: Der Konsequenz der Theoretiker steht die praktische Inkonsequenz der Männer auch in sozialistischen Staaten entgegen. Denn der Patriarchalismus lebt hier wie dort munter weiter, und es hat sich gezeigt, daß er durch die beste ökonomische Revolution allein nicht aus der Welt zu schaffen ist (Sowjetunion, China, Kuba).

Wenden wir uns noch einmal der zweiten bei Morgan offengebliebenen Frage zu – wie kam es zum Privateigentum in den Händen von Männern – und folgen wir der Marx-Engelsschen Erklärung: Zunächst fällt uns auf, daß auch bei Engels alles sanft und stetig ansteigt, ohne größere dramatische Einbrüche in der Geschichte. Treibender Motor der geschichtlichen Entwicklung ist nach ihm die zunehmende Arbeitsteilung und damit die Zunahme der Produktivkräfte. Das ist gewiß etwas Gutes, aber in wessen Hände der Gewinn der Zunahme der Produktivkräfte fließt, ist dann nichts Gutes. Insofern kommt es zur Entfaltung der sozialen Widersprüche in der Gesellschaft mit ihren Gegensätzen von Besitzklassen und den daraus folgenden auseinanderstrebenden Kräften.

Da Engels den unvereinbaren Gegensatz von matriarchaler und patriarchaler Gesellschaftsform nicht zu Ende denkt, bleiben mehrere Unklarheiten bei diesen Gedankengängen: So werden nicht-patriarchale Gesellschaften wie die matrilinearen Gentilgesellschaften, die auf Gemeinschaftseigentum aufbauen, bei ihm wegen geringerer Arbeitsteilung offenbar als »primitiver« eingestuft. Gemein-schaftseigentum bedeutet aber noch nicht, daß die Arbeitsteilung gering sein muß: So zeigen hochkulturelle matriarchale Gesell-schaften eine hohe Arbeitsteilung und entwickelte Produktivkräfte, aber noch keinen Privatbesitz in den Händen einzelner Männer. Höhere Arbeitsteilung erzeugt nicht automatisch verschiedene Be-sitzklassen. Das ist ein erster Fehlschluß im Engelsschen Gedan-kengang, weshalb er auf seiner ebenfalls zu einfachen evolutionisti-schen Stufenleiter den matriarchalen Gesellschaften nicht gerecht werden kann, ja sie – wie Morgan – noch nicht einmal richtig er-kennt. Für ihn verbleiben sie auf der Stufe der guten, kommunisti-schen, aber doch leider »primitiven« matrilinearen Gentilgesell-schaften.

Matriarchate sind aber nicht die »primitive« Vorstufe von Patriar-chaten, sondern eine völlig eigene Kulturstufe mit ihren eigenen Gesetzen und ihrer eigenen Entwicklung – so verschieden von der patriarchalen Gesellschaftsform wie ein geistiges Paradigma vom anderen.[12] Man kann das eine Paradigma nicht durch die Brille des anderen verstehen, und sie bauen nicht linear aufeinander auf. Zwi-schen ihnen liegt vielmehr ein revolutionärer Sprung in eine andere Welt, den keine evolutionäre Stufentheorie – sei sie nun naiv-fort-schrittsgläubig oder kritisch – einholen kann.

Die Arbeitsteilung allein erklärt also die Verschiedenheit von ma-triarchaler und patriarchaler Gesellschaftsform nicht, und ihre ste-tige Zunahme allein ist auch nicht der Motor der Geschichte. Darum sagt Engels zu Recht: Es ist das Privateigentum in den Händen Einzelner, welche die Zunahme der Produktivkräfte für ihren Gewinn abschöpfen, was die Veränderung in der Geschichte ausmacht. Dazu wäre zu sagen, daß auch der Begriff des Privatei-gentums für sich noch wenig besagt. So gibt es marxistische For-scher, die nachweisen wollen, daß das Privateigentum an persön-lichen Gegenständen in der alten Gentilgesellschaft der Anfang des patriarchalen Privateigentums sei. Das dokumentiert lediglich ebenfalls den Anhauch eines falschen Evolutionismus, der Unver-gleichbares miteinander vergleicht. Denn ob eine Frau ihre Hacke und ihren Schmuck privat besitzt und ein Mann seine Trommeln und Flöten, besagt noch gar nichts, solange die Produktionsmittel: das Land, die Fischereiboote, das Sippenhaus, Gemeinschaftsbesitz sind. Darum lautet die marxistische Definition ganz klar, daß nur der *Privatbesitz von Produktionsmitteln* in den Händen Einzelner zur Spaltung der Gesellschaft in Besitzklassen führt. Und diese Einzelnen sind, geschichtlich gesehen, *immer Männer*, so daß die marxistische Definition der Klassengesellschaft nur auf entwickelte patriarchale Gesellschaften – für die sie auch formuliert wurde –

zutrifft. Sie trifft dagegen noch nicht zu auf einfache patrilineare Gentilgesellschaften. Und sie trifft ebenfalls nicht zu auf einfache matriarchale und hochentwickelte matriarchale Gentilgesellschaften, obwohl die letzteren eine differenzierte Arbeitsteilung kennen. Diese Unterscheidungen werden in Engels' Evolutionismus, der die Brüche in der Geschichte nicht deutlich benennen kann, völlig verwischt.

Wenn wir näher hinschauen, sehen wir nämlich, womit der *Privatbesitz an Produktionsmitteln in den Händen einzelner Männer* zu tun hat: In dieser Weise verwendet ist das Privateigentum ein Herrschaftsinstrument. Das erkennen die Theoretiker Marx und Engels sehr genau. Was aber untergeht, ist die Tatsache, daß Privateigentum als Herrschaftsinstrument erst dann eingeführt werden kann, wenn sich geschichtlich die Situation und der Begriff von Herrschaft eingestellt haben. Und das geschah, wie wir wissen, nicht von Anfang an, sondern in einer bestimmten historischen Situation: als die matriarchale Kultur durch die Eroberungszüge einfacher patriarchaler Stämme zerstört wurde und die Sieger eine Technologie erfinden mußten, die Unterlegenen unterlegen zu halten. In *dieser* Situation ist das Vereinnahmen des Bodens der anderen, die man darauf weiterarbeiten läßt, ihnen die Früchte ihrer Arbeit aber wegnimmt, die ideale Herrschaftstechnologie. So sehen Marx und Engels zu Recht, daß die Entwicklung des Privateigentums als Herrschaftsinstrument sehr viel mit der Entwicklung des Patriarchats zu tun hat, denn erst da kommen, auf dem Boden des Krieges, die Ideen von Herrschaft und Knechtschaft in die Welt. Aber das ist nicht mehr mit einem geschichtlichen Evolutionismus zu vereinen, bei dem sich das Privateigentum sanft durch irgendwelche immanenten Mechanismen gebildet hätte. Es geht um die Suche nach einer Erklärung für das Entstehen von Herrschaft, die bei Marx und Engels noch keineswegs befriedigend gegeben wird. Dafür ist ihre Charakteristik des Staates um so treffender, zu dem Engels schreibt:

»Der Staat ist ... ein Produkt der Gesellschaft auf bestimmter Entwicklungsstufe; er ist das Eingeständnis, daß diese Gesellschaft sich in einem unlösbaren Widerspruch mit sich selbst verwickelt, sich in unversöhnliche Gegensätze gespalten hat, die zu bannen sie ohnmächtig ist. Damit aber diese Gegensätze, Klassen mit widerstreitenden ökonomischen Interessen nicht sich und die Gesellschaft in fruchtlosem Kampf verzehren, ist eine scheinbar über der Gesellschaft stehende Macht nötig geworden, die den Konflikt dämpfen ... soll.« (S. 196)

Wie recht er hat, was den patriarchalen Staat angeht! Wie sehr doch die Griechen mit genau diesen Problemen ringen mußten, weshalb sie so viele Staatsexperimente nötig hatten! Denn ihre Gesellschaft war ein moralisch und seelisch widersprüchlicher Haufen, ausgelöst durch die Einführung von Privateigentum und Besitzklassen. Nicht ihre »Begabung« trieb sie in ihren Staatsexperimenten rastlos vorwärts, sondern die unlösbaren, immer wieder aufbrechenden Widersprüche in ihrer patriarchalen Gesellschaft. Erst die Römer lösten das Problem durch ihren straff organisierten Militärstaat, den sie den anderen Völkern des Mittelmeerraumes und Europas aufzwangen. Diese Art von »Staat« ist ihr Verdienst, er ist eine Not, aus der die tendenziöse patriarchale Geschichtsschreibung seit griechisch-römischen Zeiten eine Tugend gemacht hat.

Die Gentilgesellschaften, die im Fall des Matriarchats keineswegs nur auf einfacher Hordenstufe blieben, sondern Stadtkulturen entwickelten, hatten Staat in diesem Sinn nicht nötig. Denn – wie Morgan gezeigt hat – Verwandtschaftssystem und politische Organisation waren bei ihnen identisch. Keine Fremden hatten sie erobert und nahmen ihnen die Früchte ihrer Arbeit weg, sondern sie waren alle untereinander verwandt und kannten sich, eine »homogene« Gesellschaft. Die Situation war nicht-ausbeuterisch und vertrauensvoll. Keinen Staat im von Engels beschriebenen Sinne zu brauchen, wenn »Staat« Zwang und öffentliche Gewalt, Gesetz, Strafe, Polizei und Gefängnis, Steuern und Staatsbeamte einschließt, ist eher ein Verdienst als ein Defizit. Es zeugt von höherer sozialer Intelligenz, eine große Menschengruppe ohne Zwang und Polizei zu lenken, als solche Mittel zu brauchen. Darum war die Art der matriarchalen Staatsbildung davon höchst verschieden: Auf der hochentwickelten Stufe war sie ein loser Bund von »Mutterstädten« und »Tochterstädten«, die sich freiwillig und ohne Militär zusammentaten. Engels sagt deshalb zu Recht:

»Der Staat ist also nicht von Ewigkeit her. Es hat Gesellschaften gegeben, die ohne ihn fertig wurden, die von Staat und Staatsgewalt keine Ahnung hatten. Auf einer bestimmten Stufe der ökonomischen Entwicklung, die mit Spaltung der Gesellschaft in Klassen notwendig verbunden war, wurde durch diese Spaltung der Staat eine Notwendigkeit. . . . So ist er in der Regel der Staat der mächtigsten, ökonomisch herrschenden Klasse, die vermittelst seiner auch politisch herrschende Klasse wird.« (S. 198–200)

Aber er vergißt hier wie auch sonst zu sagen, daß es sich bei seiner Charakteristik um den *patriarchalen* Staat handelt. Er sagt nicht – und das konnte er auf dem Forschungsstand seiner Zeit noch nicht wissen –, daß die matriarchale Staatsbildung ganz anders war. Und er tut so, als sei es auf einer bestimmten Stufe der ökonomischen Entwicklung einfach geschichtlich notwendig gewesen, daß ein solcher patriarchaler Staat entstand, als habe die Evolution, listig und gemein wie sie sein kann, von selber dahin geführt. Das aber ist keine Erklärung. Und ferner sieht es so aus, als habe sich erst das gefährliche Privateigentum als Herrschaftsinstrument gebildet und später sei, um es zu schützen, der patriarchale Staat hinzuerfunden worden. Wie aber, wenn es umgekehrt gewesen wäre, wenn aus dem Krieg der patriarchale Eroberungsstaat und aus diesem das Privateigentum als Herrschaftsinstrument hervorgegangen wäre? Vielleicht ist es eine zynische Wahrheit, die die Griechen aussprachen, daß der Krieg der Vater all *dieser* Dinge sei?

»Mit dieser Grundverfassung hat die Zivilisation Dinge vollbracht, denen die alte Gentilgesellschaft nicht im entferntesten gewachsen war. Aber sie hat sie vollbracht, indem sie die schmutzigsten Triebe und Leidenschaften der Menschen in Bewegung setzte und auf Kosten seiner ganzen übrigen Anlagen entwickelte. Die platte Habgier war die treibende Seele der Zivilisation von ihrem ersten Tag bis heute.« (S. 204)

Wir pflichten Engels gern bei, aber warum heißt es hier, daß die »Zivilisation« dies tat und nicht der »patriarchale Staat«, den er doch meint? Warum wird von der alten Gentilgesellschaft nicht als der durch die Frau erfundenen und bestimmten Gesellschaftsordnung gesprochen? Und warum sind es »die schmutzigsten Triebe der Menschen« und nicht *der Männer,* um die es sich realgeschichtlich handelt, wie Morgan deutlich sagte?

Erst *August Bebel,* der sich in seinem Buch »Die Frau und der Sozialismus«[13] auf die Thesen von Morgan und Engels stützt, nennt die Dinge deutlich beim Namen:

»Die Geltung des Mutterrechts bedeutete Kommunismus, Gleichheit aller; das Aufkommen des Vaterrechts bedeutete Herrschaft des Privateigentums, und zugleich bedeutete es Unterdrückung und Knechtung der Frau.« (S. 346)

Bebel sagt eindeutig, daß Matriarchate ohne unterdrückerische Besitzverhältnisse waren und daß sie die Mitglieder ihrer Gesellschaftsordnung nicht diskriminierten und knechteten, wie später im Patriarchat die Frauen diskriminiert und geknechtet wurden. Und wenn Engels sich den Übergang vom Mutterrecht zum Vaterrecht, vom Matriarchat zum Patriarchat sehr harmlos vorstellt, als einfachen Wechsel von der Bestimmung der Kinder in väterlicher statt in mütterlicher Linie, ganz ohne Aufhebens und Kampf, so ist Bebel anderer Ansicht:

»Engels glaubt, daß sich diese große Umgestaltung durchaus friedlich vollzog und daß ... es nur einer einfachen Abstimmung in den Gentes bedurfte, um das Vaterrecht an Stelle des Mutterrechtes zu setzen. Dagegen meint Bachofen auf Grund der alten (historischen) Schriftsteller, daß die Frauen dieser sozialen Umwandlung heftigen Widerstand entgegensetzten. Er sieht namentlich in den Sagen von den Amazonenreichen ... Beweise für den Kampf und den Widerstand, den die Frauen der neuen Ordnung entgegensetzten.« (S. 347)

Bebel hat offenbar Morgan *und* Bachofen gelesen und formuliert sein eigenes Bild von der Sache. Er kommt deshalb zu dem spannenden Fazit:

> »In welcher Weise diese Umwandlung sich im einzelnen vollzieht, läßt sich schwer nachweisen. Auch ist diese *erste große Revolution*, die im Schoße der Menschheit vor sich ging, nicht gleichzeitig bei den alten Kulturvölkern zur Geltung gekommen und hat sich wohl auch nicht überall in der gleichen Weise vollzogen.« (S. 347)

Bebel nimmt hier deutlich Abschied von der unwahrscheinlichen sanften Evolution. Er nennt den Umbruch vom Matriarchat zum Patriarchat die erste große Revolution, die sich nicht mehr durch Abstimmung einfangen läßt. Sie ist nicht nur die erste, sie ist die grundsätzlichste Revolution in der Menschheitsgeschichte überhaupt. Denn der Übergang von der alten, friedlichen, matriarchalen Kultur im Rahmen von einfachen und komplizierten Gentilgesellschaften zu Krieg, Gewalt, Herrschaft, Privateigentum und Staat patriarchaler Herkunft bedeutet einen derart krassen Wechsel in der inneren Verfassung und äußeren Lebensweise der Menschen, daß wir vom tiefsten und problematischsten revolutionären Bruch sprechen müssen, den es in der Geschichte der Menschheit je gegeben hat. Und Bebel sagt zu Recht, daß dieser sich nicht überall gleichzeitig vollzog und daß er auch nicht überall auf ein und dieselbe Weise – schon gar nicht aus einem einzigen Grund – vor sich ging. Hier bedarf es behutsamer und ausdauernder Studien, um sich ein Bild machen zu können über diesen Umbruch, der in Europa einen Zeitraum von acht bis neun Jahrhunderten einnahm. Aber er läßt sich nachzeichnen, und das ist genug »Nachweis« im Rahmen komplexer geschichtlicher Prozesse.

4.2. Neue marxistische Thesen zur Entstehung von Herrschaft: Christian Sigrist

Christian Sigrist hat in seinem Buch »Regulierte Anarchie«[14] eine spannende Forschungsarbeit vorgelegt, welche die Frage nach der Entstehung von Herrschaft, die bei Engels offengeblieben ist, aufgreift und glänzend löst, soweit sie lösbar ist. Er zeigt auf dem Boden eigener ethnologischer Studien, daß es noch heute Gentilgesellschaften gibt, die herrschaftsfrei leben, und zwar nicht aus purer Naivität, sondern auf dem Boden bewußter Sozialtechniken. Dabei wird deutlich, daß es nicht das Privateigentum ist, das die Entwicklung von Herrschaft auslöst, sondern daß umgekehrt einmal erreichte Herrschaft sich des Privateigentums zu ihrer Festigung bedient.

Das wird ein neues, klärendes Licht auf unsere Frage nach dem

Umsturz des Matriarchats durch Herrschaftsbildung von seiten patriarchaler Stämme werfen. Zugleich bringt es das Rätsel, wie komplizierte matriarchale Gesellschaften, die noch immer Gentilgesellschaften waren, ohne Herrschaft ihr Sozialgefüge lenken konnten, einer Lösung näher.

Als echter moderner Ethnologe beschäftigt sich Sigrist weder mit Fragen zur Geschichte noch gar mit solchen zu Matriarchat oder Patriarchat. Das soll uns jetzt nicht stören, weil seine Forschungsergebnisse so interessant sind, daß wir anhand historischer Spuren und Zeugnisse sie sehr wohl auch auf die uns interessierenden historischen Verhältnisse übertragen können.

Die Beispiele, auf die Sigrists Untersuchung sich stützt, stammen von Gentilgesellschaften aus Afrika, die zwar patrilinear, aber noch nicht patriarchal sind. Er stellt ihre herrschaftslose und doch wohlgeordnete Sozialstruktur fest und weist damit das weitverbreitete Vorurteil zurück, daß Gesellschaften ohne Herrschaft ins Reich der Phantasie utopischer Autoren gehören.

Gleichzeitig weist er ein anderes Vorurteil zurück, das auch dem Engelsschen Evolutionismus noch anhängt, nämlich die Vorstellung, die alten Stammesgesellschaften seien nur deswegen herrschaftslos gewesen, weil sie keine Differenzierung auf allen Lebensgebieten hatten. Das ist die Primitivitätsthese, die ich bereits kritisiert habe. Sigrist zeigt, daß sich eine solche Auffassung auf dem Boden der modernen Ethnologie nicht halten läßt, denn die herrschaftslosen Stammesgesellschaften weisen eine erstaunliche Vielfalt sozialer Beziehungen und Gebilde auf, die jede simple »Naturwüchsigkeit« weit hinter sich läßt.

Wie bringen es die heutigen herrschaftslosen Gesellschaften fertig, ihre Herrschaftslosigkeit zu erhalten? Und wie ist es zur Herrschaft *von innen wie von außen* bei vergleichbaren Gesellschaften in der jüngsten Vergangenheit gekommen? Diese beiden Fragen beantwortet er so:

Führung ohne Herrschaft heißt, daß die Anführer dieser Stämme keine soziale Kontrolle ausüben, sie haben keine Möglichkeit der offiziellen Reaktion auf Normbrüche. Selbst Vertretung nach außen oder Organisation von Unternehmen nach außen bringt ihnen innerhalb ihrer Gruppe keine soziale Kontrolle ein, denn sie sind in ihren Entscheidungsbefugnissen nicht frei, sondern müssen alle Entscheidungen ihrer Gruppe zur Billigung vorlegen. Sie gelten dabei nur als »Sprecher des Volkes«. Sogar bei kleineren Händeln verändert sich die Situation nicht, denn alle Anführerschaft ist nur vorübergehend. Sie währt nur so lange, wie es durch die auszutragende Sache bedingt ist.

Solche Gefolgschaftsverhältnisse verfestigen sich erst bei dauerhaften Wanderzügen, die aber nicht die Regel, sondern die seltene Ausnahme sind. Sie treten bei der Suche nach neuem Land auf, falls die Existenzgrundlage auf dem alten Gebiet bedroht ist. Sie haben also nicht »normalen«, sondern »katastrophalen« Charakter. Dann erst kann ein solches Gefolgschaftsverhältnis eine Regel werden, und wenn der Anführer innerhalb seiner Gefolgschaft einen besonderen *Erzwingungsstab* gewinnt, braucht er sich um die Meinungen der anderen nicht mehr zu kümmern. Er kann seinen Willen mit Gewalt durchsetzen und wird damit zu einer Zentralinstanz der Entscheidung. Damit beginnt eine erste Form von Herrschaft als Bestimmen über andere.

Hier wird der Unterschied zwischen natürlicher Autorität und Herrschaft deutlich: Denn die Anführer genießen als »Sprecher des Volkes« durchaus Autorität als *freiwillige* Anerkennung ihrer Fähigkeiten, sonst würden sie ja nicht gewählt. Was ihre Autorität aber von Herrschaft unterscheidet, ist, daß sie nicht befehlen, sondern nur raten können. Denn um Befehle erteilen zu können, braucht es die Erzwingung des Gehorsams, eben jenen Erzwingungsstab, der gewaltsam den Befehl durchsetzt. Das ist das Kriterium für Herrschaft, die nicht nach der Meinung der Beherrschten fragen muß. Die Beherrschten sind abhängig und der Gewalt ausgeliefert. Natürliche Autorität wirkt hingegen durch Ratgeben auf der einen Seite und freiwillige Befolgung des Rates auf der anderen Seite. Sie ist auf der Ebene des Vertrauens ständig an die Gruppe rückgebunden.

Diese Unterscheidung ist sehr sinnvoll, da wir uns seit der Antiautoritätsdiskussion angewöhnt haben, »Herrschaft« und »Autorität« in einen Topf zu werfen. Weil sie diese strukturellen Unterschiede nicht beachten, können sich viele Leute herrschaftslose (anarchische) Gesellschaften nur als Chaos vorstellen. Sie übersehen, daß sie von Formen natürlicher Autorität geordnet und geregelt waren, und zwar ohne Zwang. Das ist das Entscheidende.

Ihre innere Ordnung halten herrschaftslose Gesellschaften aufrecht durch Selbststeuerung und Selbsthilfe. Selbststeuerung ist, wenn ein Normbrecher, der sich um die sozialen Spielregeln der Gegenseitigkeit nicht kümmert und egoistisch nur für sich sorgt, auch bald von der Gegenseitigkeit der anderen ausgeschlossen wird. Da die Gruppe der einzige Schutz ist, bedeutet Ausgeschlossensein Gefahr fürs Überleben. Bei Selbststeuerung bleibt die Gruppe passiv. Selbsthilfe ist dagegen aktiv. Der Normbrecher, der sich der Pflicht zum Teilen entzogen hat, riskiert Übergriffe auf sein Eigentum, sei es, daß seine Felder oder Herden geschädigt werden, sei es, daß er selbst oder seine Verwandten Prügel bekommen. Er soll damit materiell geschwächt werden, um seine Überhebung über die

Gruppe rückgängig zu machen, und er soll davor gewarnt werden, es zu weit zu treiben. Hier wird offensichtlich, daß die Gleichheit der Mitglieder dieser Gesellschaften nicht ein unbewußtes Naturgeschenk ist, sondern ein bewußtes Streben nach Aufrechterhaltung dieser Gleichheit.

Gleichheits*bewußtsein* als gesellschaftlich regulierender Faktor fehlt nämlich der Engelsschen Analyse. Dort scheint sich aus dem Anwachsen von Reichtum in den Händen weniger Männer Herrschaft mechanisch von selbst zu ergeben. Sigrist zeigt an seinen Beispielen, daß dieses mechanistische Modell für die Bildung von Herrschaft nicht zutrifft.

Nicht weniger wirksam ist der Zwang zum Teilen, der bei Wohlhabenden auf den Zwang zu fortwährender Freigebigkeit hinausläuft.

»Die Annahme, daß sich politische Zentralisierung durch ökonomische Differenzierung erklären ließe, wird gerade durch Gesellschaften widerlegt, in denen Reichtum Voraussetzung für die Erlangung der Führerrolle ist. . . . (So kann sich) ein Führer seine Gefolgschaft nur durch großzügige Kredite aufbauen und erhalten. Durch seine Freigebigkeit setzt ein Führer zwar Reichtum in Macht um; dieser Mechanismus ermöglicht aber nicht die Stabilisierung des persönlichen Einflusses, vielmehr führt der ruinöse Wettbewerb verschiedener Prominenter zu rascher Ablösung der Führerrolle.« (S. 178)

Diese Art von Freigebigkeit, die sich in großen Festen, welche die Anführer regelmäßig organisieren müssen, auslebt, führt meist zu wirtschaftlichem Ruin. Und dann wechselt die Führerrolle. Daran wird klar, daß auch aus Privatbesitz nicht mechanisch politische Herrschaft abgeleitet werden kann, wie Engels meint. Sigrist kritisiert auch die Engelssche These, daß die Bildung von Privateigentum sich bei den Hirtenvölkern durchsetzte, weil sich der Reichtum an Vieh beliebig vermehren könne. Privater Besitz an Vieh, obwohl sehr begehrt, erlaubt aber nur vorübergehenden Reichtum. Denn auch gegen eine grenzenlose Vermehrung von Herdenbesitz gibt es ausgleichende Tendenzen wie zum Beispiel das Heiratssystem, durch das der Viehbesitz immer wieder geteilt wird. Auf diese Weise geht jede Familie durch verschiedene Phasen von Reichtum und Armut. Außerdem sind die Produkte der Viehhaltung, Fleisch, Milch, Felle, keine dauerhaften Güter, die eine Akkumulation (Anhäufung) erlauben. Erst die Produktion dauerhafter Güter erlaubt deren Hortung und damit die Verfestigung momentanen Reichtums. So ist auch diese These nicht zu halten, daß etwa aus dem Privatbesitz von Herden politische Macht entsteht. Die Verhältnisse liegen umgekehrt: Wenn politische Macht erreicht worden ist, dann wird sie zur Sicherung des Reichtums eingesetzt.

Wie kommt es nun zur Bildung und Festigung von politischer Macht?

Sigrist macht auf dem Boden seiner Untersuchungen klar, daß es *unter normalen Verhältnissen* bei Gentilgesellschaften gar nicht zur Herrschaft kommt. Denn würde ein politischer Anführer das versuchen, so wird ihm einfach nicht gehorcht. Es besteht bei Gentilgesellschaften eine große Abneigung gegen Befehle. Anordnungen müssen von der Zustimmung aller getragen sein, sonst werden sie nicht befolgt. Und sie gelten nur für den kurzen Zeitraum einer konkreten Aktion, denn die Anführer besitzen nur die natürliche Autorität des unmittelbaren sinnvollen Handelns. Bei Anmaßungen über diese Rolle hinaus riskieren sie Absetzung und Prügel. Oder der Anführer wird boykottiert. Oder es gibt als letztes Mittel die Maßnahme der Sezession, des Abzugs derjenigen, die mit seiner Machtausübung nicht einverstanden sind. Mit diesem bewußten taktisch-sozialen Einsatz des Gleichheitsprinzips konnten die von Sigrist beobachteten Gesellschaften ihre Herrschaftslosigkeit *bis heute* bewahren.

Zur Bildung von Herrschaft kommt es nur *unter außergewöhnlichen Verhältnissen*. Dabei geschieht die Zentralisierung von Macht in der Hand weniger *nicht durch innere Mechanismen,* wie Engels und viele Theoretiker bis heute annehmen – besonders gern im Hinblick auf den Umbruch vom Matriarchat zum Patriarchat, um ersteres als primitiver herabzusetzen. Vielmehr ist es *stets äußerer Druck,* der verschiedene Ursachen hat, welcher zur Konzentration von Macht in der Hand eines Anführers und zur Bildung der politischen Zentralinstanz führt, die das Gleichheitsgefüge der alten Gentilgesellschaft über den Haufen wirft.

Äußerer Druck kann durch drastische Veränderung der Umweltbedingungen entstehen wie das Austrocknen ganzer Landstriche, welche die Stämme zu langen Wanderungen unter extremen Bedingungen zwingt. Bei diesen Wanderungen entsteht eine Wandergefolgschaft um einen charismatischen Führer, aus der er einen Erzwingungsstab für seine Befehle gewinnen kann. So bildet er seine Herrschaft aus, die als Prämie für seine erfolgreiche Führung in ein bewohnbares »gelobtes Land« meist Anerkennung findet.

Diese Situationen sind *Ausnahmesituationen,* und nur dann kann sich Herrschaft bilden. Bedenken wir aber die Länge der menschlichen Geschichte, so kommt eine gewisse Anzahl solcher Ausnahmesituationen zusammen. Und ist Herrschaft einmal etabliert, so gibt es eine Reihe weiterer Techniken, welche der Herrschende erfindet, um seine Herrschaft zu sichern. Hier wird die Entwicklung unumkehrbar.

Äußerer Druck, der verändernd auf die gleichheitsbewußten Gentilgesellschaften wirkt, entsteht jedoch nicht nur durch Katastrophen der natürlichen Umwelt, sondern – im Verlauf der Geschichte in zunehmendem Maße – durch die menschliche Umgebung. Denn Völker mit einer Zentralinstanz üben Druck auf andere Völker aus, die nicht durch Herrschaft und die Doppelheit von Befehl und Gehorsam schlagkräftig organisiert sind. Völker mit einer Zentralinstanz sind strategisch überlegen. Und diese strategische Überlegenheit gegenüber anderen Völkern nutzen die Herrschenden meist aus, um von den inneren Spannungen im eigenen Volk, die durch die Verschärfung von Herrschaft entstehen, abzulenken. Innere Spannungen und Probleme werden nach außen auf andere Völker projiziert und damit der Boden zur Eroberung geschaffen. Eroberung ist immer im Interesse der Herrschenden, kaum im Interesse des Volkes.

Eroberung übt stets starken äußeren Druck auf die bedrohten Völker aus. Sie haben in dieser extremen Situation nun ihrerseits keine andere Wahl, als sich um einen ihrer charismatischen Führer zu scharen, ihm weitgehende Rechte zu überlassen und Befehl und Gehorsam zu akzeptieren. Nur so haben sie eine Chance, als Verteidigungs-, Widerstands- oder Befreiungsbewegung den Angreifern standzuhalten. Aber wie auch immer es für sie ausgeht, sie geraten dabei unter Herrschaftsmechanismen: Im schlimmeren Fall geraten sie in die Abhängigkeit der Eroberer. Im günstigeren Fall geraten sie unter die Herrschaft ihres eigenen Anführers, der natürlich seinen Erzwingungsstab in den kriegerischen Auseinandersetzungen aufgebaut hat und sich jetzt nicht mehr um Gleichheitsnormen zu scheren braucht. Da die Bedrohung durch zentralisierte Nachbarvölker meist anhält, wird man ihm diese Herrschaftsbildung seinerseits aus eigenen Sicherheitsbedürfnissen heraus sogar zugestehen.

Solche Abläufe der Herrschaftsbildung unter äußerem Druck durch die Kolonialmächte schildert Sigrist aus der jüngsten Vergangenheit einiger afrikanischer Völker. Sie mußten sich gegen Sklavenhandel, Kolonialherrschaft der Weißen und Herrschaftsansprüche heimischer afrikanischer Instanzen wehren. Unter diesen extremen Umständen kamen bei ihnen charismatische Führer auf, oft aus der Gruppe der einheimischen Priester, die einen magischen Kult schufen, der der Verteidigung diente. In den geheimen Bund der Krieger konnten alle, die ein bestimmtes magisches Mittel besaßen oder gegessen hatten, aufgenommen werden. So griffen Bewegungen um sich und waren als aufständische Abwehrkämpfe nicht selten erfolgreich, so zum Beispiel die Mau Mau-Bewegung. Aber sie hatten eine tiefgreifende Veränderung der ursprünglich egalitären Stammesstruktur zur Folge. Denn der charismatische Führer –

besonders wenn er erfolgreich war – wuchs zu einem großen Befreier auf dem Boden des überverwandtschaftlichen und stammesübergreifenden Kultes. *von göttlicher gnade*

Außergewöhnliche Umstände sind also die Voraussetzung für charismatische Herrschaftsbildung. Und weil diese stets quer zu den bisher bekannten Sozialstrukturen verläuft, nämlich nicht familial, sondern strategisch, nicht egalitär, sondern hierarchisch gegliedert ist, tritt damit in der Tat ein ganz neuer Gesellschaftstyp auf. Je mehr sich die Herrschaft des charismatischen Führers in der Folge festigt, um so mehr wird er daher behaupten, eine ganz neue Situation, Gesellschaft und Kultur geschaffen zu haben. Die nächste Folge ist, daß er seine politische Vormachtstellung benutzt, um möglichst großen Reichtum in seinen Händen zu sichern – was ihm in der egalitären Stammesgesellschaft nicht möglich war. Diese »Eigentumsgarantie durch die Zentralinstanz« (Sigrist), nämlich die Sicherung des Raubes und der Eroberung in den Händen des Herrschers und seiner Krieger, dokumentiert die Umkehrung der Engelsschen These: Nicht aus Privateigentum entsteht Herrschaft, sondern Herrschaft dient zur Sicherung des anderen geraubten Eigentums.

Diese Formen von Herrschaftsbildung durch charismatische Führer und militante Männerbünde, die sich durch geheime, magische Mittel verbunden fühlen und in Notzeiten zu Rettern, danach aber zu den ersten Tyrannen und Bringern einer angeblich neuen Kultur werden, sind in der Tat nicht nur von ethnologischem Interesse. Diese Prozesse reichen weit über die Situation der unter kolonialem Druck stehenden Völker in Afrika hinaus. Für unsere Suche nach den Gründen des Umbruchs von der matriarchalen zur patriarchalen Gesellschaftsform sind sie von größtem Wert. Wir werden sehen, welche Spuren wir in der Geschichte für analoge Prozesse finden.

Diese historisch spannenden Bezüge seiner Arbeit bleiben Sigrist – wie modernen Ethnologen überhaupt – weitgehend verborgen. Das liegt an seiner berechtigten Ablehnung des naiven Evolutionismus, dem wir schon mehrfach begegnet sind. Aber zugleich lehnt er – getreu den geschichtsblinden Prinzipien der modernen Ethnologie – auch eine kritische diachrone Geschichtsbetrachtung ab und schüttet das Kind mit dem Bade aus. Gewiß gibt es keine entwicklungsgeschichtliche Einbahnstraße, denn oft genug haben Ethnologen auch Umkehrungsprozesse beobachtet, die keine naive Vorstellung einer Schritt-für-Schritt-Entwicklung der Geschichte zulassen. Aber trotz solcher Umkehrungsprozesse gibt es eine generelle Tendenz in der Geschichte, die allerdings nicht durch brave Anhäufungen führt, sondern die durch die drastischen revolutionären Brüche präzise und differenziert nachgezeichnet werden kann.

Der zweite blinde Fleck in Sigrists Werk sind Frauen – auch darin unterscheidet er sich nicht von anderen Ethnologen heute. Er kennt nur Männer in den von ihm untersuchten Gesellschaften, und das ist kein Wunder. Denn er wird nur Männer als seine Gesprächspartner und Gewährsleute gefunden haben. In matriarchalen Gentilgesellschaften ist es nämlich unter der Würde der Frauen, mit fremden, dahergelaufenen Männern zu reden, um ihnen ihre Geheimnisse zu erzählen. Und in patrilinearen bis patriarchalen Gentilgesellschaften haben die Frauen zu schweigen, während die Männer reden. Das macht die defizitäre Einseitigkeit der Ethnologie seit ihrem Beginn aus, weil die meisten Ethnologen, die zu fremden Völkern reisen, eben Männer sind. Darum kennen sie nur die Hälfte der spannenden Völkerwelt, aber sie dienen uns diese Hälfte als die ganze Wahrheit an.

Fassen wir die Thesen zusammen, die sich aus den Werken beider Autoren ergeben:

- Die bürgerliche Monogamie ist noch immer patriarchal (Engels).
- Der Privatbesitz an Produktionsmitteln in den Händen einzelner Männer hat patriarchale Herrschaft verfestigt, aber nicht herbeigeführt (Sigrist gegen Engels).
- Der (patriarchale) Staat mit Zwang, öffentlicher Gewalt, Gesetz, Strafe, Polizei, Beamten und Gefängnis ist ein Eingeständnis unlösbarer gesellschaftlicher Widersprüche; er ist eine Not, keine Tugend (Engels).
- Der Umbruch vom Matriarchat zum Patriarchat ging nicht sanft-evolutionär vor sich, sondern durch eine tiefgreifende, gewaltsame Revolution, welche das vorige friedliche Gefüge der Gentilgesellschaft auflöste und einen völlig anderen Gesellschaftstyp hervorbrachte (Bachofen, Bebel).
- Gentilgesellschaften, ob matrilinear/matriarchal oder patrilinear, haben ein hohes Gleichheitsbewußtsein, das durch bewußte soziale Techniken die Gleichheit aller Mitglieder des Stammes ständig aufrechterhält. Es ist nicht naiv und »naturwüchsig« (Sigrist).
- Gentilgesellschaften kennen natürliche Autorität, die aber nur raten, nicht herrschen kann, und Anführertum, das aber von begrenzter Dauer ist. Sie sind »regulierte Anarchien« (Sigrist).
- Das Gleichheitsbewußtsein ist bei patrilinearen Stämmen bereits gefährdet, da es die Gleichheit der Frauen ausschließt. Von patrilinearen zu patriarchalen Völkern ohne Gleichheit sind es deswegen nur noch wenige Schritte (meine These im Anschluß an das, was Sigrist darstellt).

- Politische Herrschaft wird zuerst errichtet, Privateigentum als geraubtes Eigentum bildet sich als Folge und Festigung politischer Herrschaft (Sigrist gegen Engels).
- Politische Herrschaft entsteht nur unter außergewöhnlichen Verhältnissen. Diese sind stets äußerer Druck, der durch große Naturkatastrophen ausgelöst wird oder, als Folge von bereits entstandener Herrschaft, durch den Eroberungsdruck benachbarter Völker (Sigrist).
- Auch Verteidigungs-, Widerstands- und Befreiungsbewegungen führen nicht zur Auflösung von Herrschaft, weil im Falle des Erfolges dem eigenen Anführer Herrschaft zugewachsen ist (Sigrist).

Löwe, der Umkreis der Völker

5. Der anthropologisch-ethnologische Zweig

5.1. Erforschung der Trobriander, einer Gesellschaft im Umschwung: Bronislaw Malinowski

Was »Matrilinearität« ist und welch weitreichende Konsequenzen sie hat, beschreibt der Ethnologe Malinowski in einer eindrucksvollen Studie über die Trobriand-Insulaner in Melanesien, bei denen er sich viele Jahre aufgehalten hat.[15] Seine Forschung ist für uns wichtig, weil sie insgesamt der Beziehung der Geschlechter bei den Trobriandern gewidmet ist, so daß Frauen nicht nur in einem Unterkapitel oder Nebensatz erscheinen. Außerdem zeigt sie eine Gesellschaft im Widerspruch zwischen altem matriarchalen Stammesgesetz und neu aufkommenden patriarchalen Prinzipien, was uns Rückschlüsse auf den Zustand davor erlaubt. Solche Schlüsse zieht Malinowski nicht, sondern er beschreibt die Situation bei den Trobriandern als ein spannungsgeladenes, widersprüchliches Nebeneinander.

Die matrilineare Organisation der Trobriander meint, daß ihre Abstammung, Verwandtschaft und sozialen Beziehungen sich ausschließlich nach der Mutter regeln. Die Frauen haben – nach Malinowski – einen großen Anteil am Gemeinschaftsleben des Stammes und spielen bei vielen Tätigkeiten eine führende Rolle. Sie prägen die Kultur der menschlichen Beziehungen und der Erotik, die Malinowski als viel höherstehend bezeichnet als bei den sogenannten »zivilisierten« Völkern. Deren Sitten seien gegenüber der sozialen und erotischen Kultur der Trobriander eher barbarisch, obwohl die wirtschaftliche Basis der Trobriander beträchtlich einfacher sei.

Das sind deutliche Worte, und Malinowski macht damit unmißverständlich klar, daß hohes technisches und ökonomisches Niveau nicht unbedingt mit hohem Niveau der menschlichen Beziehungen einhergeht. Zugleich zeigt er ohne seine Absicht, daß Matrilinearität nicht allein vorkommt, wenn damit lediglich die Abstammung und Namensgebung in mütterlicher Linie gemeint sein soll. So nämlich verkürzen Ethnologen das Problem und reden dann von *nur* matrilinearen Stämmen, bei denen die Frauen angeblich nichts zu melden hätten – obwohl sie diese nicht befragten. Ebenso wurde Bachofen verkürzt: Mutterrecht sei doch *nur* diese Matrilinearität, obwohl er deutlich auf regierende Königinnen und Amazonenreiche hinwies. Malinowski aber beschreibt, was außer der Matrilinearität noch hinzukommt, und eine bedeutende Stellung der Frauen bei den Trobriandern läßt sich erkennen. Und das in einer Situation, wo sich bereits erste patriarchale Prinzipien durchzusetzen beginnen!

Folgende Gedankenwelt gehört zur Matrilinearität: Die Trobriander glauben, daß allein die Mutter aus ihrem während der Schwangerschaft neun Monate lang ausbleibenden Menstruationsblut den Leib des Kindes aufbaue, darum kann das Kind nur mit ihr verwandt sein. Das ist der direkte Sinn des Wortes »Bluts«-Verwandtschaft. Dabei gilt die Schwangerschaft als der entscheidende, prägende Vorgang, nicht die männliche Zeugung oder die weibliche Empfängnis, die nur einen kurzen Moment ausmachen. Darum ist die Matrilinearität nicht einfach eine Sache der Unwissenheit bei matriarchalen Völkern, sondern einer anderen Wertung der Ereignisse, die zur Entstehung eines Kindes führen. Deshalb ist es keineswegs so, daß die Entdeckung des Zusammenhanges zwischen Zeugung und Empfängnis ohne weiteres zur Umwälzung in die patriarchale Gesellschaft führt, wie öfter sehr naiv angenommen wird. Der Zeugungsakt des Mannes ist bei den Trobriandern unbekannt, darin ist ihr Denken noch ganz archaisch. Der Geschlechtsakt hat nur Eröffnungsfunktion, denn sie glauben, daß der Mann die Vagina der Frau eröffnen muß, bevor sie empfangen kann. Auf keinen Fall aber schwängert der Mann die Frau, sondern diese nimmt den Geist einer toten Ahnin oder eines toten Ahnen in sich auf, der durch sie zu neuem Leben geboren werden will. Darüber entscheidet sie aktiv selbst: Erst wenn sie einem solchen Geist Einlaß gewähren will, kann dieser durch sie wiedergeboren werden. Aus ihren Träumen erfährt sie, daß ein solcher Geist von Tuma, der Toteninsel der Trobriander, Einlaß begehrt.

Hier sehen wir die Matrilinearität noch mit dem uralten Wiedergeburtsglauben verknüpft, welcher der Frau seit der Altsteinzeit eine besondere Stellung gab. Es gibt Ursprungssagen bei den Trobriandern, die analog zu der männerlosen Empfängnis von männerlosen Urahninnen erzählen, von denen jeder Clan ausgegangen ist. Eine andere Sage nennt als erstes Paar Schwester und Bruder, die *aus der Erde* als ihrer Mutter gestiegen seien. Die Schwester begann die Fortpflanzung aus eigener Kraft, nachdem der Bruder ihre Vagina geöffnet hatte. Später umsorgte er sie liebevoll und brachte ihr unermüdlich Nahrung. In einer dritten Sage werden diese Geschwister als *Mond und Sonne* bezeichnet. Wie immer die Fortpflanzung dann weiterging, stets war es die Wiederkehr der Ahnen mütterlicherseits im Kind. Dieser Seelenwanderungsglaube ist sehr konkret, er bezieht sich nicht auf abstrakte, kosmische Orte, sondern nur auf die Reise zwischen Tuma und den Trobriand-Inseln. Keine Trobriander-Seele geht auf diese Weise verloren, sondern lebt durch ewige Wiederkehr im selben Clan weiter – das enthebt sie der Angst vor dem Unbekannten.

Dennoch mußte kein Mann bei dieser Matrilinearität auf die Entfaltung seiner väterlichen Gefühle verzichten, denn es gab die *soziale Vaterschaft*. Wenn biologische Vaterschaft in unserem Sinne unbekannt ist, kann ein Mann nicht mit den Kindern seiner Gattin verwandt sein. Er bleibt ihnen ein Fremder, bestenfalls ein Freund. Wenn Frauen ihre Gatten häufig wechseln, ist nicht einmal das Freundschaftsband zu ihren Kindern eng. Dagegen ist ein Mann bei diesem System am nächsten mit den Kindern seiner Schwester verwandt, denn Schwester und Bruder haben eine gemeinsame Mutter. Die Liebe und erzieherische Mitverantwortung eines Mannes gilt seinen Nichten und Neffen, das galt auch für die Trobriander. Gegenüber den heranwachsenden Nichten und Neffen machte der Onkel mütterlicherseits seine beratende Autorität geltend.

Obendrein war er mit seiner Arbeit in den Gärten und auf den Feldern der Ernährer seiner Schwester, nicht seiner Gattin, die nach dem trobriandischen System ihrerseits von ihren Brüdern ernährt wurde. Die Brüder setzten ihre Ehre dafür ein, es ihren Schwestern gut gehen zu lassen, und ein Mann mit vielen Schwestern arbeitete sich eher zu Tod, als eine seiner Schwestern darben zu lassen. Viele Schwestern zu haben galt als Ehre bei den Trobriandern, denn nur so wuchs die eigene Sippe kräftig weiter. Mädchengeburten waren daher sehr erwünscht.

Dies ist das alte matriarchale Stammesgesetz, das Malinowski bei den Trobriandern erforschte und nachzeichnete. Es wirkte sich bei seiner Anwesenheit auf den Inseln noch immer so aus, daß alle Künste wie die sehr wichtige Magie und alle Würden bis hin zur Häuptlingswürde nur in weiblicher Linie vererbt wurden. In jeder Generation pflanzte die Frau die Sippe fort und vererbte die Titel, aber der Mann als ihr Bruder repräsentierte die Sippe nach außen.

Als Delegierter seiner Schwesternsippe besaß er damit eine abgeleitete Würde.

Malinowskis Schilderung zeigt uns die alte matriarchale Grundstruktur: das feste Band zwischen Müttern und Töchtern und Schwestern und Brüdern, einschließlich der »sozialen Vaterschaft« für den Onkel mütterlicherseits. Zugleich wird uns bei der weiteren Schilderung der trobriandischen Verhältnisse klar, an welchen Stellen sich diese Gesellschaft in einem spannungsgeladenen Umbruch befindet. Denn die Eheform der Trobriander war bereits *patrilokal* und – trotz öfter geübtem Partnerwechsel – *monogam*. Land und Gärten waren zwar Eigentum des Clans, aber die Männer arbeiteten dort und vertraten allein die Angelegenheiten nach außen. Und das Haus, in welchem die Frau wohnte, war nicht mehr das mütterliche Sippenhaus, sondern ein Einzelhaus und gehörte dem Mann. Sie zog bei der Eheschließung zu ihrem Gatten, und beide wurden dort von ihren Brüdern versorgt. Sie machte den Haushalt und hatte im Haus das Sagen. Sie kommandierte ihren Gatten zur Hilfe im Haushalt – wenn er nicht gerade jagte oder fischte oder in den Clan-Gärten arbeitete – und sie erwartete seinen Anteil an der Kinderpflege. Die Zuwendung des Mannes zu den Kindern seiner Gattin war echt, das war sein Dank für ihre Liebesdienste und dafür, daß er von den Brüdern seiner Gattin ernährt wurde. Autorität über die Kinder stand ihm jedoch nicht zu, diese hatten nur die Brüder seiner Gattin. Er seinerseits hatte Autorität über die Kinder seiner Schwestern, die er belehrte, sobald sie herangewachsen waren, besonders die Knaben. Denn er war ja wiederum der Ernährer seiner Schwester, deren Kinder und des angeheirateten Gatten.

Malinowski sieht hier einen tiefen Gefühlskonflikt für den Mann als Gatten, der zwischen Stammesgesetz und »Vaterliebe« steht. Zum Gefühlskonflikt der Frauen, die ihre mütterliche Sippe verlassen müssen, schweigt er sich allerdings aus. Wilhelm Reich stellt dagegen in seiner glänzenden Malinowski-Interpretation fest, daß es sich hier weniger um »Gefühlskonflikte« als um harte ökonomische und politische Tatsachen handelt, welche die Frauen langsam aber sicher benachteiligen – wie sehr sie auch persönlich geachtet sein mögen. Denn nirgendwo wird so deutlich wie hier, welche Tendenz die patrilokale Monogamie eigentlich hat und wessen Interesse sie vertritt.

Noch ist die trobriandische Frau, trotz ihres Wohnortes beim Gatten, in einer guten Position. Sie bleibt unabhängig von ihm, kann ihn mit ihren Kindern jederzeit verlassen, denn ihre Brüder versorgen sie in jedem Fall. Aber die Interessen ihres Gatten sind gegenläufig: Er strebt in die Ehe und will sie möglichst zementieren, denn durch die Brüder seiner Gattin ist er versorgt. So ist er von der Gattin abhängig, denn die Früchte seiner Gartenarbeit wandern ja zu seinen Schwestern. Sicherlich hängt er auch oft an den Kindern seiner Gattin, die er mitpflegt. So streben die Männer bei den Trobriandern zur Paarungsehe mit strenger, möglichst langfristiger Monogamie. Die Frauen trennen sich leichter und öfter von ihren Gatten, aber bereits ist zeitweilige Monogamie durchgesetzt, und zwar *ausschließlich im Interesse der abhängigen Gatten*. Die Ehe ist umgeben von einer Art Heuchelei, besonders beim Tode des Gatten, wo die Sippe der Frau, die vielleicht froh ist, daß er gestorben ist, öffentlich heult und wehklagt, während die Frau angeblich aus Schmerz sich einige Tage einsperren lassen muß.

Eine ähnliche Paradoxie beschreibt Malinowski beim sogenannten »Inzest-Tabu«: Es ist zu sehen, daß dieses Tabu keineswegs ursprünglich und uralt ist, sondern relativ spät und von derselben Interessenlage geleitet. Ich selbst spreche nicht vom »Inzest-Tabu«, weil es ein ganz unsinniger Begriff ist. Wenn bei matriarchalen Völkern Vaterschaft unbekannt ist und der Mann die Frau nicht begattet, sondern nur »eröffnet«, also jedes Kind in diesem Sinne »parthenogen« ist, kann es gar keine Vorstellung von »Inzest« geben, nicht einmal zwischen Kindern derselben Mutter. Denn jedes Kind ist ja nicht vom Manne, sondern vom Ahnengeist. Matriarchale Frauen, die Heiratsregeln in der Urzeit schufen, schufen deshalb kein »Inzest-Tabu«, sondern lediglich Regeln zum Zusammenhalt des Stammes bei Sippenteilung. Das ist etwas praktisch Soziales und keine finster-schwüle Vorstellung.

Malinowski beschreibt anhand der Trobriander, wie dieses Tabu, das ich ab jetzt »Schwester-Bruder-Tabu« nenne, erzeugt wird und wem es nützt. Es entsteht aus der grotesken Familiensituation, daß Schwester und Bruder als Kinder, obwohl sie zusammen in einem Haus leben, sich weder berühren noch ansehen noch sich überhaupt etwas mitteilen dürfen. Obwohl in ihrer Generation am nächsten verwandt und lebenslang durch die Arbeit des Bruders und die Kinder der Schwester miteinander verbunden, werden Geschwister wie Fremde nebeneinander großgezogen. Dieser unnatürliche Familienumgang löst begreiflicherweise lebhafte Phantasien von Schwester-Bruder-Liebe aus und – trotz Verbot – auch tatsächliche Verstöße. Diese müssen geheim bleiben, insgeheim gelten sie aber als Großtat. Das heißt, so unheilvoll-tragisch wie im Patriarchat können die Trobriander das Schwester-Bruder-Tabu noch gar nicht nehmen, das angeblich so uralt ist.

Ein Tabu wird also durch extrem unnatürliche Behandlung der betreffenden Menschen, hier Schwester und Bruder, erst erzeugt. Es enthält keinerlei »natürliche« Abwehr. Und es nützt – wie Malinowski scharfsichtig bemerkt – ausschließlich dem Gatten. Denn dieses extreme Verbot gegen den Bruder, sich mit der Geschlechtlichkeit seiner Schwester zu beschäftigen, schlägt – wie schon die patrilokale Monogamie – eine weite Bresche für seinen Einfluß. Zugleich wird der Einfluß der Mutter doppelt geschwächt: Die Töchter müssen das mütterliche Haus verlassen, und die Söhne werden, ohne Anspruch auf die Schwester, für den Gatten aus der fremden Sippe zu Arbeitssklaven gemacht. Zu ihr selbst als Mutter fließt nichts zurück, alles aber kommt dem fremden Gatten zugute. Auf diese Weise würde das Bollwerk Mutterrecht durch vaterrechtliche Vorstellungen untergraben, sagt Malinowski. Hier ist er dem Kern der Sache auf der Spur, denn das ganze aufgeschwollene »Inzest-Tabu«, das mit nüchternen Heiratsregeln wenig zu tun hat, ist ein raffinierter Trick, noch bei voller Matrilinearität dem Mann als Gatten alle Vorteile zu verschaffen. Von hier zum Vaterrecht ist nur noch ein kleiner Schritt, das zeigt das Beispiel der Trobriander. Und Malinowski hat das überall in der Literatur herumgeisternde »Inzest-Tabu« als rein soziales, spätes und patriarchales Prinzip entlarvt.

5.2. Wilhelm Reichs Malinowski-Interpretation

Wilhelm Reich kritisiert in seinem Buch »Der Einbruch der sexuellen Zwangsmoral«[16] im selben Sinne wie Malinowski das sogenannte »Inzest-Tabu«. Er gibt darüber hinaus eine ausgezeichnete Darstellung des Zwiespalts zwischen dem freien, bedürfnis-orientierten Liebesleben der trobriandischen Jugend, das matriarchalen Traditionen entspricht, und dem nachfolgenden monogamen Ehezwang mit nochmals nachfolgender Witwen-Heuchelei für die trobriandische Ehefrau, die den Einbruch patriarchaler Prinzipien spiegeln. Hier bezieht Reich deutlich die geschichtliche Perspektive ein, die Malinowski aus zu eng verstandenem Empirismus vernachlässigt.

»Das Mutterrecht (war) allgemein die ursprüngliche Organisationsform, denn sie repräsentiert das eigentliche *Naturrecht,* während das Patriarchat bereits komplizierte gesellschaftsgeschichtliche Einflüsse zur Voraussetzung hat. Das Material ihrer Gegner, der Vertreter der Ursprünglichkeit der Vaterfolge und des Patriarchats, ist immer vieldeutig, entbehrt der Geschlossenheit der Mutter-Naturrechts-Theorie und beweist auch dann nichts, wenn man bei sehr primitiven Stämmen bereits Vaterrecht feststellt.« (S. 81)

Darum hält Reich es für sehr unwahrscheinlich, daß sich das Matriarchat aus einem ursprünglichen Patriarchat entwickelt habe. Es sei gekennzeichnet durch »Arbeitsdemokratie und weitestgehende Sexualfreiheit«, während das Patriarchat gekennzeichnet sei von »Privatbesitz, Frauenversklavung und der unsrigen bereits ähnlichen

Sexualunterdrückung«, was eine Reihe komplizierter Unterdrükkungsmechanismen voraussetze.

»Denn während das Mutterrecht sich aus der natürlichen Generationsfolge erklärt, mit der Tatsache des Inzestes und der primitiven Arbeitsdemokratie in der Urzeit in vollem Einklang steht, bedarf es zur Annahme des ursprünglichen Vaterrechts sehr komplizierter und gewaltsamer Hypothesen.« (S. 81)

Unsere Analyse von Schulbuch, Standardwerk und wissenschaftlichen Auslassungen des Paters Schmidt hat gezeigt, wie sehr Reich in sachlicher wie logischer Hinsicht recht hat.

»Die patriarchalischen Auffassungen der Urgeschichte haben logischerweise zu der Annahme geführt, daß die Zwangsmonogamie bzw. das heutige Vorrecht des Mannes auf mehrere Frauen, die Eifersucht, die Unterdrückung der Frau biologisch begründet seien. Nehmen wir noch hinzu, daß diese Auffassung der Rechtfertigung unserer patriarchalischen Organisation dient und ein Stück Grundlage der faschistischen Sexualideologie bildet, während die mutterrechtliche zeigt, daß sich alles wandelt und daß es auch anders geht, so können wir kaum schwanken, welche Auffassung wir zu der unsrigen machen.
Vor allem leistet die mutterrechtliche Theorie für die Klärung von gesellschaftlichen Tatbeständen und Prozessen viel, während die vaterrechtliche nur verewigt, was sich im ständigen Flusse der Veränderung befindet. Stellen wir uns also auf den Boden des allmählichen Überganges vom allgemeinen Mutterrecht zum Vaterrecht, so befinden wir uns im Einklang mit einer großen Reihe beobachteter Tatsachen und können auf gewaltsame Auslegungen verzichten.« (S. 82)

Eine klare Argumentation, ein klarer Standpunkt. Ich habe diesen Bemerkungen Reichs nichts hinzuzufügen.
Sehr spannend ist ebenfalls Reichs Analyse der Umschwung-Mechanismen bei den Trobriandern, bei der er sich auf die Forschungen Malinowskis stützt. Er durchleuchtete die Situation schärfer als Malinowski, denn es genügt ihm nicht festzustellen, daß sich ein Umschwung vollzieht. Er fragt zugleich nach den *Ursachen* hierfür und sieht sie, anknüpfend an Engels, in bestimmten ökonomischen Mechanismen.
Hierfür ist die Stellung des Häuptlings für ihn von Interesse. Denn seine Position ist in dem sonst wohlgeordneten System von Geben und Nehmen nicht mehr egalitär, sondern hierarchisch. Der Häuptling ist als einziger Mann mit mehreren Frauen verheiratet, denn jeder Clan muß ihm eine Frau geben. Da auch in diesem Fall die Brüder der verschiedenen Clans reichlich für ihre Schwestern sorgen – denn Frau des Häuptlings zu sein ist eine große Ehre, also darf sie nicht dürftig dastehen –, sammeln sich beim Häuptling die Güter an. Diese Güter sind haltbare Knollengewächse aus der Gartenbaukultur, Yamswurzeln und anderes, was er in großen, schö-

nen Vorratshäusern aufbewahrt. Das ist die einzige Form des »Tributs«, den er erhält, und davon muß er für jede Dienstleistung kräftig zahlen, große Feste veranstalten und die Handelsreisen der Männer in den Auslegerbooten mit Vorrat versorgen. Dennoch gelingt es ihm, seine hierarchische Position zu erhalten, denn im Häuptlingsdorf ist – laut Malinowski – das Leben nicht mehr gleichheitsbewußt, sondern durchsetzt von Ehrbezeugungsgesten, die keinen Zweifel an Oben und Unten lassen. Ferner wird die Häuptlingswürde bereits dynastisch vererbt, von der Möglichkeit zur Absetzung des Häuptlings ist keine Rede mehr.

Reich sieht darin »die eindringende vaterrechtliche Herrschaft, (was) sich aus dem Brauch des Heiratsgutes ökonomisch klar ableiten läßt« (S. 54). Der Ritus des Heiratsgutes ist für ihn der zentrale Mechanismus des ganzen Verschiebungsprozesses vom ursprünglichen Mutterrecht zum wirtschaftlichen, sozialen und ideologischen Vaterrecht.

Der Häuptling muß das größte Interesse an der zementierten, monogamen Ehesituation für die Frauen haben, denn er profitiert am meisten von diesem Brauch des Heiratsgutes. Ist er doch Gatte mehrerer Frauen, für die alle deren Brüder arbeiten müssen! Seine Ehefrauen sind daher am rechtlosesten, sie dürfen überhaupt nicht in den mütterlichen Clan zurückkehren, dafür sorgt schon der Verlust der »Ehre«. Hier beginnt sich Ehe als patriarchale Institution durchzusetzen.

Eine besonders raffinierte Note erhält das Ganze durch die »einzig gesetzliche Ehe« des Häuptlings-Sohnes mit der Nichte des Häuptlings, der Tochter seiner Schwester. Dieser steht die »ungesetzliche Ehe« zwischen Häuptlings-Tochter und dem Neffen des Häuptlings, dem Sohn seiner Schwester, entgegen. Bei diesen Ehekonstruktionen ist jede freie Wahl der betroffenen jungen Leute ausgeschlossen. Warum? Des Rätsels Lösung ist einfach, denn die »einzig gesetzliche Ehe« ist für den Häuptling von größtem wirtschaftlichen Vorteil. In echt patriarchaler Manier benutzt er Gütertausch, Heiratsregeln und Eheform für seine Herrschaftssicherung.

Reich analysiert es sehr klar, indem er zunächst das Schema der »gesetzlichen« und »ungesetzlichen« Heirat gibt, die er »Kreuz-Vettern-Basen-Heirat« nennt wie alle Ethnologen. Ich lehne den Begriff ab, weil er unlogisch ist: Denn nach matriarchalen Verwandtschaftsgraden sind die jungen Leute nicht »Vettern« und »Basen«, weil die Kinder, die der Häuptling mit seinen Frauen aufzieht, nicht seine »Söhne« und »Töchter« in unserem Sinne sind.

In diesem Schema (Fig. 1) ist I die erwünschte Heirat und II die unerwünschte Heirat. Die wirtschaftlichen Gründe dafür zeigt das folgende Schema (Fig. 2).

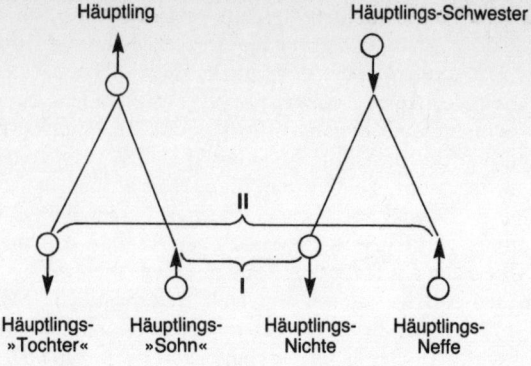

Fig. 1 (Reich, S. 62)

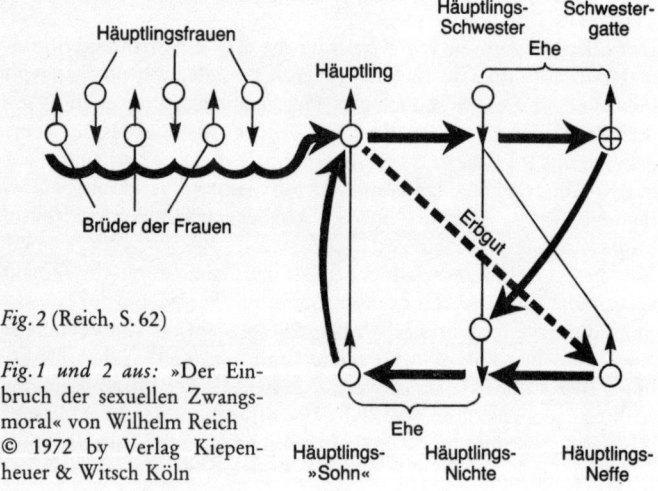

Fig. 2 (Reich, S. 62)

Fig. 1 und 2 aus: »Der Einbruch der sexuellen Zwangsmoral« von Wilhelm Reich © 1972 by Verlag Kiepenheuer & Witsch Köln

Reich sagt selber dazu:

»Wir sehen am zweiten Diagramm . . ., daß nur eine (Art von) Kreuz-Vettern-Basen-Heirat eine Akkumulation von Besitz und Gartenerzeugnissen beim Häuptling ermöglicht. Er bezieht durch seine Frauen von ihren Brüdern Heiratsgut, das er zu einem großen Teil an den Gatten seiner Schwester weitergeben muß. *Heiratet nun seine Nichte seinen Sohn, so kehrt das Heiratsgut wieder zu ihm zurück,* denn sowohl sein Neffe (Schwestersohn und Erbe) als auch die Eltern der Nichte, also ihr Vater, der Schwager des Häuptlings, müssen Heiratstribut an seinen Sohn alljährlich und so lange liefern, wie die Ehe besteht. Da aber der Sohn für den Haushalt der Mutter, an dem ja der Vater teilhat, sorgen muß, genießt er die wirtschaftlichen Rechte seines Sohnes mit.« (S. 63)

Dieser Vorgang benachteiligt den rechtmäßigen Erben der Häuptlingswürde, den Schwestersohn, beträchtlich, denn er wird auf diese Weise tributpflichtig gegenüber dem Häuptlings-»Sohn«. Aber er hat keinen Einfluß auf diese Allianzen, denn bei den Trobriandern gilt – wen wundert es noch – die Regel, daß kein Bruder sich in die Heiratsangelegenheiten seiner Schwester einmischen darf.

Bei der »ungesetzlichen Heirat« läuft es wirtschaftlich gegen den Häuptling, denn wenn die Häuptlingsnichte einen beliebigen Mann heiratet, dann wandert durch den Häuptlingsneffen, der ja für seine Schwester sorgen muß, das gesamte Gut des Häuptlings aus der Familie fort in den Clan des fremden Gatten. Außerdem ist alles, was der Häuptling seiner Schwester zu Lebzeiten geben muß, an deren Gatten verloren. Katastrophal wird die Situation für ihn, wenn obendrein seine »Tochter« den Häuptlingsneffen heiratet, was sie ja nicht darf. Denn als Folge davon würden die Häuptlings-»Söhne«, denen der Häuptling zu Lebzeiten Zuwendungen machen kann, durch ihre Tributpflicht an die Schwester wieder alles an den Häuptlingsneffen verlieren. Durch diesen wandert es dann weiter an dessen Schwester, durch diese weiter an den fremden Gatten und aus der Familie des Häuptlings hinaus.

In jeder Hinsicht begünstigt also der Häuptling aus Eigennutz seine »Söhne«, obwohl der Schwestersohn die Häuptlingswürde erbt. Reich zeigt zu Recht, daß jetzt nur noch ein Schritt genügt, nämlich das Erbrecht von der mütterlichen auf die väterliche Linie zu übertragen, und das Vaterrecht steht vollendet vor uns. Da der Mechanismus des Heiratsgutes aber nicht jedem Mann, sondern nur dem Häuptling als Vater nützt, steht beim Umkippen zum Vaterrecht damit die typisch patriarchale Großfamilie vor uns mit dem Patriarchen an der Spitze, einer Anzahl in seinen Besitz übergegangener Ehefrauen und der großen Mehrzahl abhängiger, in Knechtschaft oder Sklaverei gehaltener Männer.

Es ist Reichs Verdienst, mit seiner Analyse gezeigt zu haben, wie innerhalb eines homogenen Stammes, der nicht der Eroberung ausgesetzt war, eine matriarchale Gentilgesellschaft sich in eine patrilineare, hierarchische Gesellschaft verwandeln kann, wobei am Ende der möglichen Entwicklung die patriarchale Großfamilie auftaucht. Er hat damit aber noch nicht gezeigt, wie es eigentlich zu der Sonderstellung des Häuptlings gekommen ist, die patriarchale Tendenzen hat und ihm erlaubt, solche Hierarchisierung zu seinen Gunsten im Stamm durchzusetzen. Auch die Macht des Häuptlings bei den Trobriandern ist ja bereits gegeben, und er benutzt den Mechanismus des Heiratsgutes zur Sicherung dieser Macht. Gezeigt wird von Reich nur der Mechanismus der Herrschaftssicherung des

Häuptlings, aber nicht der Mechanismus seiner Herrschaftsbildung. Hier folgt Reich der falschen Engelsschen These, daß Reichtum allein schon Herrschaft bildet. Am Beispiel des Trobriander-Häuptlings sehen wir aber, daß er schon vorher die Macht hatte, solche Regeln, Verbote und Gebote einzuführen, welche den gesamten trobriandischen Stamm auf die Kippe zum Vaterrecht geführt haben, auch wenn die Situation durch das alte matriarchale Stammesgesetz noch gemäßigt und verschleiert wird.

An dieser Stelle taucht die Frage wieder auf: Wie hat er denn diese Herrschaft erlangt, die ihm so weitgehende Befugnisse gibt? Sigrist hat gezeigt, daß solche Ausnahmestellungen von Anführern in Situationen äußeren Drucks entstehen, indem sie auf extrem schwierigen Wanderungszügen eine Wandergefolgschaft um sich scharen, die den späteren Erzwingungsstab im Stamm abgibt. Und mußten die Trobriander nicht einmal in ihrer Geschichte ihr Inselarchipel in den Weiten des Pazifik durch einen extrem schwierigen Wanderungszug über das Wasser erreichen? Hier ist es ihnen genauso ergangen wie allen Völkern, welche nur mit Auslegerbooten die Inselwelt des Pazifik in langen Wanderungen besiedelten. Solche Wanderungsbewegungen dürften langfristige Anführer nötig gemacht haben, denen es nach der Besiedelung der Inseln gelang, ihre Sonderstellung zu behalten und in eine erbliche Häuptlingswürde sowie verschiedene Grade von Herrschaft umzuwandeln. Auf den Trobriand-Inseln traf Malinowski noch eine milde Spielart davon an, die jedoch genügt, patriarchale Tendenzen geltend zu machen.

Ich fasse die Thesen zusammen, die sich aus der kritischen Diskussion zu Malinowski und Reich ergeben haben. Durch ein indirektes Verfahren konnte ich die Kennzeichen gewinnen, die strukturell zu einer matriarchalen Gesellschaft gehören (Definition):

Eine matriarchale Gesellschaft der einfachen Stufe ist gekennzeichnet durch

- das Gleichheitsbewußtsein der Gentilgesellschaft, das aktiv erhalten wird,
- Matrilinearität mit der dazugehörigen Gedankenwelt der Seelenwanderung und der Wiedergeburtsfähigkeit der Frau,
- Matrilokalität als dem gemeinsamen Wohnsitz der weiblichen Clan-Mitglieder,
- gemeinschaftlichen Besitz von Land und Sippenhaus, insbesondere durch die weiblichen Mitglieder des Clans,
- »Arbeitsdemokratie« trotz Arbeitsteilung,
- gemeinsames Bestimmungsrecht in allen Stammesangelegenheiten, wobei die ältesten Frauen beratende Autorität haben,
- Delegieren äußerer (unwichtiger) Angelegenheiten an die Brü-

der, Söhne, Häuptlinge, die nur so lange Delegierte sind, bis ihr Auftrag erfüllt ist,
- freie Formen der Erotik bei Jugendlichen und Gruppenehe ohne ausschließlichen Zwang bei Erwachsenen,
- Anwesenheit von Heiratsregeln als gegenseitigem Hilfssystem, Abwesenheit von Heirats-»Tabus« als unnatürlichen Strafmechanismen (kein »Inzest«-Tabu).

5.3. Wanderungsthesen zum Matriarchat: Wilhelm Schmidt

Während Malinowski auf den Trobriand-Inseln forschte (1932), gab es schon christliche Missionsstationen auf den Inseln. Sie rissen die Frauen und Männer, die sich ihnen anvertrauten, aus ihrem alten Stammesleben und unterwarfen sie einer neuen Moral und Autorität, die besonders auf Erotikfeindschaft und Zwangsmonogamie ausgerichtet war. Dadurch wurden sie ihren Stammesgenossen völlig entfremdet. Von jungen Mädchen und jungen Männern, die nach längerem Aufenthalt in den Missionsstationen in ihre Dörfer zurückkehrten, sagt Malinowski, daß sie »zu nichts mehr taugten«. Wir können uns denken, welchen restlichen Patriarchalisierungsruck die Trobriander, deren Gesellschaft bereits im Umbruch war, unterdessen gemacht haben.

Christlichen Missionaren ist die matriarchale Organisation vieler Völker nicht verborgen geblieben, denn sie waren zusammen mit den Entdeckern und Eroberern die ersten, die sich dieser »Wilden« längerfristig annahmen und ihre Kulturen zerstörten. So verdanken wir ihnen einerseits interessante Berichte über die Sitten jener Völker, andererseits massive Werturteile über die abschreckende Natur dieser Sitten.

Wilhelm Schmidt ist ein Missions-Ethnologe katholischer Prägung, deshalb müssen wir uns nicht wundern, daß er seine kenntnisreiche Studie über »Das Mutterrecht«[17] ähnlich wie seine Kollegen mit jenen drastischen Abwertungs-Urteilen beschließt, die wir einleitend schon kennengelernt haben. Wir brauchen uns hier um diese seine Ideologie nicht länger zu kümmern. Aber er hat eine interessante Wanderungstheorie zum Matriarchat aufgestellt, die er nicht ganz aus der Luft greift, sondern sich dabei auf archäologisches und ethnologisches Material stützt, über das er vergleichend verfügt. Mehr kann man für eine Wanderungstheorie aus der Frühzeit der Menschheit nicht tun, denn empiristische »Beweise« wird es dafür kaum geben. Schmidts Belege reichen aus, seine Thesen wenigstens plausibel zu machen.

Bei seinen Ethnologie-Kollegen hat er damit keine Gegenliebe gefunden, da diese sich den geschichtlichen Blick abgewöhnt haben.

Außerdem nimmt er ja die Existenz von Matriarchaten offen an, was man in solchen Kreisen auch nicht tun darf.

Besonders verblüffend ist in diesem Argumentationszusammenhang stets das Argument, Matriarchate habe es nie gegeben, weil man *heute* keine finde. Das ist dreifach falsch: Erstens wäre es nach Eroberung, Missionierung, Kolonialisierung oder Genozid, nach Industrialisierung und Vermarktung durch den Tourismus nicht erstaunlich, wenn man heute keine *mehr* fände. Zweitens *findet* man sie vereinzelt heute noch, wie ich zeigen werde. Drittens fragt es sich, ob die Ethnologen der Vergangenheit durch ihre patriarchale Brille hindurch erkannt haben, *was* sie da fanden.

Bereits um 60 000 v. Chr. in der »jüngeren Altsteinzeit«, als in Alteuropa die Cro-Magnon-Menschen ihre Höhlenmalereien von wilden Großtieren gestalteten und vom Sammeln und Jagen lebten, begann – nach Schmidt – in Südasien die erste Pflanzenzucht von Bäuerinnen und mit ihnen die neue Gesellschaftsordnung des Matriarchats. Schmidt nennt diese Zeit die Frühphase, in der die Frau mit ihren Töchtern Besitzerin des Bodens wird, den sie gemeinsam im Hackbau kultivieren. Die Männer fahren mit ihrer gelegentlichen Jagd fort, beide Geschlechter leben bis auf die flüchtige Form der »Besuchsehe« getrennt.

Das »jüngere oder klassische Matriarchat« umfaßt die gesamte Jungsteinzeit, die nach Schmidt ca. 4000 v. Chr. blüht. In diesem Stadium wird der Mann in die Ackerbautätigkeit der Frau integriert; die Männer leben nun matrilokal bei den Frauen, solange diese es wünschen. Bereits in dieser Zeit ist die Ackerbäuerinnen-Kultur über die ganze Erde verbreitet.

In der Spätphase im Ausgang der Jungsteinzeit sieht Schmidt den Mann als Mutterbruder im Vordergrund, aber noch ist er nicht Vater oder Gatte. Der Mutterbruder erbt nun auch Titel und Würden, allerdings nur in weiblicher Linie. Er kann Häuptling oder König werden, jedoch nur als Delegierter der Frauen.

Auf welchen Wanderungswegen hat sich nach Schmidt das Matriarchat in seiner Frühzeit von Hinterindien über die ganze Erde verbreitet? In den großen Flußoasen Hinterindiens sieht er die Wiege der mutterrechtlichen Pflanzenzucht. Ihre Ober- und Mittelläufe haben für die ganze Umgebung soviel Feuchtigkeit, daß der Pflanzenbau ohne komplizierte Bewässerungsanlagen bestens gedeihen konnte. In den Niederungen und riesigen Stromdeltas waren dagegen schon Erdarbeiten nötig, der Bau von Gräben und Kanälen zur Trockenlegung, dorthin gelangte die Pflanzenzucht später.

Die Ausbreitungsart war wohl nicht das mühsame Stapfen durch unwegsame Bergtäler mitten im Urwald, sondern das, was sich anbot: der Wasserweg. Das rasche und leichte Gleiten von Booten auf dem Wasser erklärt die leichte und weltweite Ausbreitung der matriarchalen Pflanzerinnen-Gesellschaft, ganz im Gegensatz zu der Gebundenheit der Jäger und Nomaden an das Weideland der von ihnen genutzten Tiere. So ist die Perspektive genau umgekehrt, als die Ideologie es allgemein will: Nicht die matriarchalen Pflanzerinnen hockten dumpf auf der Scholle fest und schauten nur bis zum Gartenzaun, während die Jäger und Nomaden frei und weitblickend umherschweiften. Sondern hier waren die mit ihren Booten sehr beweglichen matriarchalen Stämme, die an den Ufern überall Schwemmland zum Neu-Anbau fanden; dort waren die landgebundenen, zu Fuß wandernden Jäger und Nomaden, die mühsam den Zügen ihres Wildes oder ihrer Herden folgten – und dabei war jedes Gebirge ein gewaltiges Hindernis!

Von den großen hinterindischen Strömen ging die Wasserwanderung zum Brahmaputra und Indus über, ihnen entlang nach Nepal und Tibet hinein und von dort zu den großen chinesischen Strömen. Den Küsten Hinterindiens vorgelagert sind die großen Inseln Indonesiens. Sie bilden fast eine Brücke, so daß sie in einer Art »Inselspringen« leicht erreicht werden konnten. Sie boten sich regelrecht an, das Seefahren zu erlernen, und so war über das anschließende Neuguinea der australische Kontinent nicht mehr weit. Diese Wasserwanderung war nach Schmidt eine der frühesten und vollzog sich am ungehindertsten.

Die Routen zu den Inseln des Pazifik wurden nun immer länger und schwieriger. Aber allmählich hatten die Menschen immer bessere Boote bauen und die Sterne zum Navigieren beobachten gelernt. Noch heute bauen die pazifischen Inselvölker das Auslegerboot, mit dem ihre Vorfahren imstande waren, den ganzen Pazifik zu überqueren (nachgewiesen durch die Expeditionsfahrt des Thor Heyerdahl). Die einzigartige Seefahrerkunst dieser Völker führte sie bis zur Oster-Insel mit ihren »rätselhaften« Steinfiguren und von da bis zur Westküste Südamerikas mit ebenso »rätselhaften« Steinbauten. Entlang des südamerikanischen Kontinents breiteten sich die frühesten Kulturen nach archäologischen Funden an der Westküste aus. Die Ströme Colorado, Rio Grande und Mississippi-Missouri gestatteten später das Eindringen in den nordamerikanischen Kontinent. Ihnen entlang entwickelten sich die sehr alten indianischen Pueblo-Kulturen. Die Beringstraße hatte für die Einwanderung – entgegen herrschender Meinung – gar keine oder nur geringe Bedeutung, weil die indianischen Völker nicht durch die kalte Zone als Jäger, sondern durch die warme Zone als Ackerbauern einwanderten. Die uralte Hopi-Tradition sagt aus, daß sie von Süden und nicht von Norden kamen.

Der Atlantik war eine Barriere, er wurde von der Pflanzerinnen-

Kultur nicht mehr in Richtung Osten überschritten. Dem Wasserweg boten sich keine Inseln an wie überall im Pazifik, seine Weite war wirklich zu weit. Aber die Besiedelung ging von Hinterindien nicht nur ostwärts, sondern auch westwärts weiter. Entlang der indischen und persischen Küsten führte der Wasserweg in den persischen Golf und die beiden prächtigen Ströme Euphrat und Tigris hinauf. Entlang der südarabischen Küste waren Afrika und Äthiopien nicht fern, und von Äthiopien ging es den großen Strom Nil hinab nach Ägypten. Der ostafrikanischen Küste entlang konnte sich die Pflanzerinnen-Kultur bis zum Süden des Kontinents ausbreiten und drang über die Ströme Sambesi und Kongo ins Innere der wasserreichen Zonen des Kontinents (Bantu-Völker). Von Ägypten aus verbreitete sich diese Kultur entlang der afrikanischen Mittelmeerküste bis zu den Kanarischen Inseln (Berber-Völker).

Und von Ägypten und Kleinasien aus besiedelten matriarchale Ackerbau-Völker nicht nur den östlichen Mittelmeerraum bis zum Schwarzen Meer, sondern auch die südeuropäischen Küsten, und sie erreichten über die Donau und über die Rhone das Innere Europas. Über den Wasserweg des Rheins und außen herum entlang der atlantischen Küste gelangten sie in die Bretagne, nach England und Irland im Westen und weiter östlich nach Dänemark, Südschweden und ins Baltikum.

Diese Kulturwanderung wurde nicht von ein und demselben Volk getragen, sondern sie ging aus der Hand der einen in die Hand der anderen Völker über. Schmidt nennt entlang dieses Wanderungsweges in jedem Kontinent genau die Stämme und Völker, die noch Mutterrecht oder Reste davon aufweisen. Gleichzeitig verfolgt er anhand von archäologischen Funden diese steinzeitlichen Wanderungswege der matriarchalen Pflanzerinnen-Kultur um die Erde bis nach Europa hinein. Wir werden uns mit allen seinen Angaben im einzelnen beschäftigen und alle weiteren erreichbaren Informationen hinzunehmen. Nur so können wir nachprüfen, wie wahrscheinlich seine Thesen über die weltweite Ausbreitung der matriarchalen Völker von Hinterindien über die Wasserwege der Erde sind.

5.4. Thesen zum Ursprung der menschlichen Sozialgefüge: Claude Lévi-Strauss und Robert Briffault

Was stand am Anfang der Geschichte, der männliche oder der weibliche Sozialinstinkt? Claude Lévi-Strauss und Robert Briffault geben darauf diametral entgegengesetzte Antworten. Schauen wir uns ihre Argumente für ihre Thesen näher an.

Claude Lévi-Strauss[18] gehört mit seinen weitreichenden Untersuchungen und seiner strukturalistischen Methode, die er maßgeblich entwickelt hat, zu den angesehensten modernen Ethnologen. Wie seine Kollegen vereinfacht er sich die Arbeit in bezug auf das Thema »Mutterrecht« oder »Matriarchat«, indem er es totschweigt. An die Stelle der entsprechenden ur- und frühgeschichtlichen Untersuchungen treten abstrakte und widersprüchliche Konstruktionen.

So seine Theorie vom »Frauentausch«: Es gibt für ihn die Frau als Subjekt der Geschichte von Anfang an nicht, sondern lediglich als Tauschobjekt zwischen Männern. Zwei ethnologische Befunde führen ihn zu dieser Annahme: die häufig beobachteten Gesellschaften mit matrilinearer Abstammung und patrilokalem Wohnsitz (Wohnort beim Gatten) und die große Verbreitung des sogenannten »Inzest-Tabus« (Schwester-Bruder-Tabu). Das »Inzest-Tabu« hält Lévi-Strauss, ohne näher hinzusehen, für universell und die Anordnung der patrilokalen Gesellschaften ebenso. Daß es dieses »Inzest-Tabu« einmal nicht gegeben haben könnte und daß andererseits Gesellschaften mit Matrilinearität *und* Matrilokalität existiert haben könnten, taucht in seiner verkürzenden Logik nicht auf.

So stellt er sich die elementare Struktur der Verwandtschaft als Kerngruppe von einem Mann, einer Frau, einem Kind und einem Geber der Frau vor. Hierbei wird großzügig alles über Bord geworfen, was Morgan über polygame Gruppenbeziehungen herausgefunden hat. Dieser Geber der Frau ist ihr Bruder, der mit dem künftigen Gatten den Kontrakt schließt, nämlich daß der Empfänger der Frau dem Geber nun seinerseits eine Frau schuldet. Diese wird ihm in Gestalt der Tochter zurückerstattet, welche der Geber nun selber heiraten oder mit seinem Sohn vermählen kann. Wir landen bei der letzteren Version wieder bei der sogenannten »Kreuz-Vettern-Basen-Heirat«, die Wilhelm Reich bereits plastisch dargestellt hat. Denn das Geben der Frau wird von einer beträchtlichen Verlagerung der Güter, dem »Heiratsgut«, begleitet. Das gegenseitige Geben von Frauen nennt Lévi Strauss »Frauentausch«, weil die Frauen ständig den Wohnort wechseln müssen: vom Bruder zum Gatten und in der Tochtergeneration wieder zurück zum Sohn des Mutterbruders. Frauen als kostbarstes Pfand, als Wertgegenstand und Statussymbol in der Hand von Männern – und selbstverständlich ohne Willen und eigene Entscheidung!

Lévi-Strauss erklärt dieses durchgängige Heiratssystem mit dem »Prinzip der Reziprozität«, der vollkommenen Ausgewogenheit zwischen Geben und Nehmen, das zwischen allen (männlichen) Mitgliedern des Stammes herrscht. Es ist ein System der gegenseitigen Verpflichtungen zwischen den Männern des Stammes, was den

Stamm wie ein subtiles Vertragswerk zusammenhält. Der »Frauentausch« ist die sichtbare Form dieses Vertragswerkes.

Sichtlich wählt Lévi-Strauss für sein strukturalistisches System nur die ihm genehmen Fakten aus. Wir hören kein Wort von den in ethnographischen Berichten nicht weniger häufigen Gesellschaften mit Matrilokalität, wo die *Männer* von einer Generation zur nächsten den Wohnort wechseln. Würden wir die chauvinistisch-zynische Sprache eines Lévi-Strauss gebrauchen, so müßten wir hier klarerweise von »Männertausch« reden, welcher die Männer nun als entrechtete Objekte erscheinen ließe. Nur waren sie das nicht in matriarchalen Gesellschaften, die Frauen hingegen wurden in *patriarchalen* Gesellschaften und nicht allgemein-menschlich zu eben solchen Objekten gemacht.

Für Lévi-Strauss gilt seine enge spätpatriarchale Perspektive für alle Welt und alle Zeit. Denn er ignoriert das gesamte kulturhistorische Material. Doch warum sollten wir nur ihm den Vorwurf machen, wenn dieses selektive Vorgehen vom Empirismus Malinowskis über den Strukturalismus Lévi-Strauss' bis zum heutigen Funktionalismus in der Ethnologie Mode ist? Für die heutige Ethnologie ist Geschichte ein unwissenschaftlicher Umtrieb, wie es am schärfsten der Strukturalist Lacan verkündet, » . . . diese Angelegenheit, die ich aus guten Gründen verabscheue, die Geschichte nämlich« (Encore, S. 45). Bei dieser Einstellung fallen regelmäßig die noch greifbaren Fakten zur matriarchalen Gesellschaftsordnung durchs Netz der Strukturen, und das gerade rechtzeitig, bevor die kritische Brisanz der seit Bachofen herausgefundenen Tatsachen zum Sprengstoff wird. Auf diese Weise wird durch die unbeschreiblichen Verrenkungen der patriarchalen Geschichts- und Weltbetrachtung sogar Methode noch zur Ideologie.

Dennoch hindert ihr Abscheu gegen die Geschichte manche Ethnologen nicht daran, sich urgeschichtlichen Überlegungen hinzugeben, die ihnen dann – da sie von der geduldigen, nachforschenden Suche der historischen Methode nichts halten – unversehens zu wilder Spekulation geraten. Plötzlich wird die hermetisch abgeriegelte, geschichtslose Struktur zur Projektion in die Urzeit zurück, und damit erzeugen sie dasselbe, was sie kritisieren, nämlich Geschichte als Vehikel für Ideologie zu benutzen, so typisch, seit es patriarchale Geschichtsschreibung gibt. *Diese* Art von Geschichtsschreibung verachten wir in der Tat auch!

Für diesen Projektionsprozeß ist Claude Lévi-Strauss ein Musterbeispiel: Sobald die Frage auftaucht, wie es zu dem komplizierten Kontrakt zwischen den Männern eines Stammes gekommen ist, weiß er plötzlich über die Vorgeschichte Bescheid. Kritiklos schließt er sich dabei an eine These der Stammesentstehung von

Wilhelm Reich[19] an, die er durch seinen historisch unreflektierten Strukturalismus auf die Spitze treibt. Wilhelm Reich deutete an, daß das zirkulierende Heiratsgut eine Vorstufe der Ware im Sinne von Marx sei. Er geht aber nicht so weit, die Frauen zu dieser Ware hinzuzurechnen, was Lévi-Strauss später tut. Denn Reich behält die historische Entwicklung im Auge, nach der die Frauen nicht immer »zirkulierende Heiratsware« gewesen sind, sondern erst im Patriarchat dazu wurden. Leider setzt an dieser Stelle Reichs Spekulation über die Entstehung eines Stammes ein, und dabei bekommt seine sonst so klare Logik einen Knick, den Lévi-Strauss später maßlos ausnutzt. Denn Reich stellt sich die Urhorde als enge Gruppe vor, die »urkommunistisch und inzestuös« organisiert sei. (Lassen wir diese Begriffe einmal dahingestellt, die ja so nicht stimmen!) Das heißt, alles, was später der Bruder für die Schwester tut, tat er schon in der Urhorde, nur daß er außer ihrem Versorger auch noch ihr Gatte ist, wie es bei sehr kleinen Menschengruppen naheliegt.

Solche getrennten, jagenden Urhorden seien sich dann – laut Reich und Lévi-Strauss – auf der Suche nach Beute feindlich begegnet. Die eine Horde hätte dann die andere überfallen, ihr die Beute abgenommen, die Männer getötet und die Frauen, ihre Schwestern, zur Ehe gezwungen. Je häufiger diese kleinen Katastrophen vorgekommen seien, desto mehr wurden Frauenraub und Tributauferlegung Sitte. Endlich habe die gegenseitige Angst der Urhorden voreinander zu einem Zusammenschluß geführt, wobei zur friedlichen Sanktion wurde, was vorher durch Gewalt erzwungen war: die Einführung der Wechselheirat der Frauen mit Gütertausch und das »Inzest-Tabu«, welches die Wechselheirat sichert.

Reich setzt sich hier in Widerspruch zu allen seinen vorigen Überlegungen über die spätere Entstehung des Patriarchats aus der Hortung von Gütern beim Häuptling. Doch abgesehen davon ist diese Theorie, die Lévi-Strauss so schätzt, auch in sich widersprüchlich. Denn:

Erstens wird von »Schwester« und »Bruder« und »Inzest« geredet, obwohl es in der Urzeit noch keinen genealogischen Verwandtschaftsbegriff gab.

Zweitens wird so getan, als habe es Kampf und Krieg unter der Leitung männlicher Anführer von Anfang der Geschichte an gegeben. Mittlerweile wissen wir, auch aufgrund ethnologischer Fakten (Sigrist), daß das höchst zweifelhaft ist.

Drittens fragt es sich, warum die freibeweglichen Urhorden sogleich aufeinander eindreschen sollten, wenn sie sich in weitem Land begegneten, das ihnen Raum und Nahrung im Überfluß bot. Das hat nur Plausibilität, wenn man ausschließlich vom Mann, dem

Jäger, ausgeht, der unsichere Beute machte. Aber unterdessen hatten die Frauen Nahrung gesammelt, welche den größeren und sicheren Teil des Angebots stellte. Die Urhorden waren deshalb keine Hungergesellschaften, sondern die ersten Überflußgesellschaften.

Viertens setzt häufige Begegnung in Form von Überfällen voraus, daß die Urhorden dicht auf dicht wohnten. Das widerspricht der Tatsache, daß die Erde anfangs unvorstellbar dünn von Menschen besiedelt war. Die Urhorden waren ja die ersten Grüppchen in leerem Land. Sie begegneten sich so selten in der endlosen Weite, daß sie genügend Raum fanden, sich auszuweichen.

Fünftens: Wer begegnete eigentlich wem? In der Konstruktion von Reich und Lévi-Strauss heißt es, vereinzelte Männer hätten andere gemischte Gruppen überfallen. Wie das? Denn die Horden waren so klein, daß sich Frauen und Männer nicht allzu weit voneinander entfernen konnten. So aber kommen keine wochenlang vereinsamten, gezwungen abstinent lebenden Jäger zustande, die fast zwanghaft fremde Weibchen überfallen müßten!

Diese ganze Konstruktion, nicht fern der Freudschen patriarchalen Urhorde, dient dem durchsichtigen Zweck, die erste größere Sozialbildung, den Stamm, aus den männlichen Instinkten abzuleiten. Dabei werden männlich deformierte Triebe, nämlich Kampf und Krieg, geschichtlich spät entstanden, in die Urgeschichte hineinprojiziert. Aber handelt es sich bei diesen tatsächlich um Sozialinstinkte und nicht vielmehr um asoziale Instinkte?

Daß sich dauerhaftes menschliches Zusammenleben in größeren Gebilden zuerst durch Gewalt und dann durch deren Sanktionierung, also durch Krieg und Kontrakt, gebildet haben soll, ist eine sehr komplizierte und gewaltsame Hypothese. Meine Annahme, daß es die Gebärtätigkeit der Frauen und ihre soziale Verknüpfungsgabe war, die ihnen von der Horden- zur Sippenteilung immer bewußter wurde – was sich in den Begriffen »Muttersippe« und »Tochtersippe«, »Mutterstadt« und »Tochterstadt« ausdrückt –, ist dagegen viel einfacher. Aber sie tastet ein männliches Vorurteil an: Sie stellt Frauen als handelnde und denkende Subjekte in die Geschichte!

Robert Briffault sieht die Sache in seinem Werk »The Mothers«[20] anders:

»Ich hatte vor, eine Liste der Formen sozialer Instinkte aufzustellen und ihren Ursprung zu untersuchen. Ich war nicht weit gekommen, als ich zu meiner Überraschung entdeckte, daß die sozialen Charaktere des menschlichen Bewußtseins ausnahmslos alle auf jene Instinkthandlungen zurückzuführen sind, die den weiblichen und nicht den männlichen Funktionen entsprechen. Daß das Bewußtsein von Frauen unter den Bedingungen geschichtlicher patriarchaler Gesellschaften einen derart fundamentalen Einfluß auf die menschliche Entwicklung ausgeübt haben sollte, ist unverständlich. Ich wurde deshalb dahin geführt, die frühe Entwicklung der menschlichen Gesellschaft, ihrer fundamentalen Institutionen und Traditionen, im Licht der Matriarchatstheorie der sozialen Entwicklung zu betrachten.« (Einleitung S. 1; Übersetzung von mir)

Briffault zeichnet durch sein umfangreiches Werk, in dem allein 60 engbedruckte Seiten die Aufzählung jener Stämme und Völker ausmacht, die in allen Kontinenten matrilinear *und* matrilokal organisiert waren, diesen Gedanken nach. Schon daran erkennen wir, wie selektiv und falsch-verallgemeinernd Lévi-Strauss sein Material gebraucht hat. In jenen Gesellschaften zeigt sich ganz klar, daß es die Autorität der Mütter ist, welche den weiblichen Clan zusammenhält und die Söhne zur Wechselheirat nach außen bewegt. Die Mütter sind die Basis und die handelnden Subjekte der Gesellschaftsordnung von der Urzeit an, durch welche verschiedenen wirtschaftlichen und sozial differenzierenden Stufen sich diese Ordnungen auch entwickelt haben. Das stellt Briffault unmißverständlich fest und weist es durch die reiche Fülle seines Materials aus der Ethnologie nach. Bertha Eckstein-Diener nennt Briffault deshalb zu Recht den »Kopernikus der Exogamie, indem er den Schwerpunkt des Geschehens prinzipiell verlagert hat«.[21] Denn er habe die Exogamie, die Heirat aus der Sippe heraus, die zur Wechselheirat zwischen zwei Sippen führt, »endgültig vom Vorurteil der Paternität befreit«. Bisher sollte das Exogamiegebot vom Mann ausgehen – und wie selbstverständlich wurde das angenommen, weil der Mann nun einmal Subjekt der Geschichte zu sein hat –, auch wenn zur Erklärung ebenso kühne wie unhaltbare Konstruktionen herhalten mußten. Briffault aber zeigt an der Fülle seines Stoffes, daß das Exogamiegebot die Grundlage der Muttersippe und der matriarchalen Gesellschaftsordnung ist, und nun fügen sich bockige, verdrehte und konfuse Phänomene, welche die anderen Forscher nicht erklären können, wie von selbst. Das ist der geistige Zusammenhang seines Werkes, das nicht nur riesiges Material, sondern auch die konsequente Bewältigung desselben bietet. Bertha Eckstein-Diener bemerkt dazu bissig:

»Alle Theorien gingen bei der Betrachtung der Exogamie vom männlichen Sexualinstinkt aus. . . . Besonders patriarchal verrannt nimmt sich hier der manische Vaterkomplex der Psychoanalytiker aus. Für diese gibt es Mütter nur als Sexualobjekt. Daß so ein Objekt schließlich auch ein Subjekt sein könnte, das dreinzureden hat, wird tiefnaiv vergessen. Briffault beweist Exogamie aus dem tiefsten Wesen der Muttersippe heraus, als ihre Wirbelsäule, ohne die sie sich nicht aufrecht hätte halten können. . . . So hat sie sich aber . . . als zähestes, soziales Gebilde gehalten, denn sie existiert (vereinzelt) heute noch.« (S. 284)

Briffaults Werk wurde ebensowenig als Revolution ernst genommen wie schon Bachofens Werk. Denn es ist eben nicht »tiefnaiv«, daß die Herrenwelt die Subjekthaftigkeit der Frau vergißt. Es ist ideologische Absicht. Und dasselbe Schicksal der Verdrängung erleiden die Werke von Forschern, die dieser Ideologie vom Mann als ewig erstem Geschlecht widersprechen. Denn wie ist es sonst möglich, daß Reich in den dreißiger Jahren und Lévi-Strauss in den sechziger Jahren dieses Jahrhunderts noch ihrer patriarchalen Urgeschichts-Konstruktion anhängen können, nachdem Briffault sein Werk bereits 1927 veröffentlicht hat? Doch wie schon bei Bachofen werden wir uns auch dieses Werkes, das Briffault allein und so gut wie ohne Hilfe geschaffen hat, forschend, vergleichend, kritisch prüfend annehmen.

Zusammenfassung der Thesen:
- Matriarchate entstanden als Hackbaukulturen in Hinterindien und breiteten sich auf dem Wasserwege als Hack- und Ackerbaukulturen über die ganze Erde aus (Schmidt).
- Bis in die jüngste Vergangenheit lassen sich matriarchale Gesellschaften bei Völkern in allen Kontinenten finden (Briffault).
- Die Mütter sind Basis und handelnde Subjekte der Gesellschaftsordnung von der Urzeit an bis zum Patriarchat (Briffault), entgegen der These vom ewigen Patriarchat und »Frauentausch« seit der Urhorde (Freud, Reich, Lévi-Strauss und andere).

Jungfrau, die Genauigkeit, der klare Verstand

6. Der kulturhistorisch-religionswissenschaftliche Zweig

6.1. Das magische »ritual pattern«, Grundmuster der Kulte und Religionen: James George Frazer

Frazer liest wie Bachofen Mythologie als Bilderschrift über historische und sozialpolitische Vorgänge. Doch anders als dieser braucht er dazu reiches Material aus der Ethnographie und Ethnologie seiner Zeit. In diesem Bund mit der Empirie wird Mythologie für ihn zu einer üppigen Erkenntnisquelle über archaische Denkweisen. Diese kombinierte Methode ist die einzige Möglichkeit, die historisierenden Kulturphantasien einerseits und die geschichtslose Enge der Ethnologie andererseits zu überwinden, und Frazer führt sie exemplarisch vor. Seit ihm hat sich diese doppelte Orientierung in

der Religionswissenschaft durchgehalten und die rein ideenge-
schichtliche Betrachtung überwunden.

So genial wie Bachofen zum erstenmal das Bild einer mutterrechtlich geprägten Gesellschaft erforschte, fand Frazer ein uraltes, reli-
giös-rituelles Grundmuster, das »ritual pattern«, heraus. In seinem
Buch »Der goldene Zweig«,[22] das unter seinen Zeitgenossen außerordentliche Wirkung hatte und um dessentwillen sich Freud, Malinowski und Ranke-Graves als Schüler Frazers bezeichneten, beschreibt er dieses »ritual pattern«. Ausgehend von Diana und dem
ihr zugeordneten König des Waldes von Nemi (Italien), beschreibt
er in einem nach und nach sich entfaltenden weltweiten Gang das
Grundmuster von der kosmischen Göttin und dem ihr zugeordneten sterblichen König. Sein Wissen reicht von Europa über Ägypten, Vorderasien bis nach Ostindien, er bezieht Afrika ein und
Amerika. In unendlicher Belesenheit hat er sämtliche ethnologischen und kulturhistorischen Berichte, die zu seiner Zeit habhaft
waren, ausgewertet. Daraus entwirft er das weltweite Muster von
der Göttin und dem ihr zugeordneten Heiligen König, Priesterkönig, Magier oder Schamanen, der von der menschlichen Seite her
den zyklischen Ablauf der Natur im Werden und Wachsen, im
Welken und Vergehen an sich erfährt. Sein Schicksal spielt sich ab
im Kreislauf von Initiation, Heiliger Hochzeit bis zu seinem Opfertod, worauf ein nach ihm geborener oder gewählter Nachfolger
als seine Reinkarnation der neue Heilige König wird. Frazer untersucht in vielen Einzelheiten, wie das Leben dieses exponierten
Menschen parallel zu den Naturvorgängen gesehen wird. Von ihm
wird verlangt, daß er in Übereinstimmung mit den Naturvorgängen lebt und stirbt. Frazer findet heraus, daß die Parallelität so weit
geht, daß im magischen Weltbild dieser Völker der Heilige König
verantwortlich gemacht wird für die Harmonie in der Natur, die er
durch sein rituelles Leben und Sterben erhalten soll. Er ist verantwortlich für das Wachstum der Pflanzen und Tiere und Menschen
auf der Erde, für die förderlichen Erscheinungen der Natur wie das
richtige Wetter zur richtigen Jahreszeit. Es gibt Tabus und Zauber-
rituale zu diesen Aufgaben, die Frazer aus allen Kontinenten beschreibt. Entsprechend hart ist die Bestrafung des Königs, wenn
durch ein Unwetter erwiesen ist, daß seine zauberische Magie ver-
sagt hat. Es drohen Prügel, Absetzung oder der sofortige Tod.
Auch in einem gelungenen Königsleben von einem oder mehreren
Jahren oder einem Zyklus von Jahren ist ihm am Ende der rituelle
Tod sicher, der seine rituelle Wiedergeburt vorbereitet.

Das »ritual pattern« umfaßt die drei Höhepunkte in seinem Leben:
seine Initiation als Magier oder Priesterkönig, seine Heilige Hochzeit mit der Göttin, stellvertretend gefeiert für alle kosmische Har-

monie, und sein Opfertod, der vielfältige Formen hat, womit er sich dem Schicksal aller Wesen in der Natur unterwirft in der Hoffnung auf Wiedergeburt. Mit diesem »ritual pattern« deckt Frazer das am weitesten verbreitete und älteste religiöse Grundmuster bei Völkern auf allen Kontinenten auf. Aus diesem archaischen Muster sind sämtliche späteren Religionen hervorgegangen – diese Grundidee skizziert Frazer unter Einschluß des Opfertodes im Christentum. Er nimmt dabei keine Stellung für oder gegen irgendeine dieser religiösen Äußerungsformen, sondern beschreibt empirischneutral die außerordentliche Verbreitung dieses »ritual pattern« als einer magisch-religiösen Grundtatsache der Menschheit. Damit ist er einer der ersten, die ein wissenschaftliches Modell der Religion und kein theologisch-wertendes geben. Diese historisch-kritische Methode gegenüber der Religion hat unter Religionswissenschaftlern und Ethnologen nach ihm Schule gemacht, zu Recht, weil damit zum erstenmal der Blick frei wurde auf Religion als Gegenstandsbereich von Studien, ohne sofort zum Legitimationszwang für irgendeine Religion übergehen zu müssen, wie es in der Theologie üblich ist.

Allerdings krankt Frazers Modell an einer ungeheuren Einseitigkeit. Denn obwohl er an mehreren Stellen andeutet, daß dieses »ritual pattern« eine zweiseitige Angelegenheit zwischen Göttin und Heiligem König ist, ist sein umfangreiches Werk von Anfang bis Ende ausschließlich mit dem Muster auf männlicher Seite beschäftigt. Das Muster auf weiblicher Seite kommt bei ihm so gut wie nicht in den Blick. Göttinnen führen in seinem Bewußtsein und in seinem Buch ein ebensolches Schattendasein, wie sie es durch die Jahrtausende patriarchaler Kulturgeschichte führen. Darum entwickelt Frazer – ohne es zu merken – nur das halbe »ritual pattern«. Dieses aber, da es nur die männliche sterbliche Seite einbezieht, ist letztlich nicht zu verstehen ohne die Einwirkung der weiblichen Seite, welche die unsterbliche kosmische Seite repräsentiert.

Dahinter steht wieder das verkürzte Geschichtsbewußtsein, das naiv voraussetzt, daß die menschliche Gesellschaft seit Anfang der Geschichte patriarchal gewesen sei. Bei dieser Betrachtensweise muß natürlich Leben und Sterben des Königs ungeheuer im Mittelpunkt stehen, während die Funktion der Göttin auf den ewig schweigenden, unsichtbaren Mutterschoß reduziert wird. So wird trotz Frazers genialem Rückbezug von magisch-religiösen Mustern auf die dahinterstehende Gesellschaftsform diese selbst von vornherein einseitig interpretiert. Er unterscheidet keine verschiedenen Typen von Gesellschaftsformen, und so bleibt sein »ritual pattern« noch immer eine eher patriarchale Angelegenheit. Erst späteren

Forscherinnen und Forschern ist es gelungen, dieses Muster durch die volle Darstellung auch der Göttinseite zu einem »ritual matterm« zu machen und es auf eine andere gesellschaftliche Matrix zu beziehen, nämlich die matriarchale Kulturepoche.[23]

Ebenso patriarchal verkürzt ist Frazers Begriff von Magie. Magie ist bei ihm eine rohe praktische Philosophie, welche die Natur mit den falschen Mitteln zu beherrschen versucht. Auf sie folgte als irrtümliches Zwischenspiel die Religion, welche die Natur unter Einschaltung von übernatürlichen Wesen zu beherrschen versucht. Magie sei nichts anderes als Manipulation, Religion nichts anderes als Aberglaube. Dann aber folgte als dritte und höchste Stufe die Befreiung durch die neuzeitliche Wissenschaft, welche die Natur mit den richtigen Mitteln, nämlich kausal-analytisch, zu beherrschen versucht und auch beherrscht. Wir sehen, der gesamte Gedankengang kreist um die äußerst einseitige männliche Idee, wie der Mensch wohl die Natur beherrschen und sich unterwerfen könne.

Zugleich führt er zur typischen Arroganz des weißen Mannes gegenüber Naturvölkern mit magischem Weltbild und gegenüber alten Kulturvölkern mit religiösem Weltbild wie zum Beispiel den Völkern Asiens. Im Zuge seines Kolonialismus hat der weiße Mann sich dann von seiner »höchsten Stufe« auf der Leiter der Stufentheorien aus erlaubt, die ersteren auszurotten und die letzteren zu unterdrücken.

Bei Frazer reduziert sich mit dieser verzerrenden Brille das Bild des Heiligen Königs, Magiers oder Schamanen auf das eines willentlichen Betrügers. Er weiß längst, daß seine magischen Mittel nicht wirken, aber er gaukelt die Wirksamkeit seinem Volk vor, um seine Machtposition zu behalten. Das macht ihn zu einem schlauen, kühlen Kopf, zum Prototypen für Anführer und Eroberer. Und auf dem Fuße folgt bei Frazer die Verherrlichung von Eroberung und Imperialismus durch eben diese fähigsten und betrügerischen Männerköpfe. Da hätten wir denn alles beisammen!

Frazer kommt es nicht in den Sinn, daß sein Magicbegriff seit drei Jahrtausenden tendenziös verzerrt ist und schon am Anfang des Patriarchats gebraucht wurde, um nicht-patriarchale Kulturen zu denunzieren. Statt dessen stellt sich durch neue Forschung immer mehr heraus, daß Medizinmänner und Schamanen, Magier und Heilige Könige durchaus Kenntnis von Regelmäßigkeiten der Natur haben, die sie beobachten und durch rituelle Handlungen in Bezug zu den Menschen setzen. So wenden Schamanen und Heiler medizinische Kenntnisse an, die wir heute als »Naturheilverfahren« bezeichnen würden. Und öffentliche Magier oder Könige oder Häuptlinge besaßen vermutlich ökologische Kenntnisse, die sie durch Rituale wie z. B. das »Regenmachen« in die wirtschaftlichen Verhältnisse ihrer Völker einbezogen. Diese Kenntnisse beruhen auf praktischer, generationenlanger Beobachtung und nicht auf abstrakten wissenschaftlichen Gesetzen, sie waren deshalb aber nicht weniger wirkungsvoll. Sie blieben naturnah und menschenbezogen, was wir von der heutigen modernen Wissenschaft nicht mehr sagen können. Daher sind wir nicht in der Lage, Frazers uneingeschränkte Wissenschaftsgläubigkeit zu teilen.

Ferner weisen moderne Ethnologen darauf hin, daß neben dem medizinischen Wissen der Schamanen die symbolisch-rituelle Handlung durchaus einen Einfluß auf Heilungsvorgänge bei kranken Menschen hat.[24] Schamanen begleiten ihre Kranken gleichzeitig durch seelische Bereiche, die mit der Krankheit zu tun haben können. Nicht selten sind sie damit erfolgreich, weil sie den Menschen als eine leiblich-seelische Ganzheit auffassen.

Ähnlich nehmen öffentliche Magier ihre Aufgabe wahr: Das menschliche Gefüge ist in diesem Fall der soziale Zusammenhalt des Stammes, dem die symbolischen Handlungen gelten, während die damit verknüpften ökologischen Beobachtungen oder Handlungen der Natur gelten. Dahinter steht das uns meist abhanden gekommene Wissen, daß die Menschen in ihrem sozialen Gefüge nicht abgetrennt leben vom Gefüge der Natur, sondern darin eingebettet sind und ihr soziales Gefüge auf die Dauer nur *mit* der Natur aufrechterhalten können. Ein glänzendes Beispiel dafür sind die matriarchalen Hopi-Indianer Nordamerikas, die mehrere Jahrtausende in ihren kargen Wüsten überleben konnten, ohne ihre Region zu zerstören. Dies ist eine Tatsache, die man dem Ausbeutungscharakter der weißen patriarchalen Zivilisation nicht nachsagen kann. Die Haltung der Hopi-Indianer und anderer Völker gleicher Art geht zurück auf ein magisches Weltbild, das ungeheuer »zurückgeblieben« sein muß, wenn sie so lange damit überleben konnten. Der weiße Mann hingegen mit seiner modernen Wissenschaft bedroht heute nicht nur diese Völker mit dem Genozid, sondern die ganze Erde mit der Lebensvernichtung.[25]

6.2. Schamanismus und das magische Weltbild: Mircea Eliade

Mircea Eliade hat das Verständnis des magischen Weltbildes und des Phänomens des Schamanismus in seinem Buch »Schamanismus und archaische Ekstasetechnik«[26] um ein großes Stück weitergebracht. Seit Freud in seinem Werk »Totem und Tabu« Frazers Forschung und Ideologie für seine Zwecke plünderte, gibt es die naive Auffassung von der Parallelität zwischen Magie und Neurose. Der Psychologe Karl Kerény folgert kühn daraus, daß archaische Völker, die in ihrem kultischen Spiel magische Handlungen erleben, sich in einem zusammenhängenden kollektiv-neurotischen Weltbild befänden. Schlicht und einfach ist bei ihm Magie ein neurotischer Sprößling des Mythos. Und der Schamane, der Heiler, der Magier ist ein öffentlicher Neurotiker par excellence – so platt wird das Phänomen des Schamanismus erklärt. Der Grund läge darin, daß Völker, die in extreme Lebenszonen wie den hohen Norden abgedrängt würden, Schäden an ihrem Nervensystem erlitten, die zu der Kollektivneurose geführt hätten, die der Schamane ausdrücke.[27]

Archaische Völker sind also Neurotiker – das ist eine andere Version davon, daß sie »Wilde« oder »Primitive« seien. Denn Kerény scheut sich nicht, einen »neurotischen Zustand« in einer »Frühstufe der ganzen Menschheit zu sehen«. Kriterium dafür: die Zurückgebliebenheit selbst! Hier erlauben wir uns, am Verstand des Psychologen selbst zu zweifeln.

Eliade räumt mit dieser ebenso verbreiteten wie oberflächlichen Ansicht auf, indem er ein beträchtlich anderes und differenziertes Bild vom Magier oder Schamanen entwirft. Auch das Bild vom raffinierten Betrüger weist er zurück. Er begrenzt sich in seiner Untersuchung auf den Schamanen oder Heiler, der nicht öffentliche Rituale für den ganzen Stamm ausübt, sondern sich individuellen Heilungen widmet. Der Schamane ist Heiler von Einzelpersonen, aber die Mythen und Mittel, die er dazu braucht, gleichen denen des öffentlichen Magiers oder Heiligen Königs. Eliades Untersuchungsfeld schließt Zentral- und Nordasien, Nord- und Südamerika, Südostasien und Ozeanien, Tibet, China und die Indogermanen ein. Aus seiner großen Fülle ethnologischen Materials weist er nach, daß der Schamanismus ein weltweites Phänomen ist.

Aus seinen Forschungen geht hervor, daß der Schamane kein Pathologe, kein Hysteriker, Neurotiker oder Epileptiker ist, sondern im Gegenteil eine Person von übernormaler Nervenkonstitution und Konzentrationsfähigkeit. Die Intensität seiner Konzentration bleibt dem profanen Menschen unerreichbar. Der Schamane trotzt erschöpfenden Anstrengungen, tanzt stundenlang in Ekstase und ist in der Lage, seine Bewegungen noch in der Esktase zu beobachten.

»(Nach anderen Untersuchungen) zeigt der sibirische Schamane lebhafte Intelligenz, einen Körper von vollendeter Geschmeidigkeit und eine Energie, die keine Grenzen kennt. Bei seinen Vorbereitungen auf die künftige Arbeit bemüht sich der Neophyt, seinen Körper zu kräftigen und seine geistigen Eigenschaften zu vervollkommnen. Für die Jakuten muß der vollkommene Schamane ernst sein, Takt haben, seine Umgebung zu überzeugen wissen, vor allem darf er sich nicht anmaßend, stolz und aufbrausend zeigen. Man muß in ihm eine innere Kraft spüren, die nicht erschreckt, gleichwohl sich ihrer Macht bewußt ist. Man hat Mühe, in einem solchen Porträt den Neurotiker zu erkennen, den man sich nach anderen Beschreibungen vorgestellt hat . . .« (S. 39).

Und an anderer Stelle sagt Eliade:

»Die Schamanen halten ihren ekstatischen Tanz in einer Jurte voll Menschen, auf genau begrenztem Raum und in Kostümen mit mehr als 15 kg Eisen in Scheiben und anderer Form, und doch wird nie jemand getroffen. (Sie) werfen sich in der Trance nach allen Seiten, die Augen geschlossen, und finden doch alles, was sie brauchen. Diese erstaunliche Beherrschung selbst der ekstatischen Bewegungen verrät eine bewundernswerte Nervenkonstitution. Ganz allgemein zeigt der sibirische und nordasiatische Schamane keinerlei Zeichen geistiger Zerrüttung. Gedächtnis und Selbstbeherrschung liegen klar über dem Durchschnitt.« (S. 39)

Die Initiation eines Schamanen besteht nicht nur aus einem Ekstaseerlebnis, sondern ebenso aus theoretischer und praktischer Lehre, die für einen Neurotiker viel zu schwierig wäre. Schamanen sind bei vielen Völkern die Bewahrer der mündlichen Überlieferungen von Mythologie und Heldendichtung. Sie sind Sänger, Dichter, Musiker, Wahrsager, Priester und Ärzte in einem. So kommt Eliade aus der Fülle seines Materials zu dem Schluß, daß Schamanen andere gerade deswegen heilen können, weil sie durch das eigene Erlebnis den Mechanismus der Krankheit durchschauen. Der Schamane ist der außergewöhnlich begabte Mensch, der seine Gefährdung in Krankheitszuständen erlebt, sie aber durch Selbstanalyse und Selbstheilung überwindet und dadurch instandgesetzt wird, die Krankheiten anderer Menschen zu heilen. Das ist ein ganz anderes Bild, als Frazer und Freud es entwerfen: nicht das des Betrügers oder epileptischen Neurotikers, sondern das des Arztes, der auf geistig-seelischer und körperlicher Ebene zugleich heilen kann und obendrein wirksam in das Leben seines Stammes eingreift.

Eliade gibt ebenfalls eine gute Definition zur Kosmologie des magischen Weltbildes, in dem der Schamane sich bewegt:

»Die schamanische Technik par excellence besteht im Übergang von einer kosmischen Region zur anderen: von der Erde zum Himmel oder von der Erde zur Unterwelt. Der Schamane kennt das Geheimnis des Durchbrechens der Ebenen. Dieser Verkehr zwischen den kosmischen Zonen ist durch die Struktur des Universums möglich gemacht. Dieses wird . . . im Großen aus drei Stockwerken – Himmel, Erde und Unterwelt – bestehend gedacht, die untereinander durch eine Mittelachse verbunden sind.« (S. 249)

Die Schamanenreise besteht im wesentlichen darin, durch einen mystischen Tod hindurch in die Unterwelt zu fahren und von der Unterwelt in die Himmelsregion hinaufzusteigen. Dabei sucht er die Seele des Kranken, verfolgt und besiegt die Dämonen der Krankheit und führt durch diese magisch-mystische Reise die Heilung herbei. Die Wirkung auf den Kranken besteht darin, daß der

Schamane eine Situation affektiver Natur ausspricht, in mythischen Bildern gedanklich faßbar macht und Schmerzen, die der Körper sich weigert auszuhalten, für den Geist annehmbar macht. Während der Schamane seine Trancereise in die Jenseitszonen sprechend begleitet, handelt der Kranke innerlich. Psychosomatische Störungen werden durch die Symbolsprache und die symbolische Handlung erfaßt und aufgelöst. Das ist durch die Gleichzeitigkeit von Mythos und symbolischer Handlung auf seiten des Schamanen sowie innerer Handlung auf seiten des Kranken höchst wirkungsvoll.

Nun ist die Reise durch die drei Zonen der Welt keine überraschend neue und schon gar nicht rein schamanistische Sache. Wir kennen sie aus dem »ritual pattern« aller Völker der Erde, wie Frazer es bereits erarbeitet hat. Matriarchal verstanden entspricht es als »ritual mattern« der kosmischen Geschichte zwischen Göttin und Heros. In diesem Grundmuster aller Mythologien repräsentiert die Göttin in ihrer dreifachen Gestalt selber die drei Regionen der Welt, deren Herrin sie ist. Sie ist Göttin des Himmels, der Erde und der Unterwelt. Der Heros als ihr menschlicher Gegenpart erlebt im zeitlichen Ablauf eines Jahres oder seines menschlichen Schicksals die Reise durch alle drei Zonen: Aus dem Himmel wird er auf die Erde hinuntergesandt und dort initiiert, erfüllt sein irdisches Schicksal durch die Heilige Hochzeit hindurch bis zum Tod, der ihn auf die Reise in die Unterwelt sendet, bis er seine Wiedergeburt im Himmel erlebt. Nun beginnt der Kreislauf von Initiation, Hochzeit, Tod und Wiedergeburt wieder von vorn. Im »ritual mattern« aller archaischen Völker wurde dieses Grundmuster der Mythologie in dramatischen Kultfesten im Jahreszeitenzyklus erlebt und gefeiert.[28]

Eliade bezeichnet die schamanische Technik als diese nachempfundene Reise durch die drei Zonen der Welt. Wir sehen darin die Anwendung des »ritual mattern« in späterer, bereits verstümmelter und patriarchalisierter Form. Denn selbstherrlich hat sich der Mann als Schamane nun zum Handelnden dieser Reise gemacht, die er vorher erleidend und erfahrend als ekstatische Reise aus der Hand der Göttin empfing. Sie gebar ihn und führte ihn durch die drei Zonen der Welt, um ihn wiederzugebären. Im schamanischen Weltbild ist dagegen die Göttlichkeit des Kosmos und damit die Gestalt der dreifaltigen Göttin verschwunden. Übrig bleibt nur noch der Schamane als Held im Mittelpunkt, der all diese mystischen Stadien aus eigener Kraft vollziehen kann, ein wundersam eigenmächtiger Kämpfer gegen die Krankheit in allen drei Zonen. Er erscheint wie ein vom Göttinnenhintergrund losgelöster patriarchalisierter Heros. Und was in matriarchalen Kulturen Mysterienfest für die ganze Bevölkerung war, ist nun zu der individuellen Situation der schamanischen Sitzung verkürzt. Die gesamte Tradition der Mythologie wird bewegt, um eine einzelne Krankheit zu heilen, aber nicht mehr, um Himmel, Erde und Unterwelt, also das ganze Universum, durch die öffentliche Mitwirkung der Menschen im Gleichgewicht zu halten. Darin haben wir im Schamanismus unzweideutige Degenerationserscheinungen eines ehemals in der Tat weltweiten Phänomens vor uns, nämlich des matriarchalen Kultspieles. Daher ist der Schamanismus, wie ihn Eliade sehr genau beschreibt, ein späteres, patriarchalisiertes und parasitäres Phänomen, das auf einer früheren weltweiten Kulturstufe aufbaut, deren geistiger Raum nicht mehr verstanden, sondern verkürzt und verzerrt benutzt wird.

Eliade erkennt das nicht. Denn so einseitig patriarchal, wie der Schamanismus unterdessen geworden ist, so einseitig behandelt ihn Eliade auch. Wir haben es sowohl beim Forschungsgegenstand wie beim Forscher wieder mit der typisch männlichen Einäugigkeit zu tun. Aber es gibt ein verräterisches Zitat:

»Seit der frühesten Vorgeschichte haben die südlichen Kulturen und später der antike Nahe Orient alle Kulturen Zentralasiens und Sibiriens beeinflußt. Die Steinzeit der Polargegenden ist von der Vorgeschichte Europas und des Nahen Orients abhängig. Die vor- und frühgeschichtlichen Zivilisationen Nordrußlands und Nordasiens sind stark von den altorientalischen Zivilisationen beeinflußt. Auf ethnologischer Ebene sind alle Nomadenkulturen der Gegend als Tributäre der Ackerbau- und Stadtzivilisationen anzusprechen. . . . Die Bedeutung indoiranischer und mesopotamischer Einflüsse auf die Bildung der zentralasiatischen und sibirischen Mythologien haben wir vorher schon gesehen.« (S. 462)

Eliade sagt hier zweierlei: Der Schamanismus Zentralasiens ist seit der Steinzeit abhängig von den Kulturen des Alten Orients, den Ackerbauern in Mesopotamien, Indien und anderen südlichen Zonen. Diese aber waren matriarchal. Und ferner sagt er sogar, daß die innerasiatischen Nomadenkulturen von den alten Ackerbaukulturen empfangen haben. Also waren auch die innerasiatischen Nomaden nicht uralt-patriarchal, wie uns dauernd weisgemacht wird, sondern kulturell trotz ihrer anderen Lebensform ebenfalls von den matriarchalen Ackerbau- und Stadtkulturen des Südens geprägt. Deutlicher kann es nicht gesagt werden, obwohl Eliade nicht bemerkt, was er damit sagt. Da er von der matriarchalen Kulturepoche keine Kenntnis besitzt und sich auch nicht darum bemüht, kann er diese Zusammenhänge nicht sehen. Statt dessen konstruiert er sich die widersprüchliche Annahme, daß der Schamanismus uralten Jagdzauber enthalte, da der Schamane sich auch in Tiere verwandeln kann – obwohl der Jagdzauber mittlerweile als »fauler Zauber« in der Forschung bestritten wird –, und daß er andererseits abhängig sein soll in seinen mythologischen Äußerungen von den altorientalischen Ackerbauern. Zwischen der einen oder anderen Annahme für den Ursprung des Schamanismus klaffen Jahrzehntausende menschlicher Kulturentwicklung!

6.3. Das »ritual mattern«, Grundmuster der Göttin und ihres Heros: Robert von Ranke-Graves

Der Mythenforscher Robert von Ranke-Graves ist eine so seltene Persönlichkeit wie die Philosophen John Stuart Mill und Theodor von Hebbel. Er gehört zu den wenigen Männern in der patriarchalen Geschichte, die ohne Vorurteile und Verzerrungen, ohne angeknackstes Selbstwertgefühl die Sache der Frau und ihrer Kultur vertreten haben. Mill ist in Zusammenarbeit mit Harriet und Helen Taylor in England für die Gleichberechtigung und das Wahlrecht für Frauen eingetreten, Theodor von Hebbel tat in Deutschland dasselbe. Beide vertraten eine wahrhaft politisch-feministische Perspektive, und für Ranke-Graves gilt dasselbe in bezug auf eine kulturgeschichtlich-feministische Perspektive.

Als Schüler Frazers und beeindruckt vom Werk Bachofens machte er sich völlig frei von Bachofens noch vorurteilshafter und Frazers ignoranter Haltung gegenüber der von Frauen geschaffenen Gesellschaftsform, dem Matriarchat. Er erarbeitete anhand seines wichtigsten Sachbuches »Griechische Mythologie«[29] mit großer Detailkenntnis und genialer Intuition die Grundzüge der matriarchalen Kulturepoche für den gesamten Mittelmeerraum und den Vorderen Orient. Er ersparte sich dabei den unbegründeten Schlenker, das endlich eingetretene Patriarchat für höher und besser zu halten, nur weil es zeitlich später ist, und verband statt dessen seine Forschung mit leidenschaftlicher Patriarchatskritik.

Darin ist er ein Außenseiter. Und wie einen Außenseiter haben ihn seine patriarchal angepaßten Wissenschaftskollegen behandelt. Sie versuchten, sein Werk ebenso totzuschweigen und Ranke-Graves zum bloßen Dichter abzustempeln, wie sie es schon hundert Jahre vorher mit dem Werk Bachofens getan hatten. Doch so sehr man auch versuchte, die Werke dieser beiden Gelehrten zu verdrängen, ist dennoch seit Bachofens Werk die Diskussion zum Thema Matriarchat nicht abgerissen, und Ranke-Graves Arbeiten haben der anglo-amerikanischen Frauenbewegung und mir selber, noch bevor es in Deutschland eine Neue Frauenbewegung gab, entscheidende Anstöße gegeben.

Ranke-Graves liest wie Bachofen Mythologie nicht als phantastische Geschichten, sondern als kulturhistorische und sozialpolitische Berichte aus einer Zeit, die sozialhistorische Geschichtsschreibung noch nicht kannte. Allerdings hat er gegenüber Bachofen den Vorsprung von inzwischen in hundert Jahren entwickelter archäologischer und anthropologischer Forschung, die er mit großer Sachkenntnis einbezieht.

»Es ist ein Unglück, daß das Wort ›mythisch‹ heute nur noch soviel heißt wie fantastisch, absurd, unhistorisch, denn Phantasie spielte eine geringe Rolle in der Entwicklung der griechischen, lateinischen, palästinensischen und keltischen Mythen, bis die normannischen und französischen Troubadours sie zu unverantwortlichen Ritterromanzen verarbeiteten. Sie alle waren ernste Berichte über alte religiöse Bräuche und Ereignisse, und sie sind als Geschichte recht zuverlässig, sobald man nur ihre Sprache versteht und Transkriptionsfehler, Mißverständnisse der alten Riten und willkürliche, aus moralischen oder politischen Gründen eingefügte Änderungen berücksichtigt.« (»Die weiße Göttin«, S. 14)

Ranke-Graves unterscheidet deswegen sehr genau zwischen falschen und echten Mythen, wobei echte Mythen die erzählerische Kurzschrift kultischer Spiele sind, die bei den öffentlichen Festen aufgeführt wurden. Zweitens liest er Mythen nicht als geschlossene Geschichten, sondern er schlüsselt anhand der Varianten einer Mythe die verschiedenen zeitlichen Stufen auf, die in sie eingeflossen sind. Diese bezieht er drittens auf den kulturpolitischen Hintergrund – soweit er sich archäologisch und anthropologisch auffinden läßt – zurück und kann auf diese Weise geschichtliche Phasen mit Schichten in der Mythologie in Zusammenhang bringen. Das ist eine äußerst differenzierte und effektive Methode zur Entschlüsselung archaischer Weltbilder, die von Ranke-Graves glänzend angewendet wird.

Er kann auf diese Weise jene dramatische Umwälzung im Mittelmeerraum, im Vorderen Orient und bis hinein nach Mittel- und Westeuropa anschaulich und begreifbar machen, in welcher die matriarchale durch die patriarchale Gesellschaftsform zerstört und abgelöst wurde. Dabei ist der Titel seines Werkes »Griechische Mythologie« sehr bescheiden und eher verdeckend, denn er zeigt diese Umwälzung nicht nur anhand griechischer Mythen, sondern auch anhand ägyptischer, palästinensischer, kretischer und keltischer Mythologie auf. Und er betreibt offen Matriarchatsforschung – doch vielleicht hatte sein Buch wegen des bescheidenen Titels das Glück, so weit verbreitet zu werden.

»Mein Studium der griechischen Mythologie sollte mit dem Kennenlernen *des matriarchalen Systems,* das in Europa vor dem Erscheinen der patriarchalen Eroberer aus Osten und Norden herrschte, beginnen. Man kann die schrittweise Verdrängung dieses Systems durch eine matrilineare, dann durch eine patrilineare, sakrale Monarchie und schließlich durch ein vollkommen patriarchales System verfolgen.« (S. 12; Hervorhebungen von mir)

Dann formuliert er ebenso klar seine These:

»Ich habe die folgende historische These im Einklang mit der modernen archäologischen und anthropologischen Forschung aufgestellt. Das vorgeschichtliche Europa kannte keine männlichen Götter. Die große Göttin allein wurde als unsterblich, unveränderlich und allmächtig betrachtet. Der Begriff Vaterschaft war noch nicht in die religiöse Gedankenwelt aufgenommen worden. Die große Göttin hatte zwar Liebhaber, aber nur zu ihrem Vergnügen, nicht um ihren Kindern einen Vater zu geben. Nicht nur der Mond, sondern auch die Sonne waren himmlische Symbole der Göttin. Doch im frühen griechischen Mythos gab die Sonne dem Monde den Vorrang. . . .
Zunehmender Mond, Vollmond und abnehmender Mond erinnern an die drei Lebensabschnitte der ›Matriarchin‹: Mädchen, reife Frau und Altes Weib. Da der Jahreslauf der Sonne in ähnlicher Weise an den Anstieg und Abfall ihrer Kräfte erinnert – Frühling das Mädchen, Sommer die Frau und Winter das Alte Weib –, wurde die Göttin mit den jahreszeitlich bedingten Veränderungen im Tier- und Pflanzenreich identifiziert. Später konnte sie noch als eine andere Triade erkannt werden: das Mädchen der oberen Luft, die Frau der Erde und des Meeres und das Alte Weib der Unterwelt. . . . Diese mystischen Analogien führten zur Heiligkeit der Zahl drei. Die Mondgöttin konnte diese Zahl in sich zur neun potenzieren, da jede der drei Gestalten – Mädchen, Frau und Altes Weib – in Dreiheit erschien, um ihre Göttlichkeit zu zeigen. Ihre Anbeter vergaßen niemals ganz, daß es nicht drei Göttinnen gab, sondern nur eine.« (S. 13)

Das ist das klare Bild der dreifachen Göttin als eines Grundmusters der matriarchalen Mythologie, wie Ranke-Graves in seinen vergleichenden Studien nachweist. Damit hat er die Göttinstruktur gefunden, welche das halbe »ritual pattern« zum vollständigen »ritual mattern« macht. Er fügt die Herosstruktur als das Bild des Heiligen Königs hinzu, der jahreszeitlich durch die Stadien Initiation, Heilige Hochzeit, Tod und Wiedergeburt geht und dabei von der Großen Göttin durch ihre drei Zonen der Welt geführt wird. Bei diesen Kultfesten wurde die Dreifaltige Göttin durch die Stammeskönigin repräsentiert.

»Die Stammesnymphe oder Königin wählte aus ihrem Gefolge junger Männer den Liebhaber für ein Jahr, um ihn dann bei Jahresende zu opfern. Er war eher ein Symbol der Fruchtbarkeit als der Gegenstand ihrer Lust. Die Prinzgemahle hatten nur dann Befehlsgewalt, wenn ihnen die Erlaubnis der Königin zuteil wurde, deren magische Gewänder zu tragen. So begann das heilige Königtum. Und obwohl die Sonne das Symbol der männlichen Fruchtbarkeit wurde – des Königs Leben war ja mit ihrem Lauf durch die Jahreszeiten identifiziert worden –, so blieb sie doch unter der Aufsicht des Mondes, wie auch der König unter der Leitung der Königin blieb.« (S. 14)

Dieses »ritual mattern« zeigt Ranke-Graves an einem großen Reichtum an Material auf. Zugleich kann er die Entwicklung skizzieren, die von der Abschwächung des matriarchalen Systems zur bloßen Matrilinearität führte, bis sich das patrilineare Königtum etablierte hin zur kriegerischen Durchsetzung der totalen männlichen Monarchie, eben des Patriarchats. Diese Ereignisse werden ausgelöst durch die indoeuropäischen Wanderungen, die Griechenland und Europa in mehreren Jahrhunderten überschwemmten. Er schreibt damit nicht einfach eine religionswissenschaftliche oder mythologische Studie, sondern er schreibt politisch-kritische Kulturgeschichte.

Damit werden Frazers Forschungen zum Heiligen Königtum weitergeführt, wobei Ranke-Graves das Bild des Heroskönigs wieder an seinen öffentlichen Platz stellt, den es ja im Gegensatz zum verengenden Schamanismus ursprünglich hatte. Zugleich fügt er im »ritual mattern« beide Seiten des vollständigen Bildes zusammen. Aber die Seite der Frau und Göttin wird nicht, wie meist, nur additiv angehängt, sondern anhand der Mythenanalyse beschreibt er das matriarchale System in seinem notwendigen Zusammenhang, nämlich die Göttin, die Frau als Chiffre für das Bild des gesamten Kosmos und der Mann, der Heilige König oder Heros als Chiffre für den Menschen im Kosmos. Zugleich wird gezeigt, daß die Welt des archaischen Menschen eine vollständig sakrale war, daß es in den Kultdramen um die Balance und Heiligung des ganzen Kosmos ging. Er nennt diese Gesellschaftsform die weibliche Theokratie (besser: Thea-kratie), die durch eine männliche militärische Aristokratie umgestürzt wurde. Die patriarchalen Eroberer absorbierten später große Teile der ihnen überlegenen matriarchalen Kultur, aber nur zu dem Zweck, sie ihrem militärisch-aristokratischen Machtgefüge einzuordnen und gegen die Unterworfenen zu gebrauchen.

Diese Sicht wirft ein neues Licht auf viele ungeklärte Fragen, die sich sonst nicht beantworten lassen. Vor allem, da Ranke-Graves keinerlei allgemeine Begriffe oder patriarchale Ideologie seinen sachlichen Einsichten überstülpt. An vielen Stellen seines Werkes, besonders in »Die weiße Göttin«[30], übt er vehemente Patriarchatskritik.

»Die Funktion von Dichtung ist die religiöse Anrufung der Göttin. Ihr Nutzen liegt im Erlebnis einer Mischung von Exaltation und Schrecken, ausgelöst von ihrer Gegenwart. Aber wie ist es heute?

Funktion und Nutzen sind dieselben geblieben. Nur die Anwendung hat sich geändert. Diese war einst die Warnung an den Menschen, er müsse mit der Familie aller Lebewesen, in die er hineingeboren war, in Harmonie existieren, indem er den Wünschen der Herrin des Hauses (der Göttin) gehorchte. Heute ist es die Erinnerung daran, daß er die Warnung mißachtet, das Haus durch willkürliche Experimente mit Philosophie, Wissenschaft und Industrie in Unordnung gebracht und sich und seine Familie in den Ruin geführt hat.

Heute, das ist eine Zivilisation, in der die ursprünglichen Sinnbilder der Poetik enthert sind. In der Schlange und Adler in den Zirkus gehören, Auerochs, Lachs und Eber in die Konservenfabrik, Rennpferd und Jagdhund in die Wettarena und der heilige Hain in die Sägemühle. In der der

Mond als erloschener Satellit der Erde verachtet und Frauen als staatliches Hilfspersonal eingesetzt werden. In der Geld fast alles kaufen kann, außer der Wahrheit.« (S. 15)

Zusammenfassung der Thesen:

- Matriarchale Mythologie ist das Muster der dreifachen Göttin und ihres Heros-Königs (Ranke-Graves).
- Dieses »ritual mattern« ist weltweit (Frazer, Ranke-Graves).
- Der Schamanismus ist ein späteres, degeneriertes Phänomen des ursprünglichen Göttin-Heros-Musters (meine These im Anschluß an Eliade).
- Magie ist keine Betrügerei und keine Neurose, sondern psychosomatische Heilkunst beim Schamanen oder Vermittlung von Ökologie und Sozialgefüge beim magischen König (Eliade und meine These gegen Frazer).

Waage, die Balance der Zeiten

7. Der archäologische Zweig

7.1. Der Entdecker der minoischen Kultur auf Kreta: Arthur Evans

Seit Heinrich Schliemann Troja, Mykene und Tiryns ausgegraben hat, ist durch die Archäologie bewiesen, daß Mythen oder von Mythen durchzogene Epen wie die »Ilias« keine Hirngespinste sind, sondern einen realen kulturhistorischen Kern haben. Die Schauplätze des homerischen Epos waren in die Wirklichkeit getreten. Um die Jahrhundertwende tat Arthur Evans dasselbe: Er vertraute den Erzählungen der kretischen Mythologie und fand die Paläste des Königs Minos. Seither heißt die altkretische Kultur die Minoische Kultur.

In umfangreichen Büchern hat er über seine Ausgrabungen berichtet.[31] 1901 beschreibt er eine Fülle von Funden religiöser Symbolik mit großer Genauigkeit, aber seine Deutung ist patriarchal verzerrt. So hält er den kretischen Kult heiliger Steine, heiliger Bäume und heiliger Säulen und den Kult der Doppelaxt noch für den einer männlichen Gottheit. Große, bestimmende Frauengestalten auf Siegelringen heißen »Adorantinnen« (Anbeterinnen), während winzige männliche Figürchen, die beziehungslos in der Höhe schweben, »Gott« genannt werden.

»Die weibliche Figur, die hier steht, hebt ihre Hand in der vertrauten Art der Anbetung vor einem obeliskähnlichen Pfeiler, vor dem eine andere kleine Figur herunterkommt, deren männliches Geschlecht eindeutig angezeigt ist. Diese männliche Gottheit – *so wagen wir sie einmal zu nennen* – hält etwas vor sich, das wie ein Speer aussieht. Der Gott ist vollständig nackt und von seinen Schultern schießt etwas auf, das man sicherlich eher als Strahlen denn als Flügel betrachten muß.« (Übersetzung und Hervorhebung von mir)

Wie schnell diese Figur doch zu einem Gott wird, trotz ihrer unbedeutenden Winzigkeit! Dann kann die weibliche Gestalt, welche die ganze Höhe des Siegelringes von Knossos einnimmt und in prächtigem Gewand dargestellt ist, nur noch eine anbetende Frau sein, nichts sonst.

Dreißig Jahre später hat Evans seine Ansicht vollständig revidiert, was für seine wissenschaftliche Redlichkeit spricht. Seine geniale Forschung führt ihn dazu, Kreta nicht mehr von einem winzigen nackten Kriegsgott beherrscht zu sehen, sondern von der Großen Muttergöttin, die uns auf allen Wandbildern, Siegelringen und in vielen Statuetten entgegentritt. Über heilige Pfeiler und Säulen, heilige Steine und Bäume und das religiöse Symbol der Doppelaxt vertritt Evans nun das genaue Gegenteil, was seiner Aufrichtigkeit Ehre macht.

»Die großen Höhlen, wie sie in den kretischen Gebirgen gefunden wurden, stellen mit ihren Stalagmitenpfeilern Kultobjekte dar, genauso wie die Höhlen selbst natürliche Schreine der primitiven Religion waren. Noch in unserer heutigen Zeit werden solche grotesken Steinformationen, die wie Geisterfiguren gegen die umgebende Dunkelheit stehen, allgemein mit Feen und Hexen assoziiert, wie auch in unseren eigenen großbritannischen Inseln. Obendrein weist die Entdeckung der heiligen Doppeläxte in den Spalten der Pfeiler ... ausreichend auf ihre Verbindung mit der großen minoischen Göttin hin. Es gibt allen Grund zu glauben, daß es Rhea war, in ihrer frühen Gestalt als die minoische Muttergöttin, welcher auch der Altartisch in dieser Höhle geweiht war.« (S. 6; Übersetzung von mir)

Hier schafft Evans, in seiner Forschung fortgeschritten, eindeutig Klarheit. Die großen Kulthöhlen Kretas, die heiligen Pfeiler und Säulen und das Symbol der Doppelaxt gehören der Göttin. An anderer Stelle weist er anhand eines Siegelringes nach, daß ihr auch die heiligen Bäume geweiht waren. Ferner identifiziert er als lebendes Bild der Göttin die Schlange, die in Kreta überall in den Häusern verehrt wurde. Auch der Omphalosstein, der Nabelstein, der die Weltmitte bezeichnet und mit Schnüren, Tüchern und Knoten umwunden war, stellt ein Abbild der Göttin Erde dar. Und auch die Stierspringerspiele, von denen ein kretisches Fresko eine wunderbare Illustration ist, wurden zu Ehren der Göttin gefeiert.

»Die Sportart, welche das Stierspringerfresko zeigt, wurde ... zu Ehren der minoischen Göttin gefeiert. Und der mit einem Netz umgebene Omphalosstein muß als ihr sichtbares Emblem betrachtet werden.« (S. 11)

»Die Schlange selbst ist das Emblem der Muttergöttin. ... Dieser Kult der

Hausschlangen, . . . der noch tief verwurzelt ist in primitiven Bräuchen sowohl Griechenlands wie der angrenzenden slavischen und albanischen Länder, ist von grundsätzlicher Bedeutung für die weiterentwickelte Verehrung der minoischen Göttin. Der wesentliche Aspekt der Schlange ist der eines wohltätigen Geistes. Und er repräsentiert, mit der Göttin verknüpft, die Idee der Hausmutter.« (S. 25)

Auch der vorher erwähnte Siegelring von Knossos findet eine andere und angemessenere Deutung:

»Außerhalb der kleinen heiligen Einfriedung mit einer Säule ohne Bildnis steht eine weibliche Person, in welcher wir sehr gut die Göttin selbst erkennen können. Sie zieht vor einem Obelisken unmittelbar vor ihr, als ob sie in ihr Besitztum eintritt, einen kleinen Kriegsgott aus dem Himmel herunter.« (S. 15)

Hier wird die weibliche Gestalt als das erkannt, was sie ist, eine Göttin mit der Macht der Beschwörung. Sie zieht sich eine kleine männliche Figur aus dem Himmel herunter, aber ist diese wirklich ein Kriegsgott? Zahllose wunderbar gearbeitete Siegelringe zeigen immer wieder die großen, prächtigen, weiblichen Gestalten, während die sogenannten Götter stets schmale, nackte Jünglinge sind, welche die weiblichen Gestalten bedienen. Sie biegen ihnen die Zweige üppiger Fruchtbäume herunter, sie reichen ihnen Gefäße zum Trinken, oder sie stehen als zierliche, kindhafte Figuren vor der Göttin mit der Doppelaxt in den Händen, wobei sie der Mittelpunkt ist. Die Göttingestalten sind schön geschmückt, exquisit frisiert und dennoch von großer Anmut und Beweglichkeit in allen Gesten und im Tanz. Nirgendwo sehen wir einen gewaltigen, übermächtigen Gott, der alle anderen Figuren überragt. Daher kommt Evans zu dem Schluß:

»Die allgemeine Schlußfolgerung daraus ist wohl, daß wir einen großen monotheistischen Kult vor uns haben, in welchem die weibliche Form der Gottheit den obersten Platz einnimmt. Das ist in der Tat dieselbe Art von Religion, die noch in viel späterer Zeit durch ganz Anatolien und die angrenzenden syrischen und palästinensischen Zonen verbreitet ist. Die minoische Göttin ist eine Schwester der Astarte und der syrischen Göttin Ma sowie Kybele von Kleinasien, und sie wird von den Griechen mit Rhea identifiziert. Und in diesem Fall wie in den anderen ist diese weibliche Gestalt assoziiert mit einem jungen männlichen Begleiter, sei es nun ihr Sohn oder ihr Geliebter oder ihr Gefährte, so wie er auch von Adonis, Kinyras oder Attis dargestellt wird. Das orgiastische Element, das so charakteristisch ist für diese ostmitteleuropäische Gruppe, ist hier ebenfalls sichtbar. Wir sehen, daß Früchte oder Säfte vom heiligen Baum als Mittel für die spirituelle Obsession gebraucht werden, sie führen zu einem ekstatischen Tanz und manchmal sicherlich zu einer schamanistischen Trance. Wenn wir daher das ganze Feld ähnlicher Gestalten überblicken, so sehen wir im alten Kreta und in der minoischen Welt das reinste und beste Beispiel. Es ist mehr als deutlich, daß die junge männliche Person, die mit der minoischen Göttin verbunden ist, gemäß der Tradition von Rhea und dem sterblichen kreti-

schen Zeus, zur Göttin in der Kindbeziehung steht und in keiner anderen.«
(S. 41)

Kein Wort fällt hier mehr vom »Kriegsgott«, denn der männliche
Partner stellt sich eindeutig als Heros der Göttin heraus. Denn ein
Wesen, das ihr Kind ist – welches sie sich aus dem Himmel herun-
terzieht –, das ihr Gefährte und Geliebter wird, das im Jahreszeitenzyklus wächst und stirbt, um von ihr wiedergeboren zu werden,
ist ein klassischer Heros. Ihn als einen »sterblichen Gott« zu bezeichnen, widerspricht allen Regeln des üblichen Sprachgebrauchs.
Hier weist Evans anhand der archäologischen Funde äußerst klar
nach, was Ranke-Graves durch seine mythologischen Studien dreißig Jahre später herausfindet und niederschreibt, nämlich daß der
älteste Kult jener der Muttergöttin mit ihrem Sohngeliebten und
daß dieser Kult der ursprüngliche »Monotheismus« ist. Denn die
Verehrer der Großen Göttin wußten, daß sie überall dieselbe ist,
die Eine mit den tausend Gesichtern. Nur daß sie diese Einheit gewann als die Eine Erde, der Eine Kosmos, deren viele Aspekte erkannt wurden, während patriarchal monotheistische Kulte die Einzigartigkeit ihres Gottes durch Verdrängung und Ausrottung aller
anderen göttlichen Gestalten erreichten.
Auch die Herkunftsfrage der minoischen Kultur löst Evans einfach
und treffend. Er weist nicht nur auf die Verwandtschaft des kretischen Muttergöttin-Kultes mit denen des Vorderen Orients hin,
sondern er macht auch die Bezüge nach Ägypten klar:

»Die sehr nahe Verbindung des minoischen Kreta mit dem Niltal, welche
bis in prädynastische Zeit zurückgeht, wurde durch eine lange Serie von
Entdeckungen bewiesen, welche von der südlichen Ebene von Mesara bis
zu der Ausgrabung von Knossos reichen, daß jede Kritik (daran) heute unhaltbar dasteht. Diese Verbindung ist noch einmal illustriert worden durch
die jüngste Entdeckung des Tempelgrabes des Priesterkönigs von Knossos,
wo ein steinerner Altartisch zutage kam, der sich nicht von der letzten prä-
historischen Zeit Ägyptens unterscheiden läßt.« (S. 8)

Die minoische Kultur Kretas stammt also aus der vordynastischen
Zeit Ägyptens, genau jener Zeit, bevor Überfälle von außen und
Reichserweiterungen und dynastischer Ehrgeiz der Pharaonen von
innen Ägypten langsam patriarchalisierten. Sie stammt aus der matriarchalen Epoche Ägyptens. Durch ihre Insellage konnte die minoische Kultur ihren sehr alten matriarchalen Charakter noch in einer Zeit erhalten, in der er in Ägypten durch politische Umschwünge bereits verdeckt war. Das steckt in Evans eindeutiger
Aussage.

Wie wurde mit Evans' bahnbrechender Entdeckung in der Folgezeit umgegangen? Zitieren wir ein typisches, noch nicht einmal bösartiges Beispiel, es stammt von Friedrich Matz.[32]

»Auch hier wie in der archaischen Welt überhaupt durchdringen sich Kultus und Leben, so daß sie nicht zwei getrennten Sphären angehören. Aber die verhältnismäßig profane Note dieser minoischen Bilder ist doch nicht zu übersehen.« (S. 65)

»Die minoischen Kreter bilden mit Vorliebe den Vollzug des Kultes ab.« (S. 65)

Diese Art der Argumentation ist verwunderlich, denn innerhalb von drei Sätzen widerspricht sich der Gelehrte. Und weiter:

»Das merkwürdigste ist, daß ein minoischer König im Bilde bisher noch nicht mit ausreichender Sicherheit nachgewiesen werden konnte, wo doch das ganze Aufgebot von monumentaler Architektur ... offensichtlich um diese Mitte kreist.« (S. 65)

Wirklich merkwürdig: Alles kreist um eine Mitte, welche gar nicht da ist! Vielleicht ist es die falsche Mitte, um die alles kreist, weil die Göttin die richtige Mitte ist? Und abgesehen davon: Wie muß für Matz ein minoischer König aussehen, damit er ihn erkennen kann? Vielleicht ist das überaus anmutige Bild des »Lilienprinzen« eben der gesuchte minoische König, aber in Gestalt des jugendlichen Heros-Geliebten der Göttin statt in Gestalt eines mächtigen, patriarchalen Popanzes?

»Frauen sind temperamentvolle und bewegliche, auch im Rahmen des höfischen Zeremoniells frei und natürlich sich gebende, freudige und anmutige Geschöpfe. Zum ersten Mal ist das ewig Weibliche in seiner Polarität und daher fast schon abendländisch gesehen.« (S. 70)

In der Geschöpflichkeit der Frau und ihrer Polarität geht unter, daß es sich um Bilder der Göttin handelt. Aber vermutlich sieht Matz das spätere Abendland so wunderbar geschmückt durch frei sich bewegende Frauen wie das minoische Kreta. Denn lästige patriarchale geschichtliche Tatsachen verschwinden leicht aus dem Blick beim Auftauchen des »ewig Weiblichen«.

»Die Anwesenheit der Frauen verschönt die kultische Feier. In dichten und doch offenen Gruppen, von den Männern abgesondert, schauen sie dem Tanz auf dem Rasen zu. Bei dem Fest, dessen Schauplatz der Palasthof ist, sind ihnen Tribünen reserviert. Als Priesterinnen, Tänzerinnen und Beterinnen obliegen ihnen sogar die wichtigsten Funktionen des Gottesdienstes(!)« (S. 70)

Auch das finden wir sehr merkwürdig: Wenn Frauen die wichtigsten Funktionen des kultischen Dienstes obliegen, sind sie dann nur eine Verschönerung der kultischen Feier? Und das im Gottesdienst!

»Im Blick auf alles dieses erscheint es nicht mehr verwunderlich, daß längst die Forschung die mannigfachen Reste mutterrechtlicher Organisation der Gesellschaft im östlichen Mittelmeerraum auf die vorindogermanische Bevölkerung zurückgeführt hat, die in der kretischen Palastkultur ihren dichtesten und höchsten Ausdruck fand. *Es liegt aber kein Anlaß vor, dies im Sinne des Matriarchats zu deuten.* Aber daß die rechtliche und gesellschaftliche Existenz des Einzelnen durch seine leibliche Abstammung von der Mutter geregelt war, darf in der Tat als sicher gelten. Eines der gewichtigsten Zeugnisse dafür liefern die Glaubensvorstellungen, von denen noch besonders zu reden sein wird, die Bilder, die so gut wie ausschließlich darüber Auskunft geben, lassen eindeutig das Vorherrschen der Verehrung einer Muttergöttin erkennen.« (S. 70; Hervorhebung von mir)

Wie spannend: In der rechtlichen und gesellschaftlichen Existenz geht im minoischen Kreta alles auf die Mutter zurück. In der Religion geht alles auf die Verehrung einer Muttergöttin zurück. Im öffentlichen Kultus geht alles auf Frauen als Tänzerinnen und Priesterinnen zurück. Ein König patriarchaler Art ist nicht zu sehen, statt dessen ein anmutiger Heroskönig. Und eine mutterrechtliche Organisation kann nicht geleugnet werden. Aber es liegt kein Anlaß vor, dies im Sinne des Matriarchats zu deuten. Was ist dann bitte sehr ein Matriarchat?

Lesen wir Herrn Matzens Satz als das, was er ist – ein Warnsignal männlicher Angst! Aber Dutzende anderer Forscher schreiben genausolche unbegründeten Sätze über die minoische Kultur, und so kommt es, daß ein Schritt der Klarheit durch zwei Schritte der Verunklarung sogleich wieder aufgehoben wird.

7.2. Der Entdecker der ältesten Steinzeit-Stadt Chatal Hüyük: James Mellaart

Mellaart, der Ausgräber der Steinzeitstadt Chatal Hüyük in Anatolien mitten in der Türkei, hat in seinen Büchern, die er darüber schrieb, ein völlig anderes Bild der Steinzeit entworfen, als wir es zu sehen gewohnt sind.[33] Er kommt auf dem Boden seiner hervorragenden praktischen und theoretischen Forschung zu folgendem Ergebnis:

»Obwohl die archäologische Forschung im letzten Viertel dieses Jahrhunderts große Fortschritte gemacht hat, hat die Geschichtsinterpretation mit diesen Entdeckungen keineswegs Schritt gehalten, und die meisten Theorien der kulturellen Entwicklung sind beklagenswert überholt. Die Altsteinzeit-Kulturen so zu schildern, daß sie gänzlich aus Nomaden bestanden hätten, die in kleinen selbstgenügsamen Gruppen jagen, ohne Handel oder Industrie und bestenfalls inspiriert von Jagdmagie, welcher die Höhlenkunst dient, ist gelinde gesagt naiv. Im nächsten Stadium, dem der Mittelsteinzeit, wird uns erzählt, daß die Menschen, obwohl noch Nomaden, ein größeres Interesse an anderen Nahrungsmitteln zeigen und mit Ackerfrüchten vertraut werden. Da habe es ebenfalls keine Dörfer gegeben und keinen Handel und keine Industrie. Dann soll die Ära der ersten Dörfer gefolgt sein, Seßhaftigkeit und Ackerbau sollen mit der Züchtung von Pflanzen und Tieren entstanden sein. Aus dieser dörflichen Entwicklung sollen sich die ersten Städte gebildet haben, und zwar um 3500 v. Chr. im südlichen Mesopotamien . . . Und erst als die Schrift erfunden war, soll es öffentliche Gebäude gegeben haben und die Kunst sich entwickelt haben. So sei es zur Zivilisation gekommen, ein Begriff, der sehr eng nur auf Mesopotamien, Ägypten und das Industal angewandt wird . . . Simplifikationen dieser Art sind irreführend, und die Zeit ist gekommen, diese Angelegenheit zu berichtigen.« (»The Neolithic«, S. 276; Übersetzung von mir)

Hier zählt Mellaart alles auf, was falsch ist am herkömmlichen Geschichtsbild, und er macht sich auf dem Boden seiner eigenen Entdeckungen in Anatolien daran, es zu korrigieren. Er weist darauf hin, daß schon in der Altsteinzeit der Austausch von Wissen, Dienstleistungen und Gütern stattgefunden hat und daß die altsteinzeitlichen Höhlen, Felsunterkünfte und offenen Siedlungen bereits Seßhaftigkeit anzeigen. Besonders die bemalten Kulthöhlen sind undenkbar ohne dauernde Anwesenheit. Die Vorstellung vom ziellosen Wandern der Altsteinzeitmenschen läßt sich deshalb nicht halten. So ist es nicht erst der Ackerbau, der die Seßhaftigkeit hervorbringt, es gibt zu viele Vorackerbau-Fundstätten, welche als Dauersiedlungen zu gelten haben. Ferner weist Mellaart das Kriterium der Größe zurück, um eine Stadtsiedlung zu erkennen, da es zu oberflächlich ist. Statt dessen geht es eher um die ökonomische und kulturelle Höhe der Zentren.

»War Chatal Hüyük ein Dorf, eine Stadt oder eine große Stadt? Diese Frage wird oft gestellt, und sie kann nur befriedigend beantwortet werden mit dem Blick darauf, wie sie sich selbst erhält, welchen ökonomischen Prozeß sie hervorbringt und welche Dienstleistungen sie bereitstellt . . . Eine Stadt ist eine Siedlung, die ihr ökonomisches Wachstum fortlaufend durch ihre eigene lokale Ökonomie regeneriert, im Gegensatz zu Dörfern . . . Damit ist vollständig klar, daß eine große Zahl von Steinzeitsiedlungen als Städte zu gelten haben. Sie sind kulturelle Zentren, wo Handel und Industrie, Regierung und Religion konzentriert sind. Das gilt für Jericho, Murej Met, Chatal Hüyük, Beitar, Alikosh, Tebeguran, Tölössavan, Eridu, Hacilar, Sijal und Byblos, alle im Nahen Osten, von denen jede als das Zentrum eines Stadtstaates betrachtet werden muß. Damit zeigt die Archäologie, daß Städte ebenso früh entstanden sind wie Dörfer und daß die ersten nachweislichen Zeichen von Pflanzenzüchtung und Tierzähmung nicht von den Dörfern kamen, sondern von den wichtigsten Zentren, nämlich den Städten. Dörfer sind von diesen eher Dependenzen, die entstanden sind, als die Bevölkerung anwuchs und mehr Land notwendig wurde, um die Stadtbevölkerung zu ernähren.« (S. 278)

Damit bestätigt Mellaart meine These von der Ausbreitung durch Wachstum und Teilung von Stämmen wie von Städten, nichts ist hier zu sehen vom Krieg als Ursache größerer Sozialgebilde. Ferner spricht er ganz klar vom großen Alter hochentwickelter Stadtkultur. Nicht erst am Ende der Jungsteinzeit tauchen Städte auf, sondern bereits an ihrem Anfang! Geschichtswissenschaftlern fällt diese Sicht so schwer, weil sie auf Schriftkulturen fixiert sind. Dazu Mellaart:

»Die Schrift war ein kostbares Werkzeug für wenige, die damit umzugehen verstanden, und noch heute ist die Schriftunkundigkeit ein Weltproblem. Stadtbewohner erfanden die Schrift, aber die Schrift schuf nicht die Kultur. Viele Kulturen blühten sehr glücklich ohne sie ... Kunst, Denken, Ethik, Moral, Gesetz, Religion, Lieder, Tänze, Epik, Sprache und Ritual, all das konnte und kann ohne die Gabe des Schreibens in vielen Gesellschaften existieren ... Kultur war nämlich nicht das Privileg einiger weniger ausgewählter Nationen wie Sumer oder Ägypten, die lediglich spätere Abkömmlinge von Hochkulturen vor ihnen sind.« (S. 273)

Das ist eine deutliche Sprache, in der Mellaart klarmacht, daß jede Stufentheorie der Geschichte, nach welcher die Menschheit vom Primitiven zum Höheren fortschreitet, illusorisch ist. Er bestreitet dabei nicht, daß es eine Entwicklung nach Zahl, Ausbreitung und Größe gab, denn die menschliche Gattung hat sich von ihren Anfängen an erheblich vermehrt. Damit ist aber eine Höherentwicklung an Qualität nicht zugleich gegeben. Größe ist nicht unbedingt gleich Qualität, obwohl diese Simplifizierung in menschlichen Hirnen sehr verankert ist.

Mellaarts Ausgrabungen im Nahen Osten, besonders in Anatolien, haben das Vorurteil von der Primitivität der jungsteinzeitlichen Kulturen endgültig widerlegt. Sein Buch über Chatal Hüyük, das er erforscht hat, ist ein einzigartiges Dokument über eine Stadt am Beginn der Jungsteinzeit, über eine der ältesten Städte der Menschheit überhaupt. Diese Stadt wird so alt wie Jericho in Palästina angesetzt, sie blühte ungefähr 7000 v. Chr.

»Chatal Hüyük hat sich nicht nur als eine größere jungsteinzeitliche Fundstätte erwiesen, die reiches Beweismaterial für eine bemerkenswert fortgeschrittene Kultur erbrachte, sondern es war auch ein Kunstzentrum in einer Periode, welche bisher für kunstlos gehalten wurde. Chatal Hüyük ist bemerkenswert sowohl durch seine Wandmalereien und Gipsreliefs, seine Steinskulptur und Tonplastik, als auch wegen seiner fortgeschrittenen Technik in den Handwerken der Weberei sowie der Holz-, Metall- und Obsidianbearbeitung. Seine zahlreichen Heiligtümer legen Zeugnis ab für eine entwickelte Religion mit Symbolik und Mythologie, seine Gebäude für die Geburt von Architektur und bewußter Planung, seine Wirtschaft für fortgeschrittene landwirtschaftliche Verfahren bei Ackerbau und Viehzucht und die zahlreichen Importe für einen blühenden Handel mit Rohmaterialien.« (Chatal Hüyük, S. 17)

Mellaart weist darauf hin, daß die hochentwickelte Ackerbaukultur von Chatal Hüyük bereits eine Vorgeschichte des Ackerbaus voraussetzt, die bis zum Anfang des frühesten Neolithikums zurückreicht, bis 10000–9000 v. Chr. Diesen langen Zeitraum haben wir für die Entwicklung des ausdrücklichen jungsteinzeitlichen Matriarchats anzusetzen, das mit der Ackerbaukultur verbunden war.

Wenn wir das Ende des Matriarchats im Raum des Nahen Ostens und Mittelmeeres mit dem Untergang der minoischen Kultur auf Kreta ansetzen, um 1400 v. Chr. – womit aber noch längst nicht alle anderen Völker des Mittelmeeres und Europas ihre matriarchale Kultur verloren –, so sehen wir den gewaltigen Zeitraum von 8600 bis 7600 Jahren matriarchaler Kulturentwicklung in dieser Zone vor uns, wovon 5600 Jahre hochentwickeltes städtisches Matriarchat waren – jene Zeitspanne zwischen Chatal Hüyük und Kreta. Und das ist eine nüchterne archäologische Aussage. Demgegenüber sind ungefähr 3000 Jahre Patriarchat in Europa relativ kurz, manchmal erscheinen sie uns wie ein geschichtlicher Unfall.

Auf dem Hügel von Chatal Hüyük gibt es zwölf aufeinanderfolgende Besiedlungsniveaus, das heißt, zwölf Städte wurden dort in einem Zeitraum von achthundert Jahren übereinandergebaut. Spuren von Krieg gibt es nicht. In die bienenwabenförmig aneinandergeschachtelten Häuser sind zahllose Kultstätten eingebaut, die äußerlich nicht anders aussehen als die übrigen Wohnstätten. Sie sind so zahlreich, daß im dichtesten Fall auf zwei Wohnhäuser eine Kultstätte kommt, im geringsten Fall auf 5–6 Wohnhäuser eine Kultstätte. Kultstätten unterscheiden sich innen durch reichen Schmuck von Malerei und Reliefs von den Wohnhäusern. Die Gipsreliefs zeigen *ausschließlich* Göttinfiguren, die in ihrer Abstraktheit überdimensionalen Idolen gleichen und alle in Gebärhaltung zu sehen sind. Der andere Schmuck besteht aus Tierköpfen, wobei prächtige Stierköpfe die absolute Mehrheit darstellen. In ihnen ist das Prinzip männlicher Fruchtbarkeit verkörpert – so ähnlich wie die Göttin-Priesterin Kretas einen Stiertänzer als Partner und Heiligen König hatte, den »Minotauros«. Oft sind die Stierköpfe unter den aufgespreizten Beinen der riesigen Idol-Göttinnen angebracht, wie um zu zeigen, daß das männliche Prinzip aus dem weiblichen, der Göttin, hervorgeht. Das ist das gleichbleibende Thema in allen Kulträumen.

Der Vorrangstellung der Göttin entspricht die Vorrangstellung der Frau, wie Mellaart aus dem Begräbniskult erschließen konnte. In den Wohnräumen befinden sich Plattformen, unter denen Tote bestattet waren.

»Unter diesen Plattformen lagen die Toten begraben, und die Untersuchung der Bestattungsbräuche ergab, daß die kleine Eckplattform dem Mann, dem Hausherrn, die weit größere Hauptplattform dagegen der Hausherrin gehörte. Das Bett (die Plattform) der Frau wechselte nie seinen Platz, dasselbe gilt für die Anordnung der Küche. Anders verhielt es sich jedoch mit dem Bett (der Plattform) des Mannes. Die soziologischen Folgerungen, die daraus zu ziehen sind, liegen auf der Hand.« (S. 74)

Über die Göttinstatuen und deren Bedeutung macht Mellaart an anderer Stelle folgende unmißverständliche Aussagen:

»Die Häufigkeit, mit der die Göttin in Begleitung wilder Tiere dargestellt wird, spiegelt wahrscheinlich deren frühere Rolle als Schützerin des Wildes für eine Jägerbevölkerung. Und als Herrin der Jagd fand sich *allein sie* im Jagdheiligtum vertreten. Ihre Verbindung mit möglicherweise gezähmten Tieren wurde erwähnt, und ihre Macht über die Pflanzenwelt und damit über den Ackerbau geht nicht nur aus zahlreichen Wiedergaben von Blumen und Pflanzenmustern hervor, sondern auch aus dem Vorkommen ihrer Statuetten zusammen mit Haufen von Korn und Kreuzblütlern im Heiligtum. Der Schmuck eines anderen Heiligtums legt den Gedanken nahe, daß man sie ebenso als eine Gottheit des Ackerbaues wie als die Herrin der Weberei betrachtete – Neuerungen von höchster Bedeutung für die Jungsteinzeit. Ihre Verbindung mit dem Leben hat ihr unvermeidliches Gegenstück in ihrer Verbindung mit dem Tode. Da sie wahrscheinlich auch Todesgöttin ist, wird sie von einem Raubvogel, möglicherweise einem Geier, begleitet, und ihr grimmiger Ausdruck läßt an hohes Alter denken.« (S. 233)

Wir erkennen wieder die uralte Göttin-Dreiheit: die jugendliche Göttin als Schützerin des Waldes und des Wildes, Göttin der Jagd, die reife Frau als Gebärerin und Lebenserhalterin mit all ihren Künsten und die Alte als Todesgöttin. Ebenso klar benennt Mellaart den männlichen Partner:

»Wenn die Göttin über all die verschiedenen Erscheinungsformen herrschte, in denen der jungsteinzeitlichen Bevölkerung Chatal Hüyüks sich Leben und Tod darstellten, so gilt dasselbe auch in gewisser Weise für ihren Sohn. Sogar dann, wenn er ihr deutlich untergeordnet ist, scheint damit die Rolle, welche der Mann im damaligen Leben spielte, ganz und gar erfaßt zu sein.« (S. 235)

»Der allgemeine Eindruck, den man durch das Material erhält, spricht für das Vorhandensein nur zweier Gottheiten, der großen Göttin und ihres Sohnes und Liebhabers. Spätere Entsprechungen aus Kreta und dem bronzezeitlichen Griechenland zeigen die Tendenz, diese Auffassung von der Götterfamilie zu bestätigen.« (S. 236)

Mellaarts Klarheit wie Geistesschärfe läßt an solchen Stellen nichts zu wünschen übrig. Manchmal schlagen ihm allerdings althergebrachte Klischees Schnippchen, und er kommt dann zu Formulierungen, die wie psychologische Fehlleistungen aussehen. Doch da er ein großer Forscher ist wie schon Evans, korrigiert er sich immer wieder selbst. Offenbar ist ein solcher Fund auch für den redlichsten Forscher aus einer patriarchalen Kultur noch immer überwältigend und schwer zu verstehen. Mit gewisser Ratlosigkeit wird irgendwo eine Rolle für den Mann gesucht, mal als Vater, mal als Handwerker, mal als Priester. Und immer wieder spricht der eigene archäologische Fund dagegen, mit dem Mellaart in seinem Verständnis ringt. Dieses inneren Zwiespalts wegen kommt das

Wort »Matriarchat« nicht über seine Lippen, und darin zeigt sich wieder eine typische Behandlung des Themas.

Eindeutige Tatsachen, die für eine matriarchale Gesellschaftsordnung sprechen, werden vom Erforscher selbst in Konjunktive gesetzt, irgendwelche Vermutungen hinsichtlich der Bedeutung des Männlichen noch offenlassend. Solche übervorsichtige Sprachgebung finden wir nicht, wenn es sich um patriarchale Gesellschaften handelt, denn da ist die Zuordnung von Gott und Mann eindeutig. Männer als Väter, Handwerker und Priester werden völlig unmotiviert eingeschoben, der Heroskönig und Sohn der Göttin wird stets zum Gott gemacht, auch wenn die internationale Mythologie dieses Zeitraumes dagegenspricht. Statt dessen gibt es ein seltsam verdrehtes Gerede über die bevorzugte Stellung der Frau, die sie bekommen habe – als hätte irgend jemand sie ihr gegeben! –, über große Bedeutung, die sie erlangt habe – als hätte sie das jemand abringen müssen! –, über viele Tätigkeiten, die sie übernehmen konnte und dadurch an Bedeutung gewann – als hätte sie alles nicht selbst erfunden! Nirgends wird klar und deutlich gesagt, daß die Frau als Schöpferin dieser Kultur Subjekt und Handlungsträgerin der Geschichte ist. Das zu denken fällt offenbar den bestgeschulten, gutwilligsten Forschern aus unserer gegenwärtigen patriarchalen Zivilisation zu schwer, so auch Mellaart.

7.3. Die Göttin in der Altsteinzeit Europas: Marija Gimbutas

Die Archäologin Marija Gimbutas zeigt eindeutig, daß niemand der Frau der Jungsteinzeit den Rang einer Muttergöttin und Priesterin sowie ihre hervorragende soziale Bedeutung erst geben mußte, weil sie diese Rolle seit der Altsteinzeit besessen hat. Das sind ihre Forschungsergebnisse, die sie in ihrem Buch »The Goddesses and Gods of Old Europe« aus dem geschichtlich ältesten Bereich Europas vorlegt.[34]

Dieser Raum, den sie Alteuropa nennt, umfaßt in der Mitte die Balkanhalbinsel und reicht von Süd- und Mittelitalien im Westen bis zum Donauraum im Norden, bis zur Ukraine und dem Schwarzen Meer im Osten, bis zum Ägäischen Meer, der Küste von Kleinasien und Kreta im Süden. In diesem Bereich hat sie über 3000 Fundstätten vergleichend erforscht, an denen über 30 000 (dreißigtausend) Miniatursklupturen von Göttinnen gefunden wurden. Wir kennen sie unter dem Namen »Idole«, was »Bildchen« oder »Figürchen« heißt und sehr irreführend ist, denn es handelt sich um die ältesten Göttinnen-Zeugnisse. Die ungeheure Fülle dieser weiblichen Gottheiten nur in diesem als Alteuropa bezeichneten, umgrenzten Raum spricht bereits für sich.

Marija Gimbutas redet nicht – wie ihre männlichen Kollegen – ratlos von »Figurinen« oder »Statuetten« oder »Anbeterinnen« und dergleichen Unfug, der lediglich Ideenlosigkeit anzeigt, sondern für sie sind diese Miniaturskulpturen klar »Göttinnen« als Abbilder des mythischen Glaubens selbst. Sie schiebt die verkleinernden und verniedlichenden, absichtlich unwissenden Zuschreibungen beiseite und interpretiert die Idole aus ihrer profunden Sachkenntnis tiefsinnig und genau:

»Die Dauer der Göttinverehrung über mehr als 20 000 Jahre von der Altsteinzeit zur Jungsteinzeit und darüber hinaus wird bewiesen durch die Kontinuität einer Vielfalt von Serien von festgelegten Göttinbildern. Die spezifischen Aspekte ihrer Kraft als Lebensgeberin, Fruchtbarkeitsgeberin und Geburtsgöttin sind von extrem langer Dauer.« (S. 9; übersetzt von mir)

Und an anderer Stelle:

»Die Kultur, die Alteuropa genannt wird, war gekennzeichnet von der Dominanz der Frau in der Gesellschaft und der Verehrung der Göttin, welche das kreative Prinzip verkörpert, denn sie ist die Quelle und Geberin von allem. In dieser Kultur repräsentiert das männliche Element Mann und Tier die spontane und lebenstimulierende Seite, aber nicht die lebenspendenden Kräfte. Diese Kultur, die vor den indoeuropäischen Eroberungen lag, war matrifokal und matrilinear, eine Agrikultur mit Seßhaftigkeit, egalitär und friedlich. Sie kontrastiert sehr scharf mit der nachfolgenden indoeuropäischen Kultur, welche patriarchal war.« (S. 9)

Marija Gimbutas ist eine Forscherin, und sie spricht unumwunden aus, was sich männliche Forscher trotz der überwältigenden Evidenz ihrer Ausgrabungen nicht einzugestehen wagen. Denn sie muß ja kein schwieriges männliches Selbstwertgefühl angesichts ihrer Forschungen retten! Darum sind ihre Aussagen klar, einfach, ohne Windungen und Selbstwidersprüche.

»In Bezug auf Kunst und mythische Bildervorstellung ist es nicht möglich, eine scharfe Linie zwischen den beiden Epochen der Altsteinzeit und Jungsteinzeit zu ziehen – so wie es nicht möglich ist, eine genaue Trennungslinie zwischen wilden und domestizierten Pflanzen und Tieren zu ziehen. Große Teile des Symbolismus der frühen Ackerbaukulturen wurden von den Jägern und Fischern übernommen. Solche Bilder wie die Göttin als Fisch, als Schlange, als Vogel oder die männlich bestimmten Hörner sind nicht jungsteinzeitliche Schöpfungen, sie haben ihre Wurzeln in der Altsteinzeit. Der gewaltige Anstieg der Skulpturen in der Jungsteinzeit und ihre große Ausdehnung, die sie nach der Altsteinzeit einnahmen, entstand nicht durch technologische Innovation, sondern durch dauerhaftere Ansiedlung und das Wachstum der Gemeinschaften.« (S. 11)

Wir sind hier mit einer Zeitspanne der Göttinverehrung konfrontiert, die noch einmal weit über den Zeitraum hinausreicht, den Mellaart angibt. In der Tat: 20 000 Jahre Göttinverehrung und frauenzentrierte Gesellschaften, nachweisbar durch immer weiter vordringende archäologische Forschung, das ist es, was uns die patriarchale Geschichtsschreibung verschweigt, welche die ungefähr dreitausend Jahre patriarchaler Geschichte für die Ewigkeit ausgibt. Es sieht so aus, daß der ungeheuer lange Zeitraum menschlicher Kulturentwicklung von der Altsteinzeit über die Mittel- zur Jungsteinzeit bis hin zur Bronzezeit von der frauenbestimmten oder matriarchalen Gesellschaft geprägt war und daß diese Gesellschaftsform, in ihren verschiedenen Verwandlungen, die stabilste ist und als der Normalfall der menschlichen Kulturbildung zu gelten hat. Das stellt allerdings gewaltige Anforderungen des Umdenkens an das eingefleischte Weltbild!

»In den Miniaturskulpturen Alteuropas wurden die Emotionen des rituellen Dramas dargestellt, die viele Handlungsträger einschließen. Ganz ähnlich war die Praxis im alten Anatolien, Syrien, Palästina und Mesopotamien in den entsprechenden Perioden. Aber nur in Südosteuropa hat man eine solche Menge von Figürchen für eine vergleichende Studie gefunden. Die Schreine, Kultobjekte, herrlich bemalte oder schwarze Töpferware, die Kostüme und die ausgearbeiteten religiösen Zeremonien, verbunden mit reichen mythischen Bilderwelten, weit komplexer als was man bisher dazu angenommen hatte, sprechen von einer durchaus eigenständigen, hochentwickelten Kultur und Gesellschaft Alteuropas.« (S. 12)

Alle Göttinnen sind in ihrer Idolform bereits komplexe Gestalten, die mehrere Züge der vorackerbaulichen mit der ackerbaulichen Zeit vereinigen. Die Göttin der Verwandlung des Lebens, der Geburt, des Todes und die Wiedergebärerin spielen die zentrale Rolle. Wesentliches Thema ist deshalb die Feier der Geburt eines Kindes, denn es ist das Symbol des wiederkehrenden Lebens. Es ist meist dargestellt als männliches Kind und spielt als Partner der Göttin im Jahreszeitendrama eine große Rolle.

»Beide Prinzipien – das weibliche und das männliche – zeigten sich Seite an Seite, die männliche Gottheit hat die Gestalt eines Kindes, eines sehr jungen Mannes oder eines männlichen Tieres, und sie scheint die Kraft der kreativen und aktiven weiblichen Gottheit bestätigt und gestärkt zu haben. Keine Kraft ist der anderen unterworfen, sondern indem sie einander ergänzen, wird ihre Kraft verdoppelt ... Alle sind Gottheiten des natürlichen Lebenszyklus, der auf das Problem von Tod und Regeneration bezogen ist, und alle werden verehrt als Symbole des unerschöpflichen Lebens.« (S. 237)

Das ist in der Tat dasselbe, was Evans für Kreta und Mellaart für Anatolien festgestellt haben. Es weist auf den Zusammenhang dieses ganzen Kulturraumes über 20 000 Jahre hin. Marija Gimbutas stellt deshalb fest:

»Sir Arthur Evans fragte einmal, was ging der griechischen Kultur voraus – und mit der Entdeckung der minoischen Welt konnte dies beantwortet werden. Jetzt stellen wir die Frage: was ging der minoischen Kultur voraus? ... Es war ein beträchtlicher Teil Europas, welcher der phantastischen Kultur Kretas ihren Aufstieg gab.« (S. 12)

»Die mythische Bilderwelt und religiöse Praxis des alten Europa setzten sich im minoischen Kreta fort. Die minoische Kultur spiegelt dieselben Werte, dieselbe Geschicklichkeit, dasselbe künstlerische Können und dieselbe Verherrlichung der ursprünglichen Schönheit des Lebens. Auch die alteuropäische Kultur hatte Geschmack und Stil. Sie war phantasievoll und gedankenreich – ein würdiges Elternteil der minoischen Zivilisation.« (S. 238)

Was Mellaart für Anatolien nachweist, findet Marija Gimbutas für Südosteuropa heraus. Auch hier der Raum einer jungsteinzeitlich hochentwickelten Kultur, deren Wurzeln bis in die Altsteinzeit reichen und deren Siedlungsformen mehr als Dörfer waren. Das minoische Kreta, dieser faszinierende, spät noch lebendige Abkömmling der hohen Jungsteinzeitkultur, steht keineswegs vereinzelt da, sondern im Himmelsrichtungskreuz mehrerer Ursprungsgegenden: das vordynastische Ägypten, das alte Anatolien, das alte Südeuropa. Es wird von allen empfangen haben, was uns lediglich beweist, daß der gesamte Raum des östlichen Mittelmeeres von Afrika über den Nahen Osten bis in weite Gebiete Europas in die jahrzehntausendelang blühende matriarchale Kulturepoche einbezogen war. Kreta ist eine letzte Blüte in reinster Form.

»Später wurde die matriarchale Kulturepoche dann durch eine patriarchale Welt ersetzt, die verschiedene Symbole und Werte mitbrachte. Diese maskuline Welt ist jene der Indoeuropäer (die aus den russischen Steppen kamen), welche sich nicht in Alteuropa entwickelte, sondern hier aufgepfropft wurde. . . . Zu dieser Zeit wurde die früheste europäische Kultur auf barbarische Weise durch das patriarchale Element zerstört und hat sich davon nie wieder erholt. Die alteuropäischen Schöpfungen aber waren nicht verloren. Sie wurden verwandelt, aufgesaugt, in ihrer Bedeutung verändert, und sie nährten unterschwellig die weitere europäische Kulturentwicklung.« (S. 238)

Dieser Deutlichkeit von Marija Gimbutas Sicht der geschichtlichen Verhältnisse habe ich nichts hinzuzufügen.

7.4. Die Frau in der Eiszeitkultur: Marie König

Die Eiszeitkultur ist die älteste menschliche Entwicklungsepoche, sie steht wirklich am Anfang. Bisher war in der Geschichtsschreibung immer nur von den »eiszeitlichen Jägern« die Rede, aber das läßt sich auf dem Boden der Forschungen von Marie König nicht mehr halten.[35] Es steht uns eine neue Überraschung bevor!
Marie König, die Höhlenforscherin, hat die Wohn- und Kulthöhlen der Eiszeitkultur untersucht. Sie bewegt sich damit im Raum der festen Siedlungen der Altsteinzeitmenschen, die – wie Mellaart annahm – keineswegs kulturlos umherschweifende Horden bildeten, sondern bereits zeitweilige oder dauerhafte Seßhaftigkeit kannten. Das wird durch Marie Königs Untersuchungen bestätigt.
Es gelang ihr, die schriftartigen abstrakten Symbole neben den

Felszeichnungen und Höhlenbildern zu entziffern und damit das erstaunliche Weltbild der Altsteinzeitmenschen herauszufinden. Sie besaßen ein System der praktischen Orientierung in der Welt und ein vollständiges religiöses Weltbild, das sie mit hoher Intelligenz und künstlerischer Begabung zum Ausdruck brachten. Der Zeitraum menschlicher Kulturentwicklung, die mehr ist als bloß die Sorge um das tägliche Essen – was in einer »Überflußgesellschaft« sowieso kein Problem darstellte –, verlängert sich damit um ein Vielfaches. Vor 100 000 Jahren lebte der Neandertalmensch, von dem Marie König bereits bewußte, religiös motivierte, sorgfältige Begräbnisriten nachweisen konnte. Und neueste anthropologische Ausgrabungstätigkeit fand den bisher ältesten menschlichen Fund, ein weibliches Skelett mit Werkzeugen, »Lucie« genannt, mit einer Datierungsmarke von 5 Millionen Jahren. Es ist kaum faßbar, geschweige denn vorstellbar: Vor 5 Millionen Jahren gab es den Anfang von Werkzeuggebrauch, Sprache, menschlichem Denken und Weltvorstellung! Die Anthropologen selbst waren von ihren Funden überrascht, die Rückdatierungen überstürzten sich, und man nimmt heute an, daß auch dies vielleicht nicht der älteste menschliche Fund ist.

Marie König weist in ihrer erstaunlichen Forschung nach, daß die Intelligenz der Menschen vom frühesten Beginn an hoch gewesen ist. Ihre Kultur ist anfänglich, das heißt, sie können von niemand erben, aber keineswegs ist sie »primitiv«. Zusammen mit den Forschern Richard Fester und dem Ehepaar Jonas kommt sie, in Konvergenz mit den Ergebnissen aus deren Wissenschaftsbereichen (Paläolinguistik und Soziobiologie), zu dem Schluß, daß von Anfang der menschlichen Kulturentwicklung an Frauen dominant gewesen seien.[36] Richard Fester:

»Die Autoren dieses Buches pflichten E. Reclus bei, daß die Menschheit der Frau alles verdankt, was sie menschlich gemacht hat. Sie ist die Schöpferin aller uranfänglichen Elemente der Zivilisation gewesen.« (S. 18)

»Es ist fast zweihundert Jahre her, daß Goethe zu Eckermann äußerte, ihn durchlaufe ein seltsamer Schauder, wenn er an die ›Mütter‹ denke. Wir erwähnen das hier noch einmal, denn: Sie standen an der Wiege des ersten Menschen. Sie waren der Beginn menschlicher Gesellschaftsbildung – entscheidend für das Überleben der Art. Sie schufen die Sprache – und damit die Voraussetzung zu kultureller Entwicklung. Sie erfanden die ersten Werkzeuge – und legten damit den Grundstein für jede weitere Technologie. Sie schufen Glauben und ›Kirchen‹. Sie gewährten den Menschen ewiges Leben durch Wiedergeburt.« (S. 248)

Fester kommt zu so weitreichenden Aussagen durch seine eigene paläolinguistische Forschung:

»Neben all den in der Gunst der Forschung wechselnden Merkmalen, die den Menschen von seinen noch-nicht-menschlichen Vorläufern definitiv unterscheiden – aufrechte Haltung, Werkzeuggebrauch usw. – bleibt bisher die Sprache das zuverlässigste Kriterium. Ihre Entstehung bei den Zurufen der Jäger während der Jagd zu vermuten, ist nur ein Beispiel mehr für das Aufstellen von Theorien ohne Konsultierung von Praktikern. Kein Jäger wird erlauben, daß man die mühsame Pirsch durch lautes Schreien stört und das Wild vergrämt. Da ist die Erklärung unserer Anthropologin (Marie König) wieder viel einfacher und schon darum wahrscheinlicher: Der akustische Auslöser des Kleinkindes, der die Mutter bindet, wird von ihr beantwortet ... Aus dieser lautlichen Zweisamkeit (zwischen Mutter und Kind) springt irgendwann einmal während der genetisch verlängerten Kindheitsphase eine erste Sinngebung in den Laut.« (S. 246)

Fester weist durch seine paläolinguistische Forschung nach, daß die in sämtlichen Sprachen der Erde verbreiteten Urworte das unmittelbar Weibliche bezeichnen oder die Wirkungen kennzeichnen, die vom Weiblichen ausgehen:

»Nach dieser Rundschau über den Erdball bleibt die Feststellung auszusprechen, daß es Vergleichbares für den Mann nicht gibt. Die sprachlichen Reflexe, die männliches Wirken hinterlassen hat, sind sehr mager. Genau diese Beobachtung zwang den Paläolinguisten, sich genauer mit dieser Seite der sprachlichen Überlieferung zu befassen, denn ein solch eklatantes Übergewicht weiblicher Termini mußte einen Grund haben, und der war am ehesten in einer langandauernden und weit zurückreichenden gesellschaftlichen Dominanz der Frau zu sehen.« (S. 95)

Von Soziobiologen ist heute unterdessen herausgefunden worden, daß das Sprachvermögen bei Mädchen und Frauen weitaus höher ist als bei Knaben und Männern, noch heute nach 5 Millionen Jahren menschlicher Entwicklungsgeschichte. Fester zum Werkzeuggebrauch:

»Auch bei erstem Werkzeuggebrauch dürfte die mütterliche Versorgung des Kindes Pate gestanden haben. Um dem heranwachsenden Kleinkind neben der Muttermilch festere Nahrung zu bieten, wurde das Vorkauen oder, nächster Schritt, das Zerstampfen von Früchten und Wurzeln schon früh genutzt. Solches mit einem Stampfer aus Holz in einer gegebenen Mulde zu tun, war sicherlich eine große erste Erfindung.« (S. 247)

Dafür spricht auch, daß die Bezeichnungen für Hand und Halten sowie die ersten Werkzeuge in vielen Sprachen Ableitungen von Urworten sind, die Weibliches benennen, wie Fester nachweist.

Das Biologenehepaar Jonas demonstriert aus seinen Forschungen, daß Frauen der Beginn und das jahrhunderttausendelange Zentrum der menschlichen Gesellschaftsbildung gewesen sein müssen. Sie zeigen, daß bei allen höheren Säugetieren und den Primaten der Kern der sozialen Organisation die Muttertiere sind, daß in allen diesen Gattungen die Leitkuh, Leitstute, das Alphaweibchen die Anführerin der Herde ist, die sie zu den besten Futterplätzen führt und höchsten Rang genießt. Die dominanten Männchen haben demgegenüber eine ganz andere Rolle. Sie halten sich am Rand der

Herde oder der Gruppe auf, weil alle geschlechtsreifen Männchen von den Müttern aus der Mitte der Herde oder Gruppe verjagt werden. Am Rand kämpfen sie um ihren obersten Rang, der sie ausschließlich darauf beschränkt, wer Begatter der Herde sein darf. Bei vielen Tiergruppen werden die unterlegenen Männchen verjagt, bei anderen dürfen sie, wenn sie dem Alphamännchen den Rang nicht streitig machen, am Rand der Gruppe verweilen und werden dort zuerst die Beute von Raubtieren. Damit haben sie eine indirekt schützende Funktion für das Zentrum der Gruppe, das aus den weiblichen und jungen Tieren besteht. Dies ist noch deutlicher bei den Affen, die von den Primaten stammen, zu beobachten, und daraus schließt das Ehepaar Jonas, daß es bei den frühen Menschengruppen nicht anders war. Die männlichen Mitglieder am Rand der Gruppe wurden ähnlich unfreiwillige »Beschützer« der Gruppe, bis sie lernten, sich mit Werkzeugen gegen die Raubtiere zu wehren. Später wurden sie durch Weiterentwicklung der Verteidigungstechnik allmählich zu Jägern und erfanden den Angriff als beste Verteidigung. Aber nicht die Jagd war das, was die Menschen zu Kulturträgern machte, sie war eine sekundäre Erscheinung. Hingegen war das, was sich im Zentrum der Gruppe ereignete, wo Mütter und Kinder das tragende soziale Netz bildeten und zugleich den größeren Anteil an Nahrung sammelten, die Basis der Kulturentwicklung.

Die beiden Biologen und Verhaltensforscher kritisieren mit dieser These ausdrücklich die maßlose Überbewertung der Jagd und damit der männlichen Rolle jener Zeit, die ein völlig verzeichnetes Bild der Urgeschichte erzeugt hat. Doris Jonas dazu:

»Wenn eine Situation gegeben ist, bei der das Weibchen mehrere Kinder hat, von denen vielleicht nur das älteste halbwegs selbständig ist, dann sind ganz von selbst die Voraussetzungen dafür geschaffen, daß das erwachsene Weibchen zum Mittelpunkt einer Gesellschaft von Kindern und Jugendlichen wird ... Der männliche Jugendliche wird bei Erreichen der Geschlechtsreife dagegen aus dem Dunstkreis der Mutter verjagt. Trotzdem unterhält er zu ihr und sie zu ihm ein Leben lang eine gewisse Bindung, und beide werden in Gefahrensituationen einander zu Hilfe eilen. Anders als die männlichen bleiben ihre weiblichen Nachkommen auch noch nach dem Erreichen der Reife in der Nähe der Mutter. Sie nehmen Anteil an ihren späteren Jungen ... dadurch lernen die jungen Weibchen am Beispiel der Mutter, wie mit Jungen umzugehen ist. Später, wenn sie eigene haben, neigen sie dazu, weiterhin im Umkreis der Mutter zu bleiben ... wegen der Unterstützung und Anteilnahme ihrer Schwestern. Hier haben wir den Kern einer gesellschaftlichen Organisation, die faktisch ein Matriarchat ist.« (S. 166)

Dasselbe hatte bereits Briffault in seinem Werk »The Mothers« gesagt, aber er konnte es nicht so einfach belegen wie die Soziobiologin Doris Jonas.

Haben Fester und die beiden Jonas über die Sprache, den Werkzeuggebrauch und die soziale Ordnung der Altsteinzeitmenschen Entscheidendes herausgefunden, so ist es Marie König gelungen, die geistige Welt dieser Urzeit zu erschließen. Im Herzen von Frankreich hat sie eine ganze Kulturprovinz mit über 2000 Kulthöhlen untersucht und sie mit allen anderen Kulthöhlen in Europa verglichen. Dabei fand sie heraus, daß auch die geistige Welt von Frauen geprägt war:

»Frauenstatuetten sind nicht, wie man lange annahm, plötzlich und wie aus dem Nichts entstanden. Sie setzen die Orientierung im Räumlichen und Zeitlichen voraus. Denn sie veranschaulichen (bildlich) die Rundung der Welt, mit dem Nabel als Mittelpunkt und der Vulva als Symbol für die Wiedergeburt. Damit stand die Frau im Mittelpunkt des Kultes, ihr Bild wurde verehrt, davon zeugen Hunderte von weiblichen und das weitgehende Fehlen männlicher Bildnisse.« (S. 131)

Weit vor den Frauenskulpturen finden sich symbolische Zeichnungen und Ritzungen an den Wänden der Kulthöhlen, die Marie König im einzelnen als erste Orientierung in Raum und Zeit zu deuten imstande ist. Dabei fällt immer wieder die Orientierung an der Dreiheit und an den Bildern des Mondes auf. Orientierung am Mond hat offensichtlich die erste Zeitmessung ergeben, und das ist nicht verwunderlich: Der Mond ist jenes Gestirn, dessen Phasen systematisch wechseln. Ferner zeigt er sich mit seinen Phasen überall auf der Erde gleich, während die Sonne in den verschiedenen Breitengraden und Jahreszeiten ganz unterschiedliche Bögen zieht und darum zur konstanten Zeitmessung wenig taugt. Das ursprüngliche Jahr auf allen Kontinenten wurde daher nach 13 Mondmonaten gemessen.

Marie König kann nachweisen, daß Lunarsymbolik, die mit der Frau verknüpft ist, bis in älteste Zeiten zurückreicht und in der Jungsteinzeit zur reichen Mythologie der Mondgöttinnen wird. Auch die Abbildungen der Tiere haben mit dem Kalendersystem und durch die Form ihrer Hörner mit der Mondsymbolik zu tun. Glänzend weist sie nach, daß damit die doppelte Verengung der Tierbilder als »Jagdzauber« und der Frauenskulpturen als »Fruchtbarkeitssymbole« dahinfällt:

»Fruchtbarkeitssymbolik ist an sich niemals eine Religionsform, sondern eine religiöse Teilerscheinung innerhalb einer Religion. Und eine Religion setzt ein Gesamtweltbild voraus, denn Kulturerscheinungen sind niemals isoliert zu betrachten. Die Zeitordnung der altsteinzeitlichen Menschen wurde vom Mondwechsel bestimmt, der zugleich das Problem von Leben und Sterben berührte.« (S. 22)

Die älteste Religion war eine Wiedergeburtsreligion, in der Frauen zentral waren. Denn die Wiedergeburt wurde sehr direkt aufgefaßt, indem ein verstorbener Vorfahr durch die Geburt aus dem Leib der Frau wieder ins Leben im Diesseits zurückkehrte. Der Mutterschoß, die Vulva, war das immer wieder sich öffnende Tor für das ewig ins Diesseits wiederkehrende Leben. So war die Frau Zentrum und Trägerin des Kultes, denn sie war diejenige, die Tod wieder in Leben verwandeln konnte, während der Mann als Jäger lediglich Leben in Tod verwandeln konnte. Die Erde mit ihren Höhlen und Spalten wurde als die Ur-Mutter gesehen. Denn die Toten wurden seit ältester Zeit in embryonaler Hockstellung in die Erde gelegt, um aus der Tiefe des Erdschoßes, aus dem hintersten Bereich der Kulthöhle, wo die geheimnisvollsten Symbole angebracht waren, wieder ins Leben geboren zu werden. Angesichts dieses religiösen Grundgedankens wirkt der Jagdzauber wie »fauler Zauber« (Fester) und die Fruchtbarkeitssymbolik wie eine Fixierung aus patriarchalen Forscherhirnen.

Diese uralte Religion läßt sich noch in den ältesten Schichten der Mythologien auffinden, und zwar weltweit. Nachweislich liegt ihr Beginn bei mindestens 100 000 Jahren (Neandertaler), wie Marie Königs unterdessen wissenschaftlich anerkannte Interpretation der Höhlenkunst gezeigt hat. Für uns stellt sich damit die Frage noch einmal neu, wie alt eigentlich die ersten Formen des Matriarchats in der Geschichte sind. Von unseren genannten Autorinnen und Autoren wird von ihren verschiedenen Wissensgebieten her die erstaunliche Situation aufgezeigt, daß mit den Anfängen der Menschheit offenbar – entgegen der üblichen tendenziösen Meinung in vielen Büchern, die Autorität beanspruchen – auch die Anfänge des Matriarchats verknüpft sind.

Sie lassen Bachofen, dessen Forschung nur zu oft arrogant beiseite geschoben worden ist, Gerechtigkeit geschehen, indem sie ihn als den wahrscheinlich größten Erschließer des urzeitlichen Bewußtseins anerkennen – was er noch vor den atemberaubenden Fortschritten in Wissenszweigen wie Anthropologie, Ethnologie, Archäologie und Soziobiologie war. Richard Fester dazu:

»Wir wehren uns heute ein wenig gegen das zu griffige Wort vom Mutterrecht, da es nur eine Seite und nicht die wichtigste des Phänomens Gynaikokratie (Matriarchat) bezeichnet. Andererseits haben wir allen Grund, Bachofen seiner Ergebnisse wegen zu bewundern, Ergebnisse, die noch vor auch nur der Existenz prähistorischer, evolutionsbiologischer, psychologischer, genetischer und anderer moderner relevanter Forschung erzielt wurden und seither weitgehende Bestätigung fanden. Aus seinen Quellen führte er den Nachweis mutterrechtlicher Ordnungen und sagte sie für den Rest der Welt als wahrscheinlich voraus. Zu Recht, wie wir inzwischen wissen.

An dem urzeitlichen Bewußtseinszustand gemessen, den er erschließen konnte, sind die Glaubenslehren der von unserer Schulbuchgeschichte erfaßten Zeiten seit Sokrates, Buddha, Zarathustra, Lao Tse und ein halbes

Jahrtausend später Jesus Christus nur eine Verdünnung und Zersetzung dieses Urquells.« (S. 11)

Zusammenfassung der Thesen:

– Seit der Altsteinzeit gibt es Matriarchat: *frühmatriarchale Entwicklung*. Es ist gekennzeichnet von der Dominanz der Frau in der Nahrungsbeschaffung, der Sozialordnung und dem religiösen Kultus; heutige Datierung: mindestens 100 000 Jahre v. Chr. (Fester, Jonas, König). Getrenntes Leben von Frauen in Wohn- und Kulthöhlen (Seßhaftigkeit) und Männern in jägerischen Horden war üblich.

– Die Jungsteinzeit ist die *hochentwickelte oder klassische Phase des Matriarchats*, basierend auf städtischer Kultur von ihrem Anfang an; heutige Datierung für früheste Stadtkultur: mindestens 7000 Jahre v. Chr. (Mellaart anhand von Chatal Hüyük, Gimbutas anhand von Idolen).

– Matriarchat umfaßt mit seinen späten Formen noch die Bronzezeit; Beispiel: das Minoische Kreta, Untergang um 1400 v. Chr. (Evans).

– Die Umbruchphase von der matriarchalen zur patriarchalen Gesellschaft umfaßt mindestens mehrere Jahrhunderte. Sie beginnt mit dem Einfall der Indoeuropäer im Raum des Vorderen Orients und des Mittelmeeres und geht zeitlich zusammen mit der Eisenzeit. Die Entwicklungsgeschichte des Patriarchats umfaßt nur 3 bis 4 Jahrtausende (Ergebnis aus den genannten Forschungen).

– Die *Spätphase des Matriarchats* ist gekennzeichnet vom Niedergang dieser längsten und stabilsten Gesellschaftsform in den jahrhundertelangen Kämpfen mit den indoeuropäischen Eroberern. In dieser Spätphase versucht die matriarchale Gesellschaftsform durch Adaption und Neuorientierung die gefährliche Situation zu meistern, es entstehen völlig neue Kulturerscheinungen: die kriegerischen Amazonen gegenüber den friedlichen Matriarchaten, welche Verteidigungsgesellschaften gegen die patriarchalen Kriegerstämme sind (Bachofen, meine These).

Skorpion, das in der Tiefe Verborgene

8. Der volkskundliche (folkloristische) Zweig

Die matriarchale Kulturepoche ist nicht nur durch ihre Wirkungen in der Vergangenheit aufzufinden, sondern ihre Formen, ihre Bilder, ihre Werte haben in der patriarchalen Kulturepoche in geographischen Randgebieten (matriarchale Völker bis heute) und in Subkulturen (matriarchale Unterschichten-Kulturen) bis in die Gegenwart weitergewirkt. Das ist kein Wunder, wenn wir die Kürze der patriarchalen gegenüber der Länge der matriarchalen Epoche bedenken.

Ein Schlüssel, ihre Wirkungen bis in die Gegenwart zu finden, ist – außer der Ethnologie – die Folkloreforschung. Sie beschäftigt sich mit der mündlichen Tradition – Legenden, Märchen, Sitten, Bräuchen – der heutigen Kulturvölker. Der Untersuchungsbereich ist schichtengebunden, das heißt, er besteht meist aus den Bauernkulturen im Rahmen komplexer Gesellschaften, denn der Bereich mündlicher Tradition ist im allgemeinen in der bäuerlichen Tradition erhalten geblieben. Adelige und Bürger in unseren komplexen Gesellschaften haben ihre Weltsicht und ihre Traditionen in Literatur, Rechtsdokumenten und politischen Schriften niedergelegt, so daß ihre Schriftkultur zum Gegenstand der mit Schrift beschäftigten Wissenschaften wird. Bauerntradition ist dagegen nicht geschriebene Tradition und fällt in den Bereich der Folkloristik.

In den meisten Fällen beschäftigt sich Folkloreforschung mit den Traditionen in den eigenen nationalen Grenzen. Sie neigt daher zum Nationalismus, der teils verdeckt, teils unverhüllt zutage tritt. Er spiegelt sich bereits darin, daß die orale Tradition einer bestimmten Schicht, nämlich der Bauern, zur Tradition des ganzen Volkes hochstilisiert wird, wobei »Volk« zu einem mehr oder weniger mystischen Begriff gerät. In der Romantik wurde diesem »Volk«, das ja nur von der bäuerlichen Schicht abstrahiert wurde, noch eine »Volksseele« angedichtet, die aus den angeblich kollektiven Dichtungen »des Volkes« abzulesen sei. Dergleichen geschah in der deutschen Volkskundeforschung wie in der keltischen Folkloreforschung, und in ähnlicher Manier wollten bald Märchensammlungen verschiedener Völker genau deren mystische »Volksseelen« spiegeln.

Wenn sich jemand von der inhaltlichen Seite her für die Folkloreforschung interessiert, wie wir es tun, so ist die Rat- und Perspektivelosigkeit verblüffend, mit der die einzelnen Forscher Berge von Material anhäufen, ohne sie zu verstehen. Es wird gesammelt, gesichtet, registriert und aufgeschrieben, was immer zu erreichen ist. Die Kommentare sind staubtrocken oder nichtssagend, Details und einzelne Motive werden verfolgt, Zusammenhänge nicht erkannt. Märchen, Legenden, Sitten und Bräuche werden behandelt wie die seltsamen Tatsachen exotischer Völker oder die unverständlichen Funde aus grauer Vorzeit. Mehr als deutlich ist zu sehen, daß der bürgerlich-patriarchale Forscher hier die Grenzen seiner eigenen

Schicht verläßt und sich Relikten gegenüberfindet, zu denen er – ohne Ethnologie und Archäologie – den soziologischen Schlüssel nicht finden kann.

Dieser liegt in der Matriarchatsforschung. Denn orale Tradition hat sehr alte Ursprünge, die bis in die Steinzeit zurückreichen, welche die matriarchale Kulturepoche umfaßt. Wir werden daher in der Folkloreforschung Berge von interessantem und faszinierendem Material finden, aber keinerlei stimmige Interpretation. Von Matriarchatsforschung als solcher kann in diesem Wissenschaftszweig noch keine Rede sein; sie hätte dort – wiewohl dringend nötig – erst zu beginnen.

8.1. Beispiele für Mangel an Theorie: Mannhardt, Panzer, Höfler

Wilhelm Mannhardt ist einer der wenigen deutschen Volkskundler, die die nationalen Grenzen überschritten und die vergleichende Folkloreforschung gepflegt haben. In dieser Hinsicht bietet sein Werk eine spannende Materialfülle und eine nüchterne methodische Korrektheit.

Sein Werk über die bäuerlichen Feld- und Waldkulte in der griechisch-römischen Antike, die er mit den Feld- und Waldkulten in Mittel- und Nordeuropa vergleicht, ist eine einzigartige Sammlung uralten Glaubens, alter Riten und mythischer Gestalten, die in den Bauerntraditionen Europas überlebten.[37] Der uralte Baumkult wird beschrieben, der den Bäumen Heiligkeit zuschreibt und in vielen Maibräuchen zum Ausdruck kommt. Es wird der Glaube an Waldgeister und Vegetationsgeister aufgezeichnet, es ist die Rede vom wilden grünen Mann und den wilden fahrenden Frauen, die alle als bloße »Naturgeister« eingeordnet werden. Dabei gibt es überraschende Parallelen zwischen griechischen Baum- und Quellnymphen, Faunen und Satyrn und mitteleuropäischen Baumfrauen und Wasserfeen sowie Getreidegeistern und Kornwölfen. Auf diese Verwandtschaft der gesamten europäischen Bauerntradition hingewiesen zu haben, ist zweifellos das größte Verdienst Mannhardts. Er hat damit – gegen seine eigene diffuse Absicht – gezeigt, daß im gesamten patriarchalisierten Europa in der bäuerlichen Kultur deutlich matriarchale Traditionen weitergelebt haben.

»Ich erachte für einen Gewinn die Erkenntnis, daß mehreren großen Gruppen . . . von Germanen, Slaven und Kelten ausgebildeter Gebräuche und Vorstellungen in der Religion der antiken Völker mehr oder minder genaue Typen entsprechen. Wir finden diese korrespondierenden Typen bei Römern, Griechen, Thrakern, Semiten in den Gottesdienst hoher göttlicher Wesen verwebt. Mindestens einige dieser Typen ergeben sich als so alt, daß ihre Entstehung vor der Ausbildung der größeren Gottheiten sich vollzogen haben muß. Wir haben hier Stücke aus einer sehr alten Schicht des

Volksglaubens vor uns, welcher eine weit bedeutendere Ausdehnung besaß, als ihre bis jetzt zutage gekommenen Trümmer erkennen lassen.« (S. 347)

Die Sagen von Weißen Frauen, die auf Bergen und Schlössern wohnen und oft dreifach auftreten – wie Mannhardt sie schon einzeln gesammelt hat –, würden ohne Boden und Hintergrund bleiben, hätte nicht *Friedrich Panzer* ein anderes einzigartiges Sammelwerk geschaffen, das die Überlieferungen über »Frauenberge« in Deutschland aufzeichnet.[38] Diese Frauenberge gehören in die Zeit der Großsteingräber oder Felszeichnungen, eben der Megalithkultur der hochentwickelten Jungsteinzeit. Allein in Deutschland hat Panzer Sagen von über hundert »Frauen-, Mädchen- und Jungfernbergen« aufgenommen. Über die Geschichte und Bedeutung dieser »Frauenberge« ist den Forschern natürlich wieder nichts bekannt, obwohl wir darin leicht Kultstätten der matriarchalen Jungsteinzeit erkennen können, die rituell bis zur germanischen Völkerwanderungszeit gebraucht wurden. Panzer zu den Sagen über die drei Frauen:

»Drei Schwestern sind es, jene ›Idisi‹ (Disen), ›Nornir‹ (Nornen) – Priesterinnen, halbgöttliche Jungfrauen – welche der Aberglaube bisweilen jetzt noch als geisterhafte Wesen auf den berüchtigten Stätten erscheinen läßt, wo der Gottheit unnahbarer Tempel stand. Daß eine dieser Priesterinnen der Hellia (Hel, die Unterweltsgöttin) diente, geht entschieden aus dem Gesammelten hervor und findet in sprachlichen und plastischen Denkmälern Begründung.« (Vorrede zum 1. Band)

Wir können in diesen drei Schicksalsfrauen unschwer die dreifache Große Göttin des Matriarchats erkennen. In dieselbe Richtung weisen auch die Sagen der Frau Holde oder Holla, die in Bayern Frau Percht und im Märchen Frau Holle heißt.[39] Auch hier hat Panzer vorbildlich zu sammeln begonnen, was von anderen Forschern fortgesetzt wurde – ohne daß sie wußten, was sie da fanden. Auch *Otto Höfler* sammelt in seinen beiden Büchern über das germanische Sakralkönigtum und über die Drachenkampfmythen und Siegfried wertvollstes Material und präsentiert es genau und methodisch korrekt.[40] Sein Buch über das germanische Sakralkönigtum zeigt überraschende Parallelen mit den Forschungen Frazers über die Heiligen Könige. Doch ähnlich wie bei Frazer ist die Optik doppelt verkürzt: Einmal handelt es sich nicht um »germanisches« Sakralkönigtum, obwohl die erobernden Germanen etliches Kulturelle von der vorindogermanischen matriarchalen Urbevölkerung übernommen haben. Zum andern fehlt natürlich wieder der Göttin-Hintergrund, auf den dieses »Sakralkönigtum« sich eigentlich bezieht, durch den es überhaupt erst sakral wird.

Im Buch über die Drachenkampfsymbolik gibt es neben dem reichen Material ähnliche theoretische Leerstellen. Interessant ist jedoch, daß er darin die Orte von uralten Ritualspielen lokalisieren kann. Höfler sieht sie ganz zu Recht in den »Trojaburgen«, aus Erde oder Steinen gebauten Labyrinthen, deren Verbreitung von Kreta durch ganz Europa bis nach Schweden und Rußland reicht. Sie waren teilweise so groß, daß darin nicht nur rituell getanzt, sondern auch geritten werden konnte. Damit hat er außer den »Frauenbergen« Panzers eine andere Form jungsteinzeitlicher Kultstätten gefunden und kann bruchstückhaft sogar ein Mysterienspiel angeben, das dort gefeiert wurde: das Hirsch- und Hindin-Spiel. Daß er damit dem matriarchalen Hintergrund germanischer Mythologie auf der Spur ist, bleibt ihm jedoch verborgen.

8.2. Beispiele für theoretische Ratlosigkeit: Wentz, Spence

Evans Wentz und Lewis Spence sind zwei Forscher, die sich mit keltischer Folklore beschäftigen. Sie untersuchen auf sehr einfühlsame und verständnisvolle Weise den Feenglauben der keltischen Landbevölkerung.

Wentz[41] widmet sich den zahlreichen Erscheinungsformen des Feenglaubens, den er von den alten Leuten selbst erfragt hat. Er zählt verschiedene Theorien auf, die helfen sollen, ihn zu erklären: Erstens stellt er ihn in den Rahmen eines weltweiten Animismus, des Glaubens an die Beseeltheit aller natürlichen Erscheinungen. Darin irrt er sich sicherlich nicht, obwohl es eine Frage ist, was denn mit »Animismus« gemeint sei. Forscher, die fremden Völkern oder alten Kulturen Animismus bescheinigen, huldigen damit meist einer naturalistischen Theorie, nach der der Glaube an Feen, Geister oder Gottheiten das direkte Resultat menschlicher Erklärungsversuche von Naturereignissen sein soll. Leider vernachlässigt die naturalistische Theorie das gesamte soziale und kulturelle Netz, in welchem ein solcher Glaube lebt und ist deshalb für eine Erklärung ungeeignet.

Dann erläutert Wentz einen zweiten Theorieansatz für den keltischen Feenglauben, die Pygmäentheorie, nach welcher dieser Glaube eine Volkserinnerung an eine alte, kleinwüchsige Rasse in prähistorischer Zeit sein soll. Die oft geschilderte Kleinheit, Zartheit und Zwergenhaftigkeit des Feenvolkes soll für diese Theorie sprechen. Auch diese Theorie hat einen wahren Kern, obwohl Wentz für eine Pygmäenrasse in prähistorischer Zeit keinerlei archäologische Zeugnisse sieht. Daß es für eine normalwüchsige Rasse archäologische Zeugnisse gibt, hat er nicht bemerkt.

Als dritte Theorie zitiert er die Druidentheorie: Die Volkserinnerung soll sich an Druiden und ihre magischen Praktiken erinnern und dies im Feenglauben im Gedächtnis bewahren. Hierbei unterläuft Wentz folgende sonderbare Bemerkung:

»Es gibt hier keinen Beweis noch gute Gründe für das Argument, daß die irischen Feenfrauen eine Volkserinnerung an Druidenpriesterinnen sein könnten. Falls es hier Druidenpriesterinnen in Irland gegeben haben sollte, spielten sie eine untergeordnete und sehr unbedeutende Rolle.« (S. 34)

Offenbar haben Frauen mit dem Feenglauben nie etwas zu tun gehabt, obwohl die Weiblichkeit darin doch überdeutlich ist! Und falls sie doch etwas damit zu tun hatten, so sind sie ebenso selbstverständlich wie unbegründet darin »untergeordnet und sehr unbedeutend«. Eine solche einäugige Erklärung führt ebenfalls nicht weiter. Abgesehen davon haben sicherlich die keltischen Druiden den Feenglauben nicht erst erfunden.

Als vierte Theorie nennt Wentz die mythologische Theorie, in der es heißt, daß die Feen abgesunkene und verkleinerte Gestalten alter heidnischer Gottheiten sind. Dieser Theorie hängen viele Folkloreforscher an. Dennoch bleibt in ihr völlig offen, um welche »Gottheiten« es sich handelt, und so landet Wentz denn bei keinen anderen als denen der frühen Kelten. Weiter zurück reicht die Vorstellung nicht.

Als fünften bietet Wentz seinen eigenen Theorieansatz an, nach welchem die Wurzel für diesen uralten Glauben sympathetische Erfahrungen im Austausch zwischen Mensch und Natur sein sollen. Er nimmt darin die Aussagen seiner Gewährsleute über möglichen Austausch zwischen Lebenden und Toten, Diesseitswelt und Anderswelt ernst und versucht, dafür auf dem Boden von wissenschaftlichen Untersuchungen Plausibilität zu gewinnen. Diese Art des Zuganges ist überraschend und ehrt Wentz, weil er die erforschten Menschen und ihren Glauben nicht zu bloßen Objekten macht. Andererseits wird er sich durch moderne erdmagnetische und bioenergetische Forschung eine nüchternere Aufarbeitung gefallen lassen müssen.

Trotz seiner Bemühungen gelingt es Wentz insgesamt nicht, einen Schlüssel für die Erklärung des keltischen Feenglaubens zu finden. Alle theoretischen Ansätze erscheinen wie Bausteine eines Puzzles, das patriarchal geprägte Forscher nicht zusammensetzen können.

Spence[42] ist ein Kollege von Wentz und weist auf genau dieses Problem hin. Er bemerkt zu Recht, daß vereinzelnde Theorieansätze die Frage nach der Herkunft des keltischen Feenglaubens eher verzerren, weil sie Fragen aus dem vereinzelnden, herausschneidenden und konkurrierenden Geist moderner Wissenschaftler sind. Die Widersprüche liegen nicht in der Sache, sondern im isolierenden Geist von Folkloreforschern und ihren widersprüchlichen Theorien. Darum sucht er nach einer ethnologisch und historisch umfassenden Erklärung, in der solche Widersprüche von selber verschwinden. Er formuliert seine Einsicht so:

»Viele Aspekte des Feenglaubens sind eher phantasievoll, aber dahinter liegt ein großes Residuum realer Vorkommnisse. Diese weisen auf einen Zusammenstoß verschiedener Rassen oder Völker hin. Wir können viele dieser Feensagen als Geschichten betrachten, welche sich die Menschen des Eisenzeitalters von Ereignissen erzählten, die weit früher stattfanden, nämlich zu jener Zeit, als die Menschen des Bronzezeitalters in Konflikten mit den Menschen des Steinzeitalters waren. Und diese wiederum haben wahrscheinlich Traditionen der Altsteinzeit bewahrt. Diese Klassifikation hebt noch einmal die Theorie hervor, daß der Feenglaube vor mehr als einer Epoche der Vergangenheit entwickelt worden ist, daß er aus verschiedenen zeitlichen Schichten besteht, die alle überlebten und sich vermischten.« (S. 63; Übersetzung von mir)

Mit dieser Überlegung stößt Spence weit vor, da er die geschichtlichen Räume, durch die sich orale Tradition zieht, ernst nimmt. Die Verschiedenheit der geschichtlichen Phasen und ihre Konflikte werden nicht zugedeckt. Seine umfassende Erklärung ist jedoch noch nicht in der Lage, die *inhaltlichen* Unterschiede dieser Phasen der menschlichen Kulturentwicklung anzugeben, darum bleiben die inhaltlichen Züge des Feenglaubens unerklärt. Die Weltbilder der Menschen des Steinzeitalters, der Bronze- und Eisenzeit kann Spence nicht angeben, darum bleibt es bei ihm bei einem verblasenen »Zusammenstoß von Rassen und Völkern«, aber nicht von ganzen Kulturen mit ausgeprägter sozialer und mythologischer Eigenart. Der Schlüssel liegt – hier wie dort – in der Akzeptanz und Kenntnis der matriarchalen Kulturepoche, die sich von der Altsteinzeit bis in die Bronzezeit hinzieht, in der Eisenzeit jenen von Spence zitierten Konflikten ausgesetzt war und dann zu mündlichen Traditionen der bäuerlichen Schichten gerann. Diese Erklärung ist sowohl formal wie inhaltlich die umfassendste, in die sich alle anderen zu kurz greifenden Theorieansätze zwanglos integrieren lassen. Und darum ist diese Erklärung die mit der höchsten Plausibilität und dem höchsten Erkenntniswert.
Wie gesagt, noch fehlt sie in der Folkloreforschung, sehr zu deren eigenem Schaden. Zwei rühmliche Ausnahmen will ich dennoch erwähnen, Forscher, die von ihren eigenen Fachkollegen kaum beachtet werden: den spanischen Volkskundler A. Ortiz-Osés, der über das baskische Matriarchat schreibt: »El matriarcalismo vasco«, und den italienischen Volkskundler Evel Gasparini, der über das slavische Matriarchat schreibt: »Il matriarchato Slavo«.

Zusammenfassung der Thesen:

– In der keltischen, slavischen, deutschen, baskischen Folklore (mündliche Tradition) finden sich Reste der matriarchalen Kultur, welche die patriarchalen Jahrtausende als Unterströmung durchziehen (indirekt Mannhardt, Panzer, Höfler, Wentz, Spence u. a., direkt Ortiz-Osés, Gasparini u. a.).

– Auch in der Folklore anderer Völker lassen sich solche Reste matriarchaler Kultur auffinden (meine These).

Schütze, der innere Sinn, die Spekulation

9. Der psychologistische Zweig

9.1. Kollektives Unbewußtes und Archetypenlehre: C. G. Jung

Carl Gustav Jung ist kein Matriarchatsforscher, sondern Psychologe. Er entwickelte die Analytische Psychologie, die auf den theoretischen Begriffen des kollektiven Unbewußten, der Archetypen und des Anima-Animus-Gegensatzes beruht.[43] Wir betrachten seine Theorie in unserem Zusammenhang, weil die genannten psychologisch-theoretischen Begriffe durch Neumann zu einer Geschichtskonstruktion ausgeweitet wurden und heute die Mythen- und Märcheninterpretation durchziehen. Deuterei im Stil der Jungschen Archetypenlehre gibt es wie Sand am Meer, in ihr geht in der Regel die historische und gesellschaftspolitische Dimension von Mythen und Märchen verloren.

Jungs Begriff vom kollektiven Unbewußten besagt, daß frühe menschheitsgeschichtliche Erfahrungen sich wie Sedimente in der Psyche ablagern und noch im Unbewußten des modernen Menschen aufzufinden sind. Da es sich nicht um individuelle, sondern menschheitliche Prozesse handelt, wird dieses Unbewußte kollektiv genannt. Die Inhalte dieses kollektiven Unbewußten sind die sogenannten Archetypen, die er für Grundstrukturen der menschlichen Phantasie- und Traumtätigkeit hält, ähnlich vorgegeben wie die Grundmuster des Denkvermögens, Sprachvermögens usw. Die Archetypen werden näher bestimmt durch das Gegensatzpaar Anima–Animus, das dann wiederum nähere inhaltliche Bestimmung erhält wie z. B. die »Furchtbare Mutter« als eine Animagestalt und der »Weise Alte« als eine Animusgestalt. Der Archetyp an sich ist jedoch nicht zu erfassen, denn er ist nach Jung ein bewußtseinstranszendentes Phänomen, dessen ewige Präsenz unanschaulich sei.

Jung hängt hier einem Transzendentalismus an, der in der Geschichte der Philosophie schon zu manchen Irrtümern geführt hat. Denn von Dingen an sich, die nicht ins Bewußtsein dringen, kann man infolge davon auch nichts wissen. Und wenn man sie durch ihre Wirkungen zu erschließen versucht, etwa durch konkrete Phänomene, durch die sie sich zeigen, so haben diese sich allermeist als empirisch, das heißt erfahrungsmäßig erworben erwiesen und keineswegs als transzendental. Diese transzendentalen Begriffe oder Wesenheiten an sich stellen nur allzu oft eine unnötige Verdoppelung der Wirklichkeit dar und ein bequemes Herumdrücken um Erklärungen, die man sonst durch mühsame Forschung geben müßte.

So hat Jung vermutlich bei der Erforschung des individuellen Unbewußten seiner Patientinnen und Patienten vor der Frage gestanden, wie eigentlich archaische Bilder und Vorstellungen in den Träumen und Phantasien moderner Menschen auftauchen können. Und desinteressiert an Kulturgeschichte und Sozialhistorie, hat er dann kühn geschlossen, daß nicht durchaus geschichtlich nachvollziehbare Traditionsströme aus archaischen Zeiten bis zu uns gelangen, sondern daß sie im kollektiven Unbewußten von vornherein angelagert seien. Die Annahme des Begriffs vom kollektiven Unbewußten erlaubt ihm, den Sprung von Tausenden von Jahren unmittelbar bis in die Gegenwart zu machen, ohne weiter zu berücksichtigen, was dazwischen liegt – nämlich das Patriarchat. Das erspart ihm natürlich die Bewußtmachung und Kritik desselben.

Wir hören jedoch alle einmal Märchen in unserer Kindheit. Mit archaischen Bräuchen kommen wir anläßlich des Oster- und Weihnachtsfestes auch in Berührung. Und Mythen und mythenähnliche Bilder treten uns in der Literatur, sogar im Kino und Fernsehen entgegen, denn unablässig schöpfen die Autoren, mehr oder weniger verzerrend, noch immer aus diesem alten Fundus. So nehmen wir im Laufe unserer Kindheit und Jugend viele archaische Bilder auf, die unsere Kultur mitschleppt, ohne sie zu verstehen oder weiter ernst zu nehmen. In der späteren Berufsausbildung oder in den Universitäten werden wir dann von der herrschenden Kultur indoktriniert, was unsere Kindheitskultur in uns selber zur Subkultur verdrängt. So lagert sich historisch Tradiertes durchaus im individuellen Unbewußten ab, jedoch ein kollektives Unbewußtes muß man nicht annehmen um zu erklären, wie archaische Bilder zu uns gelangen.

Der nüchterne, wissenschaftliche Weg schlägt mit Hilfe von Archäologie, Ethnologie und Folkloristik die Brücke durch die einzelnen Jahrtausende. Damit werden solche Begriffe wie das »kollektive Unbewußte« und die »Archetypen« überflüssig. Sie erweisen sich als theoretische Hilfskonstrukte mangels einer besseren historischen Erklärung. Die Flucht in den Transzendentalismus, der sie zu Wesenheiten an sich erklärt, die man nicht fassen kann – warum soll man sich dann mit ihnen beschäftigen? –, ist zuletzt die Immunisierungsstrategie für die eigene angreifbare Theorie.

Wenn Jung sich inhaltlich über seine Archetypen ausläßt, wird die Angelegenheit von einer anderen Seite her problematisch. Es zeigt sich, daß diese Begriffe mit Vorstellungen gefüllt sind, die aus den ideologisch geprägten Weiblichkeits- und Männlichkeitsbildern der Gegenwart stammen statt aus den Bedeutungen, welche diese Bilder im Rahmen ihrer eigenen Kulturen hatten. Das hat *Gerda Weiler* in ihrem Buch »Der enteignete Mythos« gezeigt[44], in welchem sie die Archetypenlehre glänzend kritisiert. Sie schreibt zur Anima-Animus-Lehre:

»Wenn bisher noch nicht deutlich geworden ist, daß die analytische Psychologie nur an der Ganzheit des Mannes interessiert ist – Jungs Animus-Psychologie räumt jeden Zweifel darüber aus. Wenn dem Mann die Kommunikation mit seinem schöpferischen weiblichen Unbewußten geglückt ist, bringt er sein Werk hervor und bringt es ans Licht. Hat die Frau aber gelernt, mit ihrem Unbewußten umzugehen, so erschöpft sich der Sinn ihrer Introspektion in einer Verbindung ihres Unbewußten mit dem weiblichen Unbewußten des Mannes.« (S. 229)

Die Frau wird hier – wie eh und je im Patriarchat – mit ihrer Seelenkonstruktion dem Mann als helfende Ergänzung zugeordnet; einen Eigenwert hat sie nicht.

»(Jungs) Arbeiten gehen von patriarchalen Vorstellungen über das Weibliche aus. Sie sind daher eine Psychologie des Mannes und nicht der Frau. Für Frauen, die ihrer selbst bewußt werden, sind die patriarchalen Phantasievorstellungen des Weiblichen Zerrbilder. Sie beschreiben abgespaltene Aspekte des Weiblichen, die in dieser Weise isoliert weder vorkommen noch gelebt werden können. Mit der realen Frau haben solche Männerphantasien wenig zu tun.« (S. 201)

Unmißverständlich sagt Gerda Weiler, daß solche kollektiven Weiblichkeits- und Männlichkeitsbilder nicht aus dem kollektiven Unbewußten stammen, sondern aus dem kollektiven gesellschaftlichen Umfeld, von dem klar gezeigt werden kann, wie sie dorthin gelangen – besonders durch die Matriarchatsforschung. Durch diesen historisch-kritischen Rückbezug kann sie zeigen, wie patriarchale Wertungen in die Anima-Animus-Psychologie hineingeschmuggelt werden, so daß nichts anderes hervorgebracht wird als eine Psychologie des Patriarchats.

»Die analytische Psychologie, die angetreten ist, den Menschen mit seinem Unbewußten zu konfrontieren, ermöglicht erst die gigantische Täuschung, Patriarchate seien auf die Macht des Geistes und nicht auf den Geist der Macht gegründet. Sie verdrängt die wirkliche Ursprungsgeschichte des Patriarchats, die eine Geschichte brutaler Gewalt gewesen ist, in den Bewußtseinsschatten.« (S. 234)

Eine solche Psychologie bietet Frauen nur den Schein ihrer Selbstfindung. In Wahrheit hat sie immense Entlastungsfunktion für Männer, weshalb sie von diesen so wichtig genommen wird. Gerda Weiler dazu:

»(Die analytische Psychologie) suggeriert den Frauen, daß ihre persönliche Individuation, ihre Selbstfindung ohne die Erlösung vom Patriarchat möglich sei. Damit lockt sie Frauen in eine Sackgasse. In der Partnerschaft soll gelernt werden, Projektionen zurückzunehmen, während die analytische Psychologie als Kulturpsychologie die kollektiven Projektionen männlicher Ängste und Wünsche auf das Weibliche unkritisch als echte Erfahrungen des Männlichen am Weiblichen tarnt. Dadurch wird das Patriarchat stabilisiert. Weibliche Selbstwerdung ist eine Forderung, die mehr nötig hat als persönliche Individuation. Sie ist keine Privatangelegenheit, denn sie verlangt nicht nur die Rücknahme der Projektionen des persönlichen Partners auf die Frau, sondern vor allem die Rücknahme des kollektiven patriarchalen Unbewußten auf das Weibliche. Erlösung vom Patriarchat bedeutet die kollektive Befreiung des Weiblichen aus der Sündenbockfunktion und die Rückgabe der Verantwortung für die patriarchale Kulturentwicklung an die Männer.
Nicht die ›Furchtbare Mutter‹, sondern die furchtbare Schuld der Väter ist unbewußt in unserer Kultur. Die Projektion dieses Unbewußten hat unschätzbare Entlastungsfunktion, weshalb patriarchale Männer wortgewaltig und phantasiereich dieses ›furchtbare Weibliche‹ in allen abschreckenden Farben schildern.« (S. 215–217)

Ich wage zu behaupten, daß diese Projektionen bei patriarchalen Männern gar nicht so unbewußt sind. Sie sind Absicht und gehören zur psychologischen Herrschaftstechnologie des Patriarchats.

9.2. Archetypenlehre als Geschichtskonstruktion: Erich Neumann

Die patriarchale Kulturpsychologie, die in Jungs Werk steckt, tritt überdeutlich in den Arbeiten seines Anhängers Erich Neumann hervor.[45] Die Entgeschichtlichung von Geschichte oder die Enteignung von Geschichte, wenn wir sie auch als Geschichte der Frau betrachten, nimmt hier erschreckende Ausmaße an.

»Mit der Entdeckung des kollektiven Unbewußten als des gemeinsamen psychischen Fundaments der Menschheit hat der moderne Mensch einen neuen Orientierungspunkt gewonnen. Die Entwicklung des Bewußtseins, die vom fast völlig Enthaltensein im Unbewußten beim Urmenschen bis zur abendländischen Form des Bewußtseins reicht, ist als das eigentliche Anliegen der gesamten Menschheit sichtbar geworden. Die Richtung zum Licht (C. G. Jung) hat sich auf die Dauer als stärker erwiesen als alle Verdunkelungskräfte, welche das Bewußtsein auszulöschen versucht haben.« (»Die Große Mutter«, S. 93)

Die klassisch-patriarchale Stufentheorie Bachofenscher Provenienz läßt grüßen! Wieder ist der Urmensch dumpf, dunkel, unbewußt, und die Richtung geht unaufhaltsam zum patriarchalen Licht. Auch die Wertung ist bereits klar bestimmt: Das Licht ist gut und schön und abendländisch, die Verdunkelungskräfte sind böse. Wir verstehen, daß dies ein »eigentliches Anliegen« ist, aber nicht der gesamten Menschheit, sondern Erich Neumanns und anderer patriarchal geprägter Männer.

Mehr als hundert Jahre nach Beginn der Matriarchatsforschung und ihrer Fortführung in so vielen Zweigen gibt es keine Entschuldigung dafür, daß sämtliche ihrer Ergebnisse ignoriert werden und nur die schlechtmöglichste Ideologie gilt. Dabei kommt folgendes heraus:

»Für die psychologische Betrachtung der Menschheitsgeschichte bedeutet Vorzeit: Zeit der Herrschaft des Unbewußten und der Schwäche des Bewußtseins, Moderne: Zeit eines entwickelten Bewußtseins und einer produktiven Verbindung des Bewußtseins mit dem Unbewußten ... Die psychologische Entwicklung, die wir verfolgen, beginnt mit einer matriarchalen Stufe, in welcher der Archetyp der Großen Mutter herrscht und das Unbewußte dirigiert. Da es uns auf die Darstellung der archetypisch-seelischen Welt ankommt, ist die mit diesem Archetyp verbundene, psychische Welt der Gegenstand unserer Untersuchung. Ob die Herrschaft dieser archetypisch weiblichen Welt mit einer ökonomisch oder politisch hervorragenden Position der Frau verbunden ist oder nicht, ist dabei irrelevant.« (S. 94)

Die ganze Geschichte wird Psychologie, entlang dem verstaubten Muster einer Stufentheorie. Dabei nimmt uns wunder, wie der Archetyp dabei Geschichte und Politik macht, da es die realen Frauen ja offensichtlich nicht tun. Deren Handlungen sind – nach typisch patriarchaler Ansicht – »irrelevant«. Solcherart verwendet wird der Archetyp ein Konstrukt ohne jeglichen Erkenntniswert, ein beliebiger Interpretationsfetisch. An dieser Stelle beginnt uns zu interessieren, wie Neumann überhaupt zu seinem Wissen über Geschichte kommt. Er sagt zu seiner Methode:

»Die Deutung der Symbolik des Unbewußten beim modernen Menschen gibt dem psychotherapeutisch arbeitenden Psychologen für die Interpretation kollektiv symbolischen Materials eine wissenschaftlich empirische Grundlage, welche jedem anderen Wissenschaftler, der sich um dieses Material bemüht, notwendigerweise fehlt.« (S. 96)

Die Deutung der Symbolik des Unbewußten, also eine bloße *Interpretation*, ist noch in keiner Wissenschaft jemals eine empirische Grundlage gewesen. Vor allem nicht, wenn der Psychologe erst aus dem Unbewußten des modernen Menschen eine Symbolik entnimmt, um sie dann in die Geschichte hineinzulesen. Statt dessen hätte er auch fragen können, wie kommen geschichtliche Symbole ins Unbewußte des modernen Menschen hinein – aber da hätte er sich ja mit dem Material beschäftigen müssen, das andere Wissenschaftler erarbeitet haben. So stellt Neumann die Dinge lieber auf den Kopf und benutzt das ominöse »kollektive Unbewußte« dazu, geschichtslos durch die Jahrtausende vor- und zurückzuspringen. Kein ernst zu nehmender Forscher wird das ernst nehmen. Denn hier wird eine Interpretation produziert, dann als wissenschaftlich-empirisch ausgegeben – was bereits Unsinn ist – und aus dieser scheinbaren Empirie wird sie als Ergebnis wieder herausgezogen. Das ist eine petitio principii oder ein Zirkelschluß, bei welchem das, was erst zu beweisen ist, bereits vorausgesetzt wird.

Im Großen wie im Kleinen durchzieht Neumanns Unlogik der Zirkelschlüsse seine Argumentation, was sie als Interpretation um der Interpretation willen entlarvt. Sie bringt keinerlei Erkenntnisgewinn. Auf diese Weise kommen die willkürlichen, phantastischen Geschichtsinterpretationen zustande, welche psychologistische Mythenforscher von sich geben. Dabei könnten sie, statt zu projizieren, durchaus die Psychologie der archaischen Gesellschaften erforschen, nachdem sie sich mit deren Sozialstruktur und Weltbild vertraut gemacht haben – die Ethnologie gibt die Möglichkeit solcher Forschung. Diese Arbeit wird jedoch als »oberflächlich« abqualifiziert, weil das Vehikel des Archetypus wie ein Fliegender Teppich jeder Mühe, Schritt für Schritt zu gehen, enthebt. Das sieht bei Neumann in der Definition von Matriarchat und Patriarchat dann so aus:

»Die Phase, in der das Ich-Bewußtsein in seiner Beziehung zum Unbewußten noch relativ unselbständig ist, wird im Mythos durch den Archetyp der Großen Mutter repräsentiert. Die Konstellation dieser psychischen Situation . . . bezeichnen wir als Matriarchat und nennen im Gegensatz dazu den patriarchalen Akzent die Tendenz des Ich, sich vom Unbewußten frei zu machen und es zu beherrschen. Matriarchat und Patriarchat sind also psychische Stufen. Matriarchat bedeutet daher . . . eine psychische Gesamtsituation, in der das Unbewußte und das Weibliche dominieren, das Bewußtsein und das Männliche noch nicht zu ihrer Eigenständigkeit und Unabhängigkeit gekommen sind.« (Psychologie des Weiblichen, S. 59)

Nun wissen wir es: Matriarchat ist – völlig unabhängig von dem, was es gesellschaftlich war – nur eine psychische Stufe mit den Eigenschaften: weiblich, mütterlich, unbewußt, unselbständig, dumpf, von Dunkelheit umfangen. Patriarchat ist ebenfalls keine gesellschaftliche Wirklichkeit, die uns umgibt, sondern auch nur eine psychische Stufe mit den Eigenschaften: männlich, väterlich, bewußt, selbständig, erwachsen, hell, klar, geistig. Wir stehen wieder denselben Vorurteilen gegenüber, die vor dreitausend Jahren zu Beginn der patriarchalen Geschichte gebildet wurden. Wir wären vielleicht noch einverstanden, wenn Neumann dabei bliebe, »Matriarchat« und »Patriarchat« als psychische Stufen in seinen Patienten zu betrachten, aber er weiß es besser:

»Das matriarchale Bewußtsein gehört zur matriarchalen, in der menschheitsgeschichtlichen Frühzeit kulturbildenden Schicht der Psyche. Es ist charakteristisch für die Geistesart des Weiblichen.« (S. 60)

Nun wird verallgemeinert auf den Geist der Frau überhaupt und auf die geschichtliche Frühzeit überhaupt. Bachofens Klischees, die auch bei ihm nicht gerade neu sind, auf die schlimmste Weise vereinseitigt und breitgetreten, im Jahre 1975! Das führt, im Gegensatz zur sachbezogenen Forschung Bachofens, zu einer überall hinschwimmenden Symboldeuterei, die mit ihrem Material äußerst dilettantisch umgeht. Ein Beispiel aus der Mond- und Sonnenmythologie:

»Die Neumondphase kann als Tod des weiblichen Mondes in der Umarmung der Sonne wie als Tod des guten Mondmannes in der Umarmung der bösen Sonnenfrau angesehen werden.« (S. 61, aus der Untersuchung über Mond- und Sonnenmythologie)

Wie seltsam: Wenn die Mythe sagt, daß der weibliche Mond in der Umarmung der männlichen Sonne stirbt, ist das neutral. Handelt es sich aber um das Umgekehrte, dann ist der Mann gut und die Frau böse. Der Archetyp von der verschlingenden, furchtbaren Mutter winkt herüber! Noch kurioser wird es, wenn Neumann aus den sehr wenigen mythischen Beispielen eines männlichen Mondes – gegenüber der überwältigenden Mehrheit von Mondgöttinnen – schließt, daß es der Mond sei, der männlich-archetypische Züge habe. Auf einmal ist nicht mehr von der Mondgöttin die Rede, sondern nur noch vom Mond als »Herrn der Frauen«. Er wird aufgeblasen zum »Herrn des weiblichen Lebens in seiner Eigentlichkeit«, der bei der ersten Menstruation die Frauen vergewaltige und gewissermaßen seelisch defloriere (S. 67). Aus welcher Zeit und von welchem Stamm er diese Mythe nimmt, sagt Neumann nicht. Statt dessen weiß er:

»In einer verblüffenden Konsequenz wird auch hier die Aktivität des Weiblichen von der des Mondes überstrahlt, denn der Mond tritt auf als Spinner und Weber, als Herr des Backens, des Töpferns und der Flechterei, als Erfinder der Kleidung und des Körperschmucks und erweist sich auch hier als Herr des weiblichen Lebens.« (S.367)

Nicht nur, daß die Frau als Subjekt in dieser psychischen Geschichte der Menschheit niemals emporkommt, auch die üblichen weiblichen Tätigkeiten sind keineswegs ihre Sache. Und wenn Männer sie nicht erfanden, so ist es offenbar der Mond gewesen!

»Von dieser Tendenz des matriarchalen Bewußtseins stammt möglicherweise die im Vergleich mit der des Mannes geringere sichtbare geistige Leistung der Frau, das Fehlen des schöpferischen Werkes. In diesem Sinne ist das Männliche mit seiner Entwicklung zum patriarchalen Bewußtsein dem Weiblichen eine Stufe voraus. Die Sonnenwelt, als das Neue und Überlegene, tritt in Gegensatz zur Mondwelt wie das Patriarchat zum Matriarchat.« (S. 97)

Selbstverständlich haben die Frauen nichts Schöpferisches, wenn sogar im vollen Matriarchat der Mond alles für sie tut! Und wir haben fast geahnt, daß das Patriarchat das Bessere und Überlegenere ist! Hier tritt uns der patriarchal-pathologische Hintergrund der Archetypenlehre unverhüllt entgegen, der Neumann noch zu diesem grundlosen Ausruf bringt:

»Die patriarchale Weltordnung ist genau die Umkehrung der früheren matriarchalen Ordnung, in der das Weibliche dominiert.« (S. 63)

Woher weiß er das? Vor allem, nachdem er vorher festgestellt hat, daß die Männer im Patriarchat eine Menge tun, was Frauen im Matriarchat niemals fertiggebracht haben? Hier wird die Projektion zur Methode erhoben und als »archetypischer Tiefenblick« sanktioniert. Eine neue ideologische Rechtfertigung des Patriarchats just zur rechten Stunde, nämlich dann, als die patriarchalen Großreligionen zur Rechtfertigung derselben Zustände allmählich versagen.

Die mit großartiger, interpretativer Geste wieder gerettete patriarchale Geschichtsklitterung hat dennoch ihr Gegenwartsproblem:

»Die Differenzierung, die im modernen patriarchalen Bewußtsein gipfelt, hat auch zur Neurotisierung des modernen Menschen geführt, zu seiner Selbstentfremdung und zu einem gefährlichen Verlust der schöpferischen Lebendigkeit seiner Psyche. Deswegen ist der Wiederanschluß an das Unbewußte, gerade auch für das Männliche, von höchster Bedeutung.« (S. 100)

Welche Erkenntnis, daß das patriarchale Bewußtsein zur Kulturneurose geführt hat, die uns auch aus Neumanns Werk deutlich entgegenspringt! Diese Einsicht ist uns eigentlich nicht neu, und der vorgeschlagene Weg, der aus dem Dilemma führen soll, auch nicht: Der Mann möge nur seine weibliche Seite in sich entdecken, möglichst unter Mithilfe der Anima einer mütterlich-unbewußten Frau, die er so notwendig zu seiner Ergänzung benötigt!

»Für das Männliche ebenso wie für das Weibliche ist die Ganzheit erst dann erreichbar, wenn sie in einer Verbindung der Gegensätze: Tag und Nacht, Oberes und Unteres, patriarchales und matriarchales Bewußtsein, zu der ihnen eigentümlichen Produktivität gelangen und sich gegenseitig ergänzen und befruchten.« (S. 101)

Das klingt nach einer verführerischen Utopie. Unter Ausschluß der Patriarchatsgeschichte und des Leidens der Frauen in dieser Gesellschaftsform fügt man(n) nur ein bißchen Gegensätzliches zusammen, und die Welt ist wieder in Ordnung! Mann und Frau, Bewußtes und Unbewußtes ergänzen sich so gut und befruchten sich problemlos gegenseitig – vor allem dann, wenn der Mann als Mittelpunkt der Welt in der Hierarchie oben bleibt. Hierbei geht Neumann sowie allen Anhängern dieser absurden Theorie verloren, daß sich »matriarchales« und »patriarchales Bewußtsein« – als geschichtliche Größen betrachtet und nicht als verschwimmende, psychologistische Fetische – niemals ergänzen können, weil sie sich in der Geistes- und Lebenshaltung ausschließen. Man kann nicht ein bißchen herrschaftsdurchzogene und ein bißchen herrschaftsfreie Gesellschaft mischen, und alles ist wieder gut! Die freundliche Ergänzung hat ihre Grenzen, die Versöhnung der Menschheit auf Kosten der Frauen findet nicht statt. Der einzige Weg, der aus dem Dilemma der patriarchalen Kulturneurose führt, ist der, daß Männer durch ein geschichtlich verstandenes »matriarchales Bewußtsein« zur Patriarchatskritik und zur Selbstkritik finden und daß Frauen aus ihrer Selbstentfremdung und Zerstörung durch zuviel verinnerlichtes »patriarchales Bewußtsein« endlich herauskommen.

9.3. Geschichte im Licht von Psychoanalyse und Gesellschaftstheorie: Erich Fromm

Erich Fromm[46] verbindet, ähnlich wie Wilhelm Reich, die psychologische und sozialhistorische Perspektive im Rahmen der marxistischen Gesellschaftskritik. Er bestimmt das Verhältnis von Psychologie und Gesellschaftstheorie prägnant:

»Es sei daran erinnert, daß eine solche psychische Produktivkraft zwar aus den Inhalten und den Mechanismen des seelischen Apparates zu verstehen ist, daß aber ihr Auftreten zu einer bestimmten Zeit und in einer bestimmten gesellschaftlichen Situation von der ökonomischen und gesellschaftlichen Realität bedingt wird.« (»Analytische Sozialpsychologie«, S. 114)

Fromm zeigt ein tiefes und sensibles Verständnis für Bachofens wissenschaftliche Leistung. Er benennt die emanzipatorische Stoßrichtung der Mutterrechtstheorie folgendermaßen:

»Bis zum Ende des ersten Weltkriegs war das patriarchalische System in Europa und Amerika unerschüttert, so daß der bloße Gedanke, Frauen könnten im Mittelpunkt eines gesellschaftlichen oder religiösen Gefüges stehen, unvorstellbar und absurd erschien. Aber die sozialen und psychologischen Veränderungen der letzten vier Jahrzehnte lassen den Grund erkennen, weshalb das Problem des Matriarchats ein neues und tiefes Interesse erweckt. Erst jetzt, so scheint es, sind Veränderungen im Gange, welche eine Neueinschätzung von Ideen verlangen, die über hundert Jahre in Schlummer gelegen haben.« (S. 71, »Sozialpsychologie«)

Zugleich weist er auf die Probleme von Bachofens theoretischer Interpretation hin, welche ihn in die Nähe von romantisierenden Philosophen gerückt haben. So konnte Bachofens emanzipatorischer Ansatz immer wieder von konservativen, irrationalen Philosophen und Psychologen vereinnahmt werden – wohin das führt, haben wir am Beispiel Erich Neumann soeben gesehen.

Fromm verteidigt den emanzipatorischen Gehalt von Bachofens Forschung gegen diesen selbst und seine reaktionären Vereinnahmer:

»Nach Bachofen ist das mütterliche Prinzip das des Lebens, der Einigkeit und des Friedens. Die für das Kleinkind sorgende Frau wendet ihre Liebe über ihr eigenes Selbst hinaus anderen menschlichen Wesen zu und richtet alle ihre Gaben und ihre Einbildungskraft auf das Ziel der Bewahrung und Verschönerung eines anderen Menschen. Das Prinzip der Mutterherrschaft(?) ist allumfassend, während das patriarchale System ein System der Beschränkungen ist. Die Vorstellung, daß alle Menschen Brüder(?) seien, ist im Prinzip der Mutterschaft verwurzelt. Sie verblaßt mit der Entwicklung der patriarchalischen Gesellschaft. Das Matriarchat ist die Grundlage des Prinzips universaler Freiheit und Gleichheit, des Friedens und liebender Menschlichkeit. Es ist auch die Grundlage wohlüberlegter Sorge um materielles Wohlergehen und irdisches Glück.« (S. 71/72; Fragezeichen von mir)

Diese Summe, die Fromm aus Bachofens Werk zieht, übernimmt er für sich selbst und nennt sie im folgenden den »matriarchalischen Komplex«. Dieser ist ein komplexes Gefüge von Wertprinzipien und Lebenshaltungen, die sich aus der Grundtatsache einer *unabhängigen* Mutterschaft und Mütterlichkeit ergeben.

Klar unterscheidet er davon die *abhängige,* patriarchalisierte Mutterschaft, die solche Werthaltungen nicht mehr hervorbringen kann:

»Diese Züge (der unabhängigen Mutterschaft) weichen allerdings erheblich von dem konventionellen Bild der Mutter in der gegenwärtigen patrizentrischen Gesellschaft ab. Diese kennt im Wesentlichen nur Mut und Heldentum des Mannes, während die Gestalt der Mutter im Sinn des sentimental Schwächlichen umgedeutet wird. Die Veränderung der Figur der Mutter ist ein Ausdruck für die gesellschaftlich bedingte Störung der Mutter-Kind-Beziehung. Eine weitere Folge dieser Störung ist eine Einstellung, in der anstelle des Wunsches nach der Liebe der Mutter der Wunsch tritt, Beschützer der Mutter zu sein, die hochgehalten und über alles gestellt wird. Nicht nur die Mutter hat die Funktion des Schützens, sondern sie muß beschützt und rein erhalten werden. Diese Reaktionsbildung auf die Zerstörung der ursprünglichen Beziehung zur Mutter erstreckt sich auch auf diese repräsentierende Symbole wie Land, Volk, Erde und spielt in den extrem patrizentrischen Ideologien der Gegenwart eine wichtige Rolle ... Dem entspricht auch die Stellung der Frau in diesen Systemen.« (S. 106/107, »Sozialpsychologie«)

Diese hellsichtige Unterscheidung zwischen dem matriarchalen und dem patriarchalen Muttertypus erspart das Projizieren abgespaltener patriarchaler Mutterbilder wie die madonnenhaft reine »gute Mutter« einerseits und die »furchtbare Mutter« andererseits auf die frühe Geschichte. Den »patriarchalischen Komplex« charakterisiert Fromm folgendermaßen:

»Der patrizentrische Typ ist durch einen Komplex charakterisiert, in dem strenges Über-Ich, Schuldgefühle, gefügige Liebe gegenüber der väterlichen Autorität, Herrschlust gegenüber Schwächeren, Akzeptieren von Leiden als Strafe für eigene Schuld und gestörte Glücksfähigkeit dominierend sind.« (S. 107)

Fromm legt hier die freudianische Analyse des »Ödipuskomplexes« der Knaben zugrunde, welche als Analyse des Entwicklungsprozesses von Männern im Rahmen patriarchaler Kultur durchaus ihre Berechtigung hat – aber nur hier und nicht als Interpretation von Frühgeschichte! Denn nichts anderes haben Freud und Jung/Neumann getan, als das patriarchale Vaterbild und das patriarchale Mutterbild – deren Analyse in der Gegenwart Berechtigung hat – in die Frühgeschichte hineinzuverlegen, so als seien sie schon immer dagewesen. Und Fromm vermag mit seiner sozialkritischen Unterscheidung genau diese beiden Projektionen aufzulösen.

So weit, so gut. Nachdem er den »matriarchalischen« und den »patriarchalischen Komplex« in dieser Weise definiert hat, daß wir den Eindruck haben, der erstere stelle für ihn einen positiven Wert, der letztere hingegen einen negativen Wert dar, macht Fromm jedoch noch eine zusätzliche Unterscheidung. Er benennt das Positive und das Negative in beiden »Komplexen«, das lautet dann so:

»Die Unterwerfung unter den Vater ist etwas anderes als die Bindung an die Mutter. Letztere stellt eine Fortsetzung der natürlichen Bindung, die Fixierung an die Natur dar. Erstere ist vom Mann geschaffen und künstlich und basiert auf Macht und Gesetz, weshalb sie (paradoxerweise) weniger zwingend und mächtig ist als die Bindung an die Mutter. Während die Mutter die Natur und die bedingungslose Liebe repräsentiert, repräsentiert der Vater die Abstraktion, das Gewissen, die Pflicht, das Gesetz, die Hierarchie. Die positiven Aspekte des patriarchalischen Komplexes sind Vernunft, Disziplin, Gewissen und Individualismus. Die negativen Aspekte sind Hierarchie, Unterdrückung, Ungleichheit und Unterwerfung.« (S. 51/52, »Wege«)

Hier wird es kritisch! Denn auf die Seite des »patriarchalischen Komplexes« geraten alle geistigen Werte: Abstraktion, Vernunft, Disziplin, Gewissen und so weiter, während für den »matriarchalischen Komplex«, trotz seines vorherigen Lobpreises, nur die Fixierung an die Natur und die bedingungslose Liebe übrigbleiben. Das kann nicht gutgehen, vor allem nicht, wenn nicht erklärt wird, *in welcher Hinsicht* »Vernunft, Disziplin, Gewissen und Individualismus« im Patriarchat positive Werte sein sollen. Oder handelt es sich um Vernunft, Disziplin, Gewissen, Individualismus an sich, ohne jede Geschichte, Sozialstruktur und Ökonomie? Könnte es nicht sein, daß Vernunft, Disziplin, Gewissen und Individualismus in beiden Gesellschaftsformen eine Rolle spielten, daß es aber einen verschiedenen Umgang mit ihnen gab? Wie schade, daß Fromm an dieser Stelle zugunsten leerer abstrakter Begriffe seine sonstige sozialkritische Genauigkeit verläßt!

Es kommt, wie es kommen muß, wenn wir nun die negativen Kennzeichen des »matriarchalischen Komplexes« hören:

»Wenn (der Mensch) auch aus der Natur herausgetreten ist, bleibt doch die Welt der Natur seine Heimat, in ihr ist er noch immer verwurzelt. Er sucht durch Regression und Identifizierung mit der Natur, mit der Welt der Pflanzen und Tiere Sicherheit zu erlangen. Dieser Versuch, sich auch weiterhin an die Natur zu klammern, ist in vielen Mythen und religiösen Ritualen deutlich zu erkennen.« (S. 54)

Wie sonderbar: Wenn der Mensch des »matriarchalischen Komplexes« noch in der Natur verwurzelt ist, warum sollte er sich an sie klammern? Solche Reaktionen sind eher bei Entwurzelten zu beobachten. Und warum sollte er sich als Urmensch regressiv mit der Natur identifizieren, wenn er noch keine höhere Kulturstufe erlangt hat, von der er regredieren könnte? Hier wird, nach freudianischem Muster, ein kulturneurotischer Befund unserer spätpatriarchalen Zivilisation wieder in die Frühgeschichte und den »matriarchalischen Komplex« hineinverlegt. Und weiter:

»Der Einzelne fühlt sich mit der Natur identisch und zugehörig zu ihr, er ist ein Teil der Natur. Das gleiche gilt für seine Beziehung zum Boden, auf dem er lebt. Das Einigende in einem Stamm ist oft nicht nur das gemeinsame Blut, sondern auch der gemeinsame Boden, und erst diese Kombination von Blut und Boden macht den Stamm zur wahren Heimat und zum Orientierungsrahmen für jedes einzelne Mitglied.« (S. 54, »Wege«)

Der arme matriarchale Urmensch: Nun ist er auch noch von vornherein faschistoid! Hier holt Bachofens romantisierend-reaktionäre Ideologie Fromm – obwohl er sich davon distanzierte – böse ein. Denn um über spätpatriarchale Seelenkomplexe etwas zu wissen, dafür mag Freud ein guter Gewährsmann sein. Aber um die matriarchale Gesellschaftsform und die damit verbundene Seelenlage zu kennen, dafür reicht Bachofen allein nicht aus! Wieder wird ein eklatanter Mangel an Kenntnis schon geleisteter Matriarchatsforschung sichtbar, der solche Fehlleistungen verhindert hätte.

Mit diesen beiden äußerst problematisch erweiterten Begriffen des »matriarchalischen« und »patriarchalischen Komplexes« skizziert Fromm nun den Geschichtsverlauf in großen Zügen. Und wir erwarten, daß er bei diesem schematischen Verfahren am Ende das herauszieht, was er am Anfang begrifflich hineingesteckt hat. Wir werden nicht enttäuscht!

»Genau wie das Kind in der Mutter verwurzelt ist, ist der Mensch in seiner historischen Kindheit, die zeitlich den weitaus größten Teil seiner Geschichte ausmacht, in der Natur verwurzelt ... Er begann als Sammler und Jäger, und hätte er nicht primitive Werkzeuge besessen und Feuer machen können, so könnte man von ihm wohl sagen, daß er sich kaum vom Tier unterschieden hätte.« (S. 54/55, »Wege«)

Den frühesten Menschen, der eine erste geistige Kultur geschaffen hat, und zwar ohne Erbe anderer Vorleistungen, auf eine Stufe mit Kindern und Tieren zu stellen, ist die Arroganz der Späteren und widerspricht der neuen Forschung zur Urgeschichte (zum Beispiel Marie König). Abgesehen davon tritt in dem stereotypen Vergleich der Frühgeschichte mit der individuellen Kindheit ein unhaltbarer Biologismus zutage, den die Psychologen aufgebracht haben und der jegliche Uralt-Stufentheorie der Geschichte durch die Hintertür wieder einführt.

Fromm skizziert dann seine Geschichtslinie zu den matriarchalen Ackerbaukulturen hin, die von der Religion der Großen Mutter geprägt sind. Es folgt die patriarchale religiöse Revolution des Echnaton in Ägypten, und zur gleichen Zeit sieht Fromm die Entwicklung der mosaischen Religion in Palästina mit ähnlichen Prinzipien. Er weist darauf hin, wie sich in der jüdischen Tradition, deren Fundamente das Alte Testament gelegt hat, ein extremer Patriarchalismus entwickelt, durch den aber noch immer alte matriarchale Elemente hindurchschimmern:

»Anstelle der Ebenbürtigkeit aller Kinder in den Augen ihrer Mutter finden wir hier den Lieblingssohn, der dem Vater am ähnlichsten ist und den dieser, als seinen Nachfolger und Erben seines Besitzes, am meisten liebt. Im Kampf um die Stellung des Lieblingssohnes und damit um das Erbe werden die Brüder zu Feinden, die Ebenbürtigkeit macht der Hierarchie Platz.« (S. 57, »Wege«)

Hier sehen wir die beiden Prinzipien des »matriarchalischen« und des »patriarchalischen Komplexes« in Konflikt, wobei letzterer im Alten Testament den Sieg davonträgt. Fromm wertet dies – in Widerspruch zu seiner sonstigen Patriarchatskritik – positiv:

»Das Alte Testament gebietet nicht nur ein strenges Inzest-Tabu, es verbietet auch die Bindung an den Boden. Die Lehren der Propheten richten sich gegen die neue inzestuöse Bindung an Boden und Natur, wie sie sich im kanaanitischen Götzendienst zeigt.« (S. 57, »Wege«)

Hier wundern wir uns, was die »neue inzestuöse Bindung an Boden und Natur« denn sein soll? Etwa die Verehrung der Göttin als Erdmutter auf seiten der kanaanitischen Stämme? Jetzt wird eine an sich schon fragwürdige psychoanalytische Verwendung des Inzest-Begriffs, der in der Geschichte der menschlichen Familienentwicklung ziemlich spät aufkommt – wie die Diskussion verschiedener Autoren gezeigt hat –, schlicht auf frühgeschichtliche Zustände übertragen. Auf einmal, unter der Hand und reichlich unklar wird den Menschen des »matriarchalischen Komplexes« noch der Inzest mit Boden und Natur, die sie als ihre »Mutter« respektieren und achten, bescheinigt. Wir fürchten Schlimmstes!

Fromm skizziert weiter, wie die jüdisch-christliche Tradition den moralischen Aspekt des patriarchalen Geistes betont, während das griechisch-philosophische Denken den intellektuellen Aspekt desselben patriarchalen Geistes hervorbringt. Er weist darauf hin, wie sich beide in der nachfolgenden Kulturentwicklung in Rom und im christlichen Abendland verschränken. Eine Vereinnahmung des »matriarchalischen Komplexes« sieht er zu Recht noch einmal im Marienkult, ohne den sich die christliche Kirche nicht hätte durchsetzen können. Und der »patriarchalische Komplex« lebt im Gegensatz dazu kräftig mit dem Beginn der Neuzeit wieder auf, was seinen Ausdruck in der protestantischen Reformation und den rationalen Wissenschaften findet – nicht zuletzt auch in der Ermordung von neun Millionen Frauen als »Hexen«, ein Faktum, das Fromm entgeht.[47]

Eine glänzende Idee ist es, daß er auch dann den »matriarchalischen Komplex« nicht völlig aus der europäischen Geschichte verschwinden sieht, sondern seine geistige Wirkung in verschiedenen oppositionellen Bewegungen erkennt:

»Der matriarchalische Komplex ist sowohl in seinem positiven wie auch in seinem negativen Aspekt keineswegs von der westlichen Szene verschwunden. Sein positiver Aspekt: Die Idee von der Gleichheit aller Menschen, von der Heiligkeit des Lebens und dem Recht aller auf ihren Anteil an den Früchten der Natur, fand seinen Ausdruck in den Ideen des Naturrechts, des Humanismus, der Aufklärungsphilosophie und in den Zielsetzungen des Demokratischen Sozialismus. Allen diesen Ideen gemeinsam ist die Vorstellung, daß alle Menschen Kinder der Mutter Erde sind und ein Recht darauf haben, von ihr ernährt zu werden und glücklich zu sein, ohne zuvor dieses Recht durch Leistungen von bestimmtem Rang nachweisen zu müssen.« (»Wege«, S. 61)

Das zeigt uns, daß die Nachwirkung der matriarchalen Kulturepoche nicht auf die Relikte in bäuerlich-ländlichen Bräuchen und Erzählungen beschränkt bleibt, sondern daß matriarchale Werte und Lebenshaltung eine geistige Nachwirkung bis in die Gegenwart haben – auch wenn dieser Traditionszusammenhang nicht bewußt ist. Darauf hingewiesen zu haben, ist ohne Zweifel ein Verdienst Erich Fromms. Um so enttäuschender ist es dann, wenn er die – von ihm über den freudianischen Umweg hineingelegten – negativen Züge des »matriarchalischen Komplexes« in der neuen europäischen Geschichte so beschreibt:

»Aber neben der Entwicklung der positiven Aspekte des matriarchalischen Komplexes besteht in der europäischen Entwicklung auch der negative Aspekt – Regression auf die Bindung an Blut und Boden – weiter und verstärkt sich sogar noch. Der von den Bindungen des mittelalterlichen Gemeinschaftslebens befreite Mensch fürchtete sich vor der neuen Freiheit, die ihn in ein isoliertes Atom verwandelte, und flüchtete sich in einen neuen Götzendienst an Blut und Boden, zu dessen augenfälligsten Ausdrucksformen Nationalismus und Rassismus gehören. Diese neuen totalitären Systeme sind Manifestationen der inzestuösen Bindungen unserer Zeit.« (S. 62, »Wege«)

Da haben wir den theoretischen Zirkelschluß! Und wie immer wird es dann sehr widersprüchlich: Es soll der »matriarchalische Komplex« sein, der zu den extremen Formen des faschistischen Nationalismus und Rassismus führte – ausgerechnet jene Lebenshaltung, die von Gleichheit und Freiheit aller Menschen geprägt ist? Und was ist das für eine »neue Freiheit«, vor der sich der Mensch fürchtet, daß er zum Nationalismus greift? Es ist die »Freiheit«, in »ein isoliertes Atom verwandelt zu werden« – nicht etwa die Freiheit vom Herrschaftszwang. Vor letzterer haben sich Menschen nämlich noch nie gefürchtet! Erstere ist durchaus zum Fürchten, und sie ist patriarchaler Herkunft. Hingegen hat die Freiheit, ohne Herrschaftszwang zu leben, in matriarchalen Gesellschaften – die wir als »regulierte Anarchien« erkennen konnten – schon immer bestanden. Und zugleich haben sie, in Freiheit, jenes Gemeinschaftsleben in den Gentilgesellschaften geschenkt, aus dem der patriarchale Mensch »seit dem Mittelalter« – vielleicht schon früher – herausgefallen ist. Aber nicht in die Freiheit, sondern in die Trostlosigkeit des isolierten und damit beherrschbaren Individuums im Patriarchat!

Jene »inzestuöse Bindung an Blut und Boden«, die faschistische und totalitäre Systeme zeigen – was Fromm zu Recht brandmarkt –, hat eher etwas mit den »extrem patrizentrischen Ideologien« zu tun, die er so deutlich im Zusammenhang mit dem patriarchalen Mutterbild genannt hat (siehe Zitat oben): Zugrunde liegt eine – durch patriarchale Kontrolle – gestörte Mutter-Kind-Beziehung auf beiden Seiten, die in der Tat Neurosen auslöst. Heraus kommt das Heldentum des Mannes und die schwächliche Sentimentalisierung der Mutter, die nun beschützt und rein erhalten werden muß. So geht es der individuellen Frau in diesen Systemen, und über sie hinaus werden ähnliche Projektionen noch auf Volk, Land und Erde losgelassen. Das ist eine typische patriarchale Spätblüte, wo das System sich zerstörerisch gegen sich selbst zu kehren beginnt.

Auch diese Analyse verdanken wir Fromm. Und wenn er sich an seine eigene Einsicht gehalten hätte, daß matriarchales und patriarchales Mutterbild sich erheblich unterscheiden und daß Nationalismus und Rassismus zu den Extremen des »patriarchalischen Komplexes« gehören und nicht zum »matriarchalischen Komplex«, so hätte er sich einen krassen Widerspruch und seinen Leserinnen und Lesern manche Verwirrung erspart.

Zusammenfassung der Thesen:

- Die unabhängige (matriarchale) Mütterlichkeit unterscheidet sich von der abhängigen (patriarchalen) Mütterlichkeit: Erstere ist geprägt vom mütterlichen Prinzip des Lebens, der Einigkeit, des Friedens und der Gleichheit aller Menschen; letztere ist ein sentimentales Projektionsbild in patriarchalen Systemen, die auf einer neurotischen Störung der Mutter-Kind-Beziehung beruhen (Fromm).

- Nationalismus und Rassismus, die am stärksten zum Ausdruck kommen in faschistischen, totalitären Systemen, übertragen das *patriarchale Mutterbild* auf Volk, Land, Erde; sie sind die Extreme patriarchaler Ideologien (Fromm, erste Aussage).

- Die Werte unabhängiger, matriarchaler Mütterlichkeit finden – abgesehen von folkloristischen Relikten – in der patriarchalen Epoche ihre geistige Weiterentwicklung in oppositionellen Strömungen mit den dazugehörigen Philosophien: Naturrecht, Humanismus, Aufklärungsphilosophie, Demokratischer Sozialismus/Marxismus (Fromm).

Steinbock, das Harte, die Arbeit

10. Politischer Mißbrauch der Matriarchatsforschung im Nationalsozialismus

10.1. Der extreme Patriarchalismus in der Nazi-Ideologie: Rosenberg, Gotschewsky

Haben wir bisher schon gesehen, zu welchen Männerphantasien die Matriarchatsforschung herhalten mußte, so wird es besonders schlimm bei ihren nationalsozialistischen Vereinnahmern. Was hier mit Bachofens Werk gemacht wurde, ist übel, und wir können noch einmal beobachten, daß seine Sachforschung in ihrer Bedeutung ignoriert, seine Ideologie dagegen gierig aufgegriffen wird.

So wundern wir uns gar nicht, wenn *Alfred Rosenberg*,[48] einer der Ideologen des sogenannten »Dritten Reiches«, folgende bei Bachofen schon angelegte Assoziationsreihen bastelt: Matriarchat hat zu tun mit Mutter, Erde, Nacht, Tod und Materie. Patriarchat hat hingegen zu tun mit Vater, Wille, Geist, Himmel und Licht. Obwohl uns anhand dieser geistlosen Wiederholungen langsam das Gähnen ankommt, werden wir von Rosenberg noch belehrt, daß Bachofen sich selber nicht ganz verstanden habe, weil er keine bestimmte Rasse angeben konnte, welche das neue Lichtsystem bringe. Dafür weiß er es:

»Am schönsten geträumt wurde der Traum des nordischen Menschentums in Hellas. Welle auf Welle kommt aus dem Donautal und überlagert neuschöpferisch die Urbevölkerung. Spätere dorische Stämme stürmten erneut die Festen der fremdrassischen Ureinwohner, versklavten die unterjochten Rassen und brachen das Herrschertum des sagenhaften phönizisch-semitischen Königs Minos, der durch seine Piratenflotte bis dahin die später sich Griechenland nennende Erde befehligte. Als rauhe Herren und Krieger räumten die hellenischen Stämme mit der heruntergekommenen Lebensform des vorderasiatischen Händlertums auf, und mit den Armen der Unterjochten erschuf ein Schöpfergeist ohnegleichen sich Sagen aus Stein und erzwang sich Muße, ewige Heldenmärchen zu dichten und zu singen. Eine echt aristokratische Verfassung verhinderte die Blutmischung. Die sich durch Kampf verringernden nordischen Kräfte wurden durch neue Einwanderungen gestärkt. Die Dorer, dann die Mazedonier, schützten das schöpferische blonde Blut, bis auch diese Stämme erschöpft waren und die vielfache Übermacht des Vorderasiatentums durch tausend Kanäle einsikkerte, Hellas vergiftete und anstelle des Griechen den späteren charakterlosen Levantiner zeugte, der mit dem Griechen nur den Namen gemeinsam hat.« (S. 34)

Wir hören, er redet von den Indoeuropäern, die in der Tat die (vielleicht blonden) Eroberer waren. Daß sie sich wie Herren und Krieger benahmen, welche die anderen Völker unterjochten und sie zur Sklavenarbeit zwangen, stimmt auch. Daß sie aristokratisch und patriarchal waren oder wurden, stimmt auch. Nur können wir das in keiner Weise so großartig finden wie Rosenberg!

Ihr »Schöpfergeist« ist ein rassistisches Märchen, genauso erfunden wie die anderen geschichtlichen Angaben: König Minos ein phönizischer Semit (die Phönizier lebten *nach* der minoischen Kultur), die minoische Kultur basiert nur auf einer Piratenflotte, und diese »fremdrassischen Ureinwohner« haben große Festungsanlagen besessen, welche das »blonde Blut« heldenhaft stürmen mußte. Wie hat Rosenberg denn Bachofen gelesen?

Aber die noch greifbaren geschichtlichen Tatsachen interessieren nicht, wenn es um ideologische Lügen geht. Die matriarchalen Kulturen sind bei Rosenberg von vornherein minderwertig, weil sie von minderwertigen »fremdrassischen Ureinwohnern«, die sogar des Semitentums verdächtig sind, getragen wurden. In der Verherrlichung des Krieges und des Patriarchats und in der zynischen Abwertung der matriarchalen Kulturen – ohne diese genauer zu kennen – zeigt sich der extreme Patriarchalismus des Nazi-Ideologen. Extrem wird er durch die Rassenmetaphysik:

»Soll überhaupt Geschichte Charakterdeutung sein, Darstellung eines Wesens im Ringen um die Ausgestaltung seines eigensten Ichs, so werden wir eben die germanischen Werte von allen anderen scheiden müssen, wenn wir uns selbst nicht wegwerfen wollen. Die Germanen, die Deutschen, haben sich nicht aufgrund einer nebelhaften ... Zielsetzung entwickelt, sondern sie haben sich entweder behauptet oder sind zersetzt und unterjocht worden. Mit dieser Einsicht verschiebt sich nun aber das Panorama der gesamten Geschichte der Rassen und Völker und Kulturen der Erde.« (S. 40 ff.)

Die Dinge werden jetzt ungeheuer einfach, weil es eine feste, unverrückbare Wesenheit gibt, nämlich die Rasse, die immer in ihren Eigenschaften schon gegeben ist und keinerlei Wandlungen durchmacht. Hier wird der romantisierende Begriff der »Volksseele« zur »Rassenseele«, wobei dann eindeutig die eigene Rasse die beste ist! Hier kommt der patriarchale Chauvinismus, der von Anfang an diese Gesellschaftsform durchzieht, zu seinem traurigen Höhepunkt. Die Sache ist zur gleichen Zeit makaber, weil wir wissen, zu welchem Holocaust an den deutschen Bürgern jüdischer Herkunft diese Ansichten geführt haben.

Uns interessiert nun die Stellung der Frau in dieser edlen nordischen Rasse, denn bisher haben wir nur etwas von Eroberern, Kriegern und Herren gehört. Dazu zwei Bemerkungen Rosenbergs:

»Die nordischen Stämme der Hellenen anerkannten ihrerseits vor ihrem Einzug in die spätere Heimat nicht die Weiberherrschaft als erste Entwicklungsstufe, sondern folgten vom ersten Tage ihres Daseins dem Vatergebot.« (S. 41)

Zwei Irrtümer tauchen auf: Matriarchate seien Weiberherrschaft, und die Indoeuropäer hätten von Anfang an Patriarchat besessen. Beides ist falsch, aber nach der Rassenmetaphysik muß es so sein, weil Matriarchat von der minderwertigen und Patriarchat angeblich von der hochwertigen Rasse stammt. Sogleich folgt der Weiblichkeitsbegriff:

»Die Moiren (Schicksalsgöttinnen) sind weiblich, weil im Weibe das Unpersönliche allein herrscht, es die willenlos-pflanzenhafte Trägerin der Gesetze ist.« (S. 42)

Die Frau ist willenlos und pflanzenhaft! Das wird ihr sicherlich beim nordischen Männertum eine großartige Stellung geben!

»Durch die Stiftung der Ehe erhält innerhalb des nordisch-apollinischen Prinzips die Frau, die Mutter eine neue, ehrenvolle Stellung. Die edle, fruchtbare Seite des Demeter-Kultes tritt hervor, ... wo Apoll, der Grieche, sich als Herrscher zu behaupten vermag.« (S. 47)

Es ist klar: Das nordische Männertum stiftet die Monogamie, die Einehe, und in dieser erhält die nordische Frau als Mutter eine neue, ehrenvolle Stellung – aber nur, solange der Mann wie ein Apoll herrscht. Daß der Demeter-Kult damit nichts zu tun hat, sondern – laut Bachofen – zum Matriarchat gehört, hat Rosenberg nicht bemerkt. Denn im Demeter-Kult ist ein matriarchales, unabhängiges Mutterbild bewahrt, was aber nicht sein darf, denn mit

seinem verdrehten Denken schießt Rosenberg sofort auf das patriarchale Mutterbild los. Dieses lieben die Nazis!

Entlarvend wird es mit der Rolle der nordischen Frau im »Dritten
Reich« dann bei der Ideologin *Lydia Gotschewsky*.[49] Sie polemisiert
kräftig gegen die Unterordnung der deutschen Frau durch oriental-
isch-jüdisches Denken, das sie in den christlichen Kirchen fortgesetzt sieht, und gegen bürgerliche Doppelmoral und Prostitution,
die in ihren Worten mit dieser »Entartung« zusammenhängen. Sie
macht starke Worte um die Würde der arischen Frau, die wieder-
hergestellt werden müsse, denn »die Not des unterdrückten und
mißleiteten Frauentums rufe danach« (S. 33). Wie sieht es nun mit
dieser neuen Würde aus? Zuerst ist sie gegen die Segnungen der
Gleichberechtigung – falls diese schon irgendwo vorgekommen
sein sollten:

»Zu stark wurde die Tatsache empfunden, daß die Anpassung an männliche
Geisteshaltung und Lebensführung die Frau im Letzten unbefriedigt ließ.
Man fühlte, daß trotz äußerer Erfolge das Beste in der Frau verkümmerte:
die Sehnsucht nach einem gesunden, aus den eigensten Kräften genährten
Leben wurde groß.« (S. 33)

Wir verstehen, daß Mann das fühlt, wenn die Frau ihm in Geisteshaltung und Lebensführung gleich ist. Für ihn verkümmert dabei
das Beste in der Frau, und das weckt eine große Sehnsucht – im
Mann. Daraus schließen wir, daß die Gleichberechtigung der Frau
keineswegs den Sehnsüchten des Mannes entspricht. Lydia Gotschewsky fährt fort:

»Aber die Natur der Frau hatte schon zu lange in falschen Bahnen getrie-
ben, um klar und sicher ihren Weg zu erkennen.« (S. 33)

Sicherlich erkennt der Mann das für sie jetzt am besten, auf welchem Weg sie zu gehen hat, die Natur der Frau! Was sind ihre falschen Bahnen?

»Sie geriet von einer Übersteigerung in die andere. An die Stelle der Gleichberechtigung trat nicht das Ziel, echte Frau neben dem echten Manne zu
werden, sondern der Wunsch nach Beherrschung, ja Unterdrückung des
Mannes und der männlichen Werte.« (S. 33)

Da muß es doch Frauen zwischen den beiden Weltkriegen gegeben
haben, die sich mit der Matriarchatsdiskussion beschäftigten – und
diese hatten den bösen Wunsch, mit Hilfe der matriarchalen »Weiberherrschaft« (Rosenberg) Männer sogar zu unterdrücken! Dieser
Kalauer bleibt jetzt noch übrig von der ganzen Matriarchatsforschung. Um so schöner ist dann die nordische Gleichberechtigung:

»So wenig der Mann, sein Wesen und Wollen zum absoluten Maßstab aller
Dinge gemacht werden darf, so wenig ist das Gleiche möglich bei der Frau.
Denn alles Leben wird und wächst aus der Polarität, in dem Einander-sich-

beweisen, Aufeinander-bezogen-sein aller wirkenden Kräfte, vor allem der Wesenskräfte beider Geschlechter. Die Welt der Frau ist hineingestellt und hineinverflochten in die Welt des Mannes, wie diese in die Welt der Frau.« (S. 35)

Es würde uns interessieren, wie diese »Hineinverflochtenheit« der Welt der Frau in die Welt des Mannes, und umgekehrt, aussieht. Sie beginnt mit einer Verteidigung des Krieges:

»Ebenso sind Krieg und Frieden, die man als typisch männliche bzw. weibliche Lebensform bezeichnet hat, nicht unabhängig voneinander, sondern trotz scheinbarer Gegensätzlichkeit zutiefst miteinander verbunden und aufeinander angewiesen. Die Menschen religiöser Zeiten erlebten und ehrten den Krieg als Zuchtrute Gottes, als Strafe des Schicksals. Dem vernunftgläubigen Menschen wird der Krieg als dämonisches Geschehen immer unbegreiflich bleiben. Um den Krieg zu bejahen und durchzuhalten, dazu gehört ein Menschentum, das seine Kraft aus tieferen Quellen als der Vernunft und dem Verstande holt.« (S. 36 ff.)

Ja tatsächlich, möglichst ohne Vernunft muß man sein, um den Krieg zu bejahen und zu ehren! Und wie gut, daß eben Frauen im allgemeinen so vernünftig sind, den Frieden zu wollen, der – laut Gotschewsky – eine weibliche Lebensform ist. Aber da die männlichen Werte ja nicht durch »Weiberherrschaft« geopfert werden dürfen, kommt sie bei ihrer äußerst unvernünftigen Argumentation beim Lob des Krieges an.

Der nordische Mann – ein Krieger! Und die nordische Frau etwa eine Kriegerin? Das würde das »germanische Ahnenerbe« laut Tacitus durchaus nahelegen. Aber nicht doch, sie soll den Krieg nur lieben und ehren und zur Ergänzung des Mannes ihre wahre weibliche Natur hervorkehren!

»Das entscheidende Merkmal dieser neuen Frauen ist ihre *Opferbereitschaft* für das Ganze, eine aus der Kraft eines neuen Glaubens erzeugte Fähigkeit zu *unaufhörlicher Pflichterfüllung*. Selbstverständlich, daß diese Frauen eine Herrschaft der Mutter ablehnen als Überspannung. Es wäre furchtbar und in den Folgen kaum auszudenken, wenn die Frau das Zarteste und Innigste, das ihr gegeben ist, das Muttertum, zur Herrschaft benutzte. Denn für die Mutter gilt das Wort, daß sie durch *Dienen* zum Herrschen gelangt, zu einem *sehr leisen, sehr stillen und unbetonten* Herrschen, dessen Sinn immer und immer das *Dienen* bleibt.« (S. 37, Betonungen von mir)

Nun wissen wir, wie die neue nordische Frau »hineinverflochten« ist in die Welt des Mannes: als durch und durch sentimental-patriarchales Mutterbild, wie es Fromm treffend beschrieben hat.
Alle weiteren Propagandaschriften aus dem sogenannten »Dritten Reich« besagen dasselbe: Die Frau wird hochgejubelt als Mutter, als Urwurzel aller Politik, die Hüterin der Rasse, die Mehrerin des Volkes, als eine, die nicht mit dem Mann in Männerberufen zu konkurrieren hat. Und wenn sie schon berufstätig ist, soll sie ihre

Opferbereitschaft im pädagogischen und sozialen Bereich verströmen. Sie hat auch innerhalb der nationalsozialistischen Familie mit ihren speziellen Feierlichkeiten sich im Hintergrund zu halten, denn so wie der Mann im Staat der Führer ist, so ist der einzelne Nazi der Führer in der Familie. Von den politischen Kundgebungen trägt er Flair, Festlichkeit und das Feuer des »Lichtsystems« in die kleine Welt der Frau, ins Heim der Mütter, vermittelt dort Weib und Kind, was in der großen Welt vor sich geht. Sie unterdessen soll sich bemühen, aus deutschem Schrot und Korn germanische Plätzchen zu backen und echt heidnische Gebildebrote auf den Tisch zu legen.[50]

Der Mann, der Held und Krieger, die Frau, die willenlos-pflanzenhafte Mutter: auf diese Klischees legt der reaktionäre Patriarchalismus der Nazis beide Geschlechter fest. So haben es die Männer bestimmt, wie ein Nazi es formuliert:

»Über diesen Fragenkreis haben nicht die Frauen zu befinden oder mitzubefinden, sondern die Männer und nur die Männer. Solange es nämlich Sache des Mannes ist, Weib und Kind, Haus und Hof mit seinem Leib und Leben gegen den Feind zu schützen, solange ist der Staat des Mannes und niemandes sonst.« (zitiert aus der Untersuchung von M. Lück)

10.2. Die halben Karrieristen: Ludendorff, Wirth

Mathilde Ludendorff war die zweite Frau des Generals Ludendorff, der im Ersten Weltkrieg zusammen mit Hindenburg den größten Machtanteil besaß, zwischen den beiden Weltkriegen von Hitler, der in erzkonservativen Kreisen Einlaß suchte, hofiert wurde und mit ihm zusammen den Hitler-Putsch in München durchführte. Das Verhältnis zwischen Hitler und Ludendorff blieb gespalten, was Ludendorff jedoch nicht daran hinderte, unter dem Einfluß seiner zweiten Frau Mathilde weiter verstiegene Nazi-Ideologie zu verbreiten. Darin führte er den Verfall des deutschen Volkes auf die Verschwörung überstaatlicher Mächte wie Judentum, Freimaurertum, Jesuiten und Marxisten zurück. Zur Frauenfrage schrieb Mathilde Ludendorff ein Buch,[51] das unermüdlich durch die Jahrzehnte gedruckt wurde und noch 1976 in Neuauflage erschien, offenbar immer noch gelesen und geliebt von heutigen reaktionären, rassistischen Kreisen. Es geht ihr dabei nicht anders als Gotschewsky und anderen Verfechterinnen des nationalsozialistischen Frauenbildes: Sie kommt aus der theoretischen Zwickmühle nicht heraus, daß sie einerseits einer extrem patriarchalen Weltanschauung aufsitzt, der »Edelrasse« wegen aber der nordischen Frau einen besonderen Status zuweisen muß. Das führt dazu, daß sie sich intensiv mit den Widersprüchen in der Männerseele beschäftigt: Da gäbe es doch zwei gegensätzliche Willensrichtungen, ja sogar einen tragischen Konflikt, der zur Unterdrückung des Weibes geführt habe, nämlich einerseits der Wille zur Freiheit, geboren aus dem Stolze in der Mannesseele, andererseits die große Anziehungskraft, die der Mann beim Anblick des Weibes verspüre, die ihn in eine Hörigkeit bringe.

»Nun ist es ohne weiteres einzusehen, daß die gehaßte Hörigkeit des Mannes am sinnfälligsten und fühlbarsten bei einer Vormachtstellung des Weibes, am unmerklichsten aber bei einer Vormachtstellung des Mannes ist. Das ist das tiefe Geheimnis, welches uns die allgemein bestehende Neigung der Männer aller Rassen, ihr Drängen zur Vormachtstellung über das Weib erklärt. Aus dieser Tatsache erklärt sich also auch die Bereitschaft der nordischen Rasse, die jahrtausendelang gelebte Gleichstellung der Geschlechter mit der jüdischen Unterjochung des Weibes zu vertauschen.« (S. 124)

Wahrlich ein tiefes Geheimnis ist diese Erklärung! Wie sehr fühlen wir doch mit den armen Männern mit, ihrer Tragik, die sich unter einer »Weiberherrschaft« ins Unermeßliche steigert. Wie innig verstehen und verzeihen wir, daß sie sich deshalb die Weiber unterwerfen und zu ihrem Besitz machen müssen! Und erst die Tragik der Germanen: Nach 5000 Jahren gelebter Gleichstellung der Geschlechter kommen die germanischen Männer erst vor 1500 Jahren dazu, verführt von der jüdischen Verschwörung, sich ihre eigenen Frauen auch zu unterwerfen (S. 16). Aber warum hat es vorher in ihrer Seele weniger gedrängt als in der anderer Männer, ihre Vormachtstellung über das Weib zu erlangen?

»Bei Rassen und bei dem einzelnen Manne müssen wir also die rücksichtsloseste Unterjochung des Weibes erstrebt sehen, wo sich starker Sexualtrieb mit stark entwickeltem kriegerischen Wollen paart. Danach müssen z. B. unter den semitischen Stämmen etwa die Türken in der Geschichte die weitreichendste Unterordnung des Weibes verwirklicht haben. Wenn aber der Sexualtrieb stark beherrscht wird, so daß von einer Hörigkeit vom Weibe nicht gesprochen werden kann, so muß auch bei Entwicklung eines starken kriegerischen Machtwillens eine hohe Stellung des Weibes sehr wohl möglich sein. Wir sehen dies bei den nordischen Völkern verwirklicht, solange sie sich von Fremdeinflüssen fernhielten.« (S. 125)

Da hat die nordische Frau aber Glück gehabt, daß der nordische Mann nicht nur andere Völker beherrschen kann, sondern auch seinen Sexualtrieb! Darum muß sie den tragischen Konflikt in der Seele des Mannes nicht so sehr ausbaden wie die Türkinnen: Es kommt ihr seine Reinheit, Keuschheit und ideale Kühle zugute. Welch einen Zufall ihre 5000jährige Gleichstellung bei diesem Manne also darstellt, denn sie selbst hat offensichtlich gar nichts damit zu tun! Ihrer späteren Unterjochung hat sie angeblich keine Gegenwehr entgegengesetzt, denn ihre Seele ist voll altruistischer

Opferbereitschaft, die in der Mutterschaft gipfelt. Und das war für sie nicht besonders günstig (S. 125).

Legen wir diese alberne Theorie beiseite, wo eine Frau in den Gedanken extrem-patriarchaler Männerköpfe denkt und ihre Männerfixierung nicht bemerkt – auch 1976 durchaus keine Seltenheit. Sie stellt den Typus der »halben Karrieristen« dar, von denen ihre Anhänger behaupten, sie hätten mit der Nazi-Ideologie nichts zu tun, da sie sich im sogenannten »Dritten Reich« im Widerstand befunden hätten. Das ist eine beschönigende Lüge mit dem Zweck, daß solche Leute ihre rassistisch-reaktionären Thesen noch heute mit scheinbar weißer Weste verbreiten können. Zum selben Typus gehört Hermann Wirth.

Haben wir bei den Frauen Gotschewsky und Ludendorff gesehen, daß sich das Frauenbild je nach Bedarf beliebig verändern läßt – denn einmal soll die nordische Frau opferbereit sein und einmal soll sie das nicht – so erleben wir bei dem »Urgeschichtsforscher« Wirth die andere Überraschung, daß auch das Matriarchat zu dieser Kehrtwendung um hundertachtzig Grad taugt: Denn einmal war es schlecht, weil von minderwertigen Rassen geschaffen, hier ist es wieder sehr gut, weil vom »Urgermanentum« hervorgebracht.[52]

Hermann Wirth war Professor in Berlin, Mitglied der NSDAP und Leiter des »Deutschen Ahnenerbes«. Von Himmler wurde seine Forschung zunächst sehr begrüßt, später gab es Zwistigkeiten. Doch nicht nur die NS-Leitung schätzte Wirth später nicht mehr sonderlich hoch, er war wegen seiner wilden, historisierenden Spekulationen auch nicht beliebt bei den Vertretern der methodischen Wissenschaften. Seine Anhänger verbreiten noch heute seine Thesen und behaupten, Wirth sei furchtbares Unrecht geschehen.

Wirth stellt die Grundhypothese auf, daß es in früherer erdgeschichtlicher Zeit einmal ein Land im hohen Norden gegeben habe, welches die gemeinsame Heimat der Urkultur der gesamten Menschheit gewesen sei, eine Art Atlantis des hohen Nordens. Und wie wir es bei anderen Atlantis-Geschichten auch kennen, ist dieses Land heute unauffindbar – das spart jeden weiteren Beweis. Dafür sei es geheimnisvoll und sagenumwoben und habe eine hohe Kultur, genannt »Thule-Kultur«, hervorgebracht. Von diesem »Weißland« ausgehend, habe sich die Urkultur westlich nach Nordamerika und östlich nach Nordeuropa hin ausgebreitet, und ihre Träger seien nordische Rassen.

Uns ist an sich schon rätselhaft, wie am nordisch-arktischen Polarkreis in Eis und Schnee sich eine hochentwickelte Urkultur hat bilden können – als ob es dafür nicht günstigere Zonen gäbe! Vollends unbegreiflich wird es uns aber, daß dies zur Zeit der letzten Eiszeit gewesen sein soll, in der nachweisbar die europäische Kulturentwicklung beginnt. Zu dieser Zeit war es gerade möglich, zwischen dem Polkappeneis, das ganz Nordeuropa bedeckte, und der Alpeneiskappe, die bis Süddeutschland reichte, in einem mitteleuropäischen Gebiet Großtiere zu jagen. Aber weder von Island noch von Grönland oder irgendeinem anderen nördlichen Land gab es unter dem Eis eine Spur! Doch das stört Wirth nicht, denn um einer nordischen Rasse willen sind sogar Nordpolverhältnisse recht. Die Züge dieser Thule-Urkultur sind nach Wirth folgende:

»Arktis und Nordatlantik faßt eine kosmisch-kalendarische Hieroglyphik zu einem einheitlichen Urkulturkreis zusammen. Ihr Wesen ist ein Gotteserlebnis in Zeit und Raum, das Bewußtsein einer sittlichen Weltordnung, welche das Maß aller Dinge ist. Nach dieser Weltordnung ist das Weltall, Himmel und Erde gemessen und die ewige Wiederkehr, der ewige Kreislauf geregelt. Dieses Maß aber, durch das der Weltengeist, der Weltschöpfer und Weltordner, durch sein Denken die Weltordnung regelte, ist die Sonne.« (S. 65, »Urschrift«)

Mit der Sonne als Weltordner kommt das uns bekannte germanische »Lichtsystem« wieder auf den Plan. Und die These vom Urmonotheismus als »Gotteserlebnis« feiert fröhliche Urständ, entgegen den Erkenntnissen neuerer Urgeschichtsforschung, die zwar auch Zeit- und Raummessung als erste geistige Leistungen der Menschen erkennt, sie aber an der auf allen Kontinenten verbreiteten, sehr alten Mondsymbolik festmachen kann (vgl. Marie König). Nach Wirth hat sich dann diese – bereits jetzt verzerrt gedeutete – Ursymbolik nach Nordamerika zur roten Rasse und nach Nordeuropa zur weißen Rasse hin ausgebreitet. Wenn wir aber gehofft haben, daß damit wenigstens eine Gleichwertigkeit dieser beiden Rassen hergestellt würde, so sehen wir uns getäuscht:

»Nach den Überlieferungen der Cree-Indianer hat der Große Geist ihnen in alter Zeit diese Symbolschrift gegeben. Darin wäre ihnen alles offenbart worden, was sie zu tun hätten, um in dieser wie in der anderen Welt glücklich zu sein. Sie hätten die Schrift aber nicht verstanden, trotzdem sorgfältig verwahrt, weil sie vom Großen Geist kam. Auf ihrer Wanderung hätten sie dieselbe dann auch mit nach Osten genommen und sie den Weißen gegeben, die mit ihrem Kanu über das große Wasser vom Sonnenaufgang gekommen waren. Der Große Geist hätte den Weißen einen den roten Menschen überlegenen Verstand gegeben, denn durch die Schrift des Manitu, des Großen Geistes, wären sie dann im Lande so mächtig geworden.
Die ganze Tragödie unserer Blutsverwandten des vorigen erdgeschichtlichen Zeitalters, die auch einst aus der gemeinsamen Heimat, dem Weißland des hohen Nordens, die Schrift des Jahresgottes mitgebracht hatten, liegt in dieser Sage beschlossen. Wissen ist Macht.« (S. 66)

Aus dem Munde eines Cree-Indianers belehrt uns Wirth über den überlegenen Verstand der weißen Rasse. Sie konnte jene Schrift lesen, zu deren Entzifferung die Indianer zu dumm waren. Nur sagen die geschichtlichen Tatsachen leider etwas anderes aus: Die Weißen sind nicht nach Nordamerika gekommen, um den Indianern die »heilige Urschrift« des Manitu vorzulesen, sondern um ihnen das Land wegzunehmen. Und es war auch nicht ihr Wissen, das ihnen Macht gab, sondern ihre Gewehrläufe, mit denen sie die rote Rasse über zweihundert Jahre hinweg nahezu ausgerottet haben. Darin liegt die Tragödie der Indianer beschlossen und nicht in Wirths nebulöser »Sage«.

In der späteren Forschung Wirths begegnen wir der diametralen Umwertung des Matriarchats, ohne daß er dieses versteht. Die Diskussion entzündet sich an der Deutung der Extern-Steine in Norddeutschland. Von ihrem Zentrum, dem »Mutterstein« her, deutet er diese Großsteinanlage als Megalith-Tempelbau aus der Jungsteinzeit und der matriarchalen Kultur (vergleichbar Stonehenge und Avebury in Südengland) – eine Idee, mit der er recht hat, obwohl wir auch ohne Wirth darauf gekommen sind. Allerdings wird dabei das Matriarchat eine urarische und urgermanische Angelegenheit, die an die Urreligion aus dem sagenhaften Thule anknüpft. Deren Kern sei der Glaube an die Urgöttin Mutter Erde, aus deren Schoß ein Gottessohn, ein heller Heilbringer zur Wintersonnwende hervorkomme. Diese Dinge zu wissen, ist in der Tat nicht schwierig, denn sie gehören zum weltweiten »ritual mattern« (vgl. Ranke-Graves). Aber sie als urgermanisch zu deuten, ist die Spezialität Wirths; es klingt dann bei ihm so:

»Dies ist die urgermanische, urarische Weltreligion vom Heilbringer in Ultima Thule gewesen. Nach dem bisherigen Ergebnis unserer Untersuchung der heiligen Urschrift ist der Gott-Sohn und Heilbringer, der Mensch, also der Urahne des Menschen, am Anfange der Welt bei der Schöpfung und in jedem Jahr des Menschenlebens aus dem Mutterschoß der Allmutter Erde wieder auferweckt worden. Nicht christlich, sondern urarisch ist die Verehrung des Sonnenlichts als desjenigen, womit die Offenbarung des Weltengeistes in Raum und Zeit anhebt. Sie ist das Sinnbild des Heilbringers, des Himmels- oder Ratkindes. Das ist der Urglaube der Ultima-Thule gewesen, ein einzigartiger Fund eines der kostbarsten Denkmäler germanischen Wiedergeburtsglaubens.« (»Externsteine«, S. 306 ff.)

Anhand von abstrusen Hypothesen und verquollener Sprache wissen wir es nun ganz genau: Das »ritual mattern« von der Göttin und ihrem Heros – denn um dieses handelt es sich hier – stammt vom Nordpol und war urarisch. Von dort verbreitete es sich dann über die ganze Welt (vgl. dazu die Wanderungskarte »Ausbreitung der Urkultur von den Extern-Steinen über die ganze Welt«, in: »Extern-Steine«, S. 20). Dabei kommen dann folgende Blüten heraus:

»Die Extern-Steine aber, bislang eine lokale Sehenswürdigkeit als mittelalterlich-christliche Kultstätte, sind durch (meine) neuen Untersuchungen als ein zentraleuropäisches Heiligtum der Großsteingräber-Religion enthüllt worden. Der Mutterstein des Abendlandes wird damit zu einem entscheidenden Moment in der entwicklungsgeschichtlichen Umwertung einer bisherigen Orientierung zu einer uranfänglichen Okzidentierung. Es ist der Mythos vom Kreuzgott, dem Heilbringer der Megalith-Großsteingräber-Religion, mit dem Herzhauptsymbol der göttlichen Mutter, der vom Extern-Stein nach Palästina ausgestrahlt ist und zur semitischen Gemeinschaftsreligion ward. Am Sinai ward diese (Mutterreligion) dann von einer theokratischen Führung zu einer politisch gestrafften Aggressionsideologie in religiösem Gewande völlig umgebrochen. . . .Von da lebt die urreligiöse Überlieferung als Untergrundstrom im Volksaltglauben weiter, um in Nordpalästina zur gegebenen Zeit – zur Römerzeit – (als Christentum) wieder hervorzubrechen. Auf Golgatha erneut liquidiert, sollte der in den Evangelien vergeschichtlichte und verpersönlichte judaisierte Kreuzgott und Heilbringer auf tiefenseelischer Erdspur nach dem Norden zurückkehren und am Extern-Stein wieder in den Urheilbringermythos eingehen. Ein Heimwanderer in dem sich uns jetzt erst erschließenden tiefsten Sinne des Wortes.« (»Externsteine«, S. 17)

Wer hätte das gedacht: Auch das Christentum ist urarisch! Und wie freuen wir uns, daß es »auf tiefenseelischer Erdspur« – gewissermaßen archetypisch – wieder zu uns nach Hause gekehrt ist! Auch das ist eine Möglichkeit, Geschichte auf den Kopf zu stellen, und sie zeugt von Scharlatanerie. Wirth sieht jetzt jedenfalls von »Ultima Thule« an ein urgermanisches »kultisches Matriarchat«, bei dem Frauen als Mütter die Rolle von Seherinnen und Rechtswahrerinnen, von Mittlerinnen zwischen der irdischen und der überirdischen Welt haben. Sie wahren die Welt in einer Heim-Anschauung und das Leben in der heiligen Ordnung der Kleinzelle, der Sippe (S. 24). Aber keineswegs haben sie Macht, denn das wäre die böse »Weiberherrschaft«. Darum verbleibt es beim »kultischen Matriarchat«. Wie ging es unter?

»Der Bruch und Umbruch vollzieht sich dann, wenn ein Stamm, Volk, in die Völkerwanderung eintritt, in deren Verlauf die sozialpolitische Umwandlung sich vollzieht, die Entstehung des Heerkönigs. . . . Kampf, Eroberung und Unterjochung sind Inbegriff der Weltanschauung. Endergebnis: der neue, männerrechtliche Machtstaat als Eroberungsstaat mit völliger Ausschaltung der Frau aus der Führung von Staat und Volk. Anstelle des kultischen Matriarchates, des Seherinnentums, der nicht klassengetrennten Urgemeinschaft, tritt das kultische Patriarchat des neuen Königs und Staatsgottes.« (S. 19)

Diese völkerwandernden Völker waren nun ausgerechnet wieder die Indogermanen/Indoeuropäer, eben jene interessanten Urarier. Jetzt werden sie als diejenigen geschildert, die erobernd und raubend in die matriarchale Friedenswelt des Mittelmeerraumes einbrechen. Plötzlich finden wir das Bild der bösen Griechen:

»Es ist jenes Mann-Zeitalter, wie es sich nach der Eroberung von Hellas durch die Völkerwanderungsgriechen in der nachmykenischen Burgherrenwelt spiegelt.« (S. 19)

»Die griechische Völkerwanderung brach mit den neuen Göttern des Heer-
königtums, mit den patriarchalen Kriegergöttern in die matriarchal-kulti-
sche Friedenswelt der Megalithreligion von Hellas, Kreta und der Ägäis
ein.« (S. 26)

Wir sind verblüfft: Warum beginnen denn die urarischen, indoeuropäischen Völker, nachdem sie so friedlich »einst in der Hut der
Mütter gestanden hatten« (S. 26) und es ihnen um die Externsteine
herum wohl war, zu wandern? Wandern sie von Mitteleuropa nach
Südeuropa, um dann von Osten her wieder in ihre Urheimat einzu-
wandern, erneut »auf tiefenseelischer Erdspur«? War das eine Völkerwanderung im Kreise, bei der sich die Urarier – nur eben weil
sie die »Hut der Mütter« verließen – ohne Grund und Ursache zu
patriarchalen Kriegerhorden verwandelten? Wie haben sie diese soziale Umschichtung, die tiefgreifend ist, auf der kurzen Wande-
rungsstrecke von Mitteleuropa bis zur Balkan-Halbinsel und zurück geschafft?

Hier kommt Wirths theoretische Verworrenheit ohnegleichen zutage, die auch seine Symbol-Sammelwut kennzeichnet. Dort hat er
zusammengestellt, was weder von der Formgebung noch der zeitlichen Schichtung her zusammenpaßt; zum Teil werden Jahrtausende auseinanderliegende Symbole einfach parallelisiert. Durch
diese Gewaltsamkeit entsteht dann das Bild vom Urkulturkreis, der
den Nordatlantik umfaßt, weil es eben entstehen soll! In ähnlicher
Klitterung ist ja auch das urgermanische kultische Matriarchat entstanden, weil es entstehen soll! Überall sehen wir von der Altsteinzeit bis in die Gegenwart dieselbe »Edelrasse« am Werk, so als
hätte es die anderen nicht gegeben. Jedem extremen Nationalismus
haftet dieser Rassismus an, der nicht wahrhaben will, *daß Kultur-
wanderungen Völker- und Rassengrenzen überschreiten*. So ist es
für uns letztlich uninteressant, ob sich Rosenberg und Wirth in der
Einschätzung des Matriarchats diametral widersprechen, denn
beide decouvrieren sich durch ihre durchgehaltene Rassenmetaphysik. Uns interessiert auch nicht das »Heimweh« nach der »Urgemeinschaft« mit ihrem »tiefenseelischen Erinnern« (S. 25), das
Wirth und andere faschistoide Personen umtreibt. Mit erlesener
Unverschämtheit wird noch behauptet:

»Urreligionsgeschichte ist Ursymbolkunde, die fachwissenschaftlich außer
von mir noch nicht vertreten ist.« (S. 31)

Daran interessiert uns auch nicht, daß Wirth offenbar die in vielen
Wissenschaftszweigen vorhandene Matriarchatsdiskussion sowie
die Urgeschichtsforschung nicht kennt oder nicht kennen zu müssen glaubt, denn Ignoranz ist sein eigenes Problem. Was uns daran
interessiert ist, daß das Thema Matriarchat nicht in solchen Händen

bleibt, sondern zu einer historisch-kritischen und feministischen Forschung im besten Sinne wird.

Wassermann, der Aufbruch zu neuer Geistigkeit

11. Der feministische Zweig

Es stellt eine geschichtliche Neuigkeit von nicht zu unterschätzender Bedeutung dar, daß Frauen in den letzten Jahrzehnten begonnen haben, die Erforschung des Matriarchats selbst in die Hände zu nehmen. Denn sie sind aus mehreren Gründen am ehesten in der Lage, diese von Frauen geprägte Gesellschaftsform in ihrer Eigenart zu erfassen. Einmal macht es ihnen keine Mühe, sich Frauen als Subjekte der Geschichte vorzustellen – eine Haltung, mit der patriarchal geprägte Männer unendliche Mühe haben, wie wir feststellen konnten. Zum andern können sie sich in die Bedingungen, sozialen Wirkungen und rituellen Bilder der Mutterschaft – die in den Matriarchaten eine große Rolle spielte – aus eigener Erfahrung leichter hineinversetzen als Männer, die sich um diese grundlegende Lebenssituation meist nicht kümmern. Auch wenn sie in unserer Kultur mit einer patriarchal deformierten Institution der Mutterschaft konfrontiert sind, kommen sie dennoch aufgrund elementarer persönlicher Erfahrungen auf einfache, naheliegende Erklärungen für Sachverhalte, für die Männer keine oder nur absurde Erklärungen finden, weil sie unreflektiert von ihrer Haltung zur Welt ausgehen (z. B. die gewaltig überschätzte Rolle des Mannes als Jäger in der Altsteinzeit und die gewaltig unterschätzte Rolle der Frau bei der Bildung von Sozialgefügen seit der Altsteinzeit, z. B. die gewaltig überschätzte Rolle des Krieges und die gewaltig unterschätzte Rolle der bewußt ritualisierten Geburtstätigkeit als kulturschaffenden Faktoren). Drittens wird es Frauen als modernen Wissenschaftlerinnen vorbehalten bleiben, mit anderen Frauen in noch lebenden restmatriarchalen Kulturen als Reisende oder Ethnologinnen in Kontakt zu kommen, um von ihnen etwas von dem zu erfahren, das jene Frauen fremden weißen Männern nicht erzählen, das in matriarchal geprägten Stämmen aber oft das Entscheidende ist. Hier kann nur durch Frauen das einseitige Monopol des Ethnologen, der nur Männer befragt oder nur von diesen Auskunft bekommt, welches in ebenso einseitiger Darstellung vieler Kulturen mündet, durchbrochen werden (z. B. die maßlose Unterschätzung der weiblichen Initiationsrituale und ihre weitgehende Unbekanntheit in der Literatur gegenüber den maßlos überschätzten männlichen Initiationsritualen; in ersteren werden junge Frauen immerhin auf ihre Rolle als Mütter vorbereitet, während letztere meist nur den »Gebärneid des Mannes« (Bruno Bettelheim[53]) spiegeln und abgeleiteten sekundären Charakter haben). Diese und noch viele andere sind geistige und nicht biologistische Gründe, die dafür sprechen, daß Matriarchatsforschung in den Händen von Frauen, insbesondere frauenorientierten Frauen (Feministinnen) besser aufgehoben ist als in den Händen von Männern.

Wenn ich das grundsätzlich feststelle und damit den historisch neuen Ort kennzeichne, an dem Matriarchatsforschung heute angekommen ist, heißt das noch längst nicht, daß jeder aktuell vorgelegte Ansatz zur Matriarchatsforschung von feministisch geprägten Frauen bereits gut ist. Es gibt hier große Unterschiede, die ebenso kritisch benannt werden müssen, wenn Matriarchatsforschung nicht nur feministische, sondern auch fundierte historisch-kritische Forschung werden soll. So ist auf den ersten Blick zu sehen, daß es den meisten feministischen Forscherinnen an wissenschaftlicher Ausbildung und methodischer Konsequenz mangelt. Das hat damit zu tun, daß erstens noch immer viele Frauen beim Zugang zu den Wissenschaftsinstitutionen benachteiligt sind und daß zweitens diejenigen, die dort studieren, vom Fachgebiet Matriarchat nichts hören, weil es an den Universitäten totgeschwiegen wird. Sollten sie dennoch mit wissenschaftlichen Methoden an der Universität Matriarchatsforschung betreiben, so finden sie dort keinen Ort mehr – wie es mir ergangen ist. All das hat dazu geführt, daß Feministinnen heute in der Regel als *Laienforscherinnen* das Thema Matriarchat aufgreifen, was nicht unbedingt von Vorteil für die Matriarchatsforschung ist. Das heißt nicht, daß sie nicht anregende, innovative Gedanken haben, sondern es heißt, daß wir bei ihnen häufig ein unmethodisches Durcheinander finden, was der Sache schadet, ebenso häufig die Übernahme von Klischees zum Matriarchat, weil sie sich zu unkritisch auf die männliche Matriarchatsforschung stützen, und drittens werden leider sehr oft begründete wissenschaftliche Thesen durch Phantasiegebilde ersetzt. Das liegt nicht an den Laienforscherinnen, deren mutige erste Schritte zu bewundern sind, sondern es sind die Kennzeichen jeder Laienforschung.

Heute leidet das Ansehen der Matriarchatsforschung unter der ideologiebesetzten Perspektive von männlicher Seite einerseits und unter der laienhaften Verarbeitung des Themas auf weiblicher Seite andererseits. Um zu wirklich guter, sachbezogener Matriarchatsforschung zu kommen, die ihre paradigmatische Kraft entfalten kann, ist es notwendig, die neue feministische (von der Frau ausgehende, alle Menschen meinende) Perspektive mit gründlicher wissenschaftstheoretischer und wissenschaftlicher Arbeit zu verbinden – so wie es hier versucht wird. Das nenne ich historisch-kritische und feministische Matriarchatsforschung. Meine Abgrenzung soll deshalb nicht die Verdienste der Laienforscherinnen herabsetzen, die vielen Frauen wichtige Anregungen gegeben haben, sondern sie soll der Matriarchatsforschung selbst die Türen der allgemeinen und wissenschaftlichen Anerkennung öffnen, die diesem Thema schon seit langem gebührt.

11.1. Die Umkehrthese, ein Rückschritt: Mathilde Vaerting

Mathilde Vaertings 1921 veröffentlichtes Buch[54] stellt direkt die Umwertung der bekannten Werte und Vorstellungen von Frauenrollen und Männerrollen dar. Es enthält das Klischee der simplen Vertauschung der Machtverhältnisse von Patriarchat und Matriarchat, was noch nicht einmal mehr Bachofen behauptet hat, was aber einem gängigen Vorurteil entspricht. Das Buch wurde bereits 1973 als Raubdruck des Berliner Frauenzentrums herausgegeben und hatte damit einen gewissen Einfluß auf die ersten Vorstellungen von Matriarchat innerhalb des Feminismus. Das ist schade, denn die platte Vertauschung der Machtverhältnisse hat die feministischen Überlegungen zum Matriarchat belastet. Obwohl die frühen Feministinnen dieses Buch eifrig aufgriffen und verbreiteten, weil es von einer Frau ist, gilt es nachzuprüfen, ob es sich in dem Ansatz von Mathilde Vaerting überhaupt um feministische Forschung handelt.

Mathilde Vaerting beginnt ihre Arbeit mit einer treffenden Wissenschaftskritik. Sie beschreibt, wie der Kampf gegen die historischen Spuren von Frauenherrschaft (Gynaikokratie) betrieben wird, indem alles, was der Auffassung von der Ewigkeit männlicher Herrschaft widersprechen könnte, bewußt und unbewußt zum Verschwinden gebracht wird. Das geschieht über Verwirrung, Mißdeutung, Vernichtung und Totschweigen. Sie macht deutlich, wie Historiker, Ethnologen und Psychologen das Machtverhältnis der Geschlechter stets vom subjektiven Standpunkt männlicher Vorherrschaft aus betrachten und daher die Stellung der Frau bis heute subjektiv verzeichnen und zugleich behaupten, sie betrieben »objektive Wissenschaft«. Zeiten, die Tausende von Jahren zurückliegen, werden mit großer Selbstverständlichkeit mit dem kurzen Maßstab der eigenen Zeit gemessen. Diese Tendenzen haben bewirkt, daß unsere Kenntnis der Geschichte auf einige Jahrtausende geschrumpft und auch dabei noch äußerst lückenhaft ist. Kulturentwicklung läßt man(n) da beginnen, wo die schriftlichen Urkunden einsetzen, und das Ergebnis ist eine erschreckende Geschichtsfälschung. Sie charakterisiert drei Phasen des Totschweigens der Geschichte der Frauenherrschaft: Die erste Phase ist gekennzeichnet durch sehr spärliche Mitteilung in der Antike. In der zweiten Phase wird noch diese spärliche antike Überlieferung in Zweifel gezogen und als sogenannte Irrtümer dargestellt. In der dritten Phase wird das Bestrittene dem Vergessen überantwortet, indem man(n) es aus den Lehrbüchern eliminiert. Als typisches Beispiel solcher Fälschungen nennt Mathilde Vaerting den Fall der Königin Semiramis. Die griechischen Geschichtsschreiber Herodot und Diodor berichten über ihr Reich und ihre Taten. Später versucht man, männliche Könige an ihre Stelle zu schieben. Moderne Historiker verweisen sie in das Gebiet der Sage. Die neuere Archäologie hat dagegen die Geschichtlichkeit der Semiramis bewiesen, und jetzt wird behauptet, nicht sie, aber ihre Taten seien sagenhaft.

So glänzend diese Wissenschaftskritik von Mathilde Vaerting bezüglich des Umgangs mit historischen Dokumenten, sobald sie Frauen betreffen, ist, so unhaltbar ist ihre Hypothese vom Charakter des »Männerstaates« und des »Frauenstaates«. Zunächst fehlt jede Definition, was denn ein »Frauenstaat« sein soll – und die könnten wir ja erwarten, weil ein solcher nicht so leicht einzusehen ist wie der »Männerstaat«, der uns umgibt. Erst aus dem Gang der Untersuchung wird klar, daß sie unter »Frauenstaat« die direkte Umkehrung der eingeschlechtlichen Vorherrschaft versteht. Aus allen möglichen Schriften sammelt sie Material und stellt es äußerst willkürlich zusammen, um dieser vorgefaßten These gerecht zu werden. So zählt sie als typische Kennzeichen des »Frauenstaates« auf:

Wenn die Frau »herrsche«, so sei sie der werbende Teil in der Liebe. Wir fragen: Was heißt das schon? Wenn die Frau »herrsche«, dann habe der Mann die Mitgift mitzubringen, die Frau lasse sich vom Mann Gehorsam geloben und habe das alleinige Verfügungsrecht über den Besitz. Wir fragen: Was soll das heißen bei Sippeneigentum, wo niemand etwas persönlich in die Ehe bringt? Wenn die Frau »herrsche«, so würde vom Mann Treue und Keuschheit verlangt, er allein würde bei ehelichen Übertretungen bestraft. Wir fragen: Was soll die alberne Auffassung von Gehorsam, Keuschheit und Treue des Mannes unter den Bedingungen einer matriarchalen Gruppenehe? Es gab im Matriarchat weder männliche Jungfrauen vor der Ehe, noch männliche zu Tode gesteinigte Ehebrecherinnen, noch männliche Alte Jungfern. Aber Mathilde Vaerting fährt fort: Wenn die Frau »herrsche«, besorge sie die Geschäfte außerhalb des Hauses, während der Mann den Haushalt führe und sich schmücke; er gelte als das schöne Geschlecht, die Frau hingegen als das intelligentere. Wir fragen: Besorgen die

Frauen der matriarchalen Ackerbaukultur etwa bürgerliche »Geschäfte« außer Haus, während der Mann den hübschen Hausmann spielt? Uns lehrt schon die bloße Anschauung matriarchaler Menschen, daß die Begabung zum Schmücken beide Geschlechter haben, die Frau trägt aber den sakralen Schmuck ihrer Priesterinnenwürde und nicht der Mann. Dann behauptet Mathilde Vaerting noch, ehelose Männer würden im »Frauenstaat« der Verachtung preisgegeben, Unterhaltspflicht läge für die Eltern bei den Frauen als dem herrschenden Geschlecht. Und das – so fragen wir – beim Matriarchat mit einem Sippen-Heirats-Hilfssystem, wo gar niemand ehelos oder draußen oder unversorgt war? Und das Schlimmste, was Mathilde Vaerting herausfindet: Weibliche Kinder würden höher bewertet als männliche, und die Gottheiten seien weiblich! Wir fragen: Na und?

Auf der Grundlage dieser Prinzipien, von denen jedes einzelne falsch ist, kommt sie zu dem Fazit, daß die »weibliche Eigenart im Männerstaat« durch dieselben Merkmale gekennzeichnet ist wie die »männliche Eigenart im Frauenstaat«. Das ist eine Umkehrthese von solcher Naivität, daß wir eher die spätpatriarchalen kleinbürgerlichen Verhältnisse wie in einer Karikatur auf den Kopf gestellt sehen, als irgendetwas übers Matriarchat zu erfahren. Bezeichnenderweise fand diese naive These fröhliche Aufnahme in den Kreisen von Wissenschaftlern, weil sie deren Vorurteile und unterschwelligen Ängste bestens bestätigt. Da wo überhaupt von Frauen geprägte Gesellschaften angenommen werden, spricht man vom »Vaerting-Effekt« und meint selbige platte Umkehrung. Und das verblüfft uns durchaus: Denn unentwegt wurde bestritten, daß es überhaupt Frauenherrschaft (Gynaikokratie) gegeben habe, nirgendwo sah man(n) ein Matriarchat existent. Aber kaum kommt dasselbe in der Verpackung eines eingefleischten Vorurteils daher, spielt die vorige Ablehnung gar keine Rolle mehr, und jedermann weiß sofort, wie Matriarchate wirklich gewesen sind. Wie einfach die Welt doch gebaut ist, wenn man(n) über seine Selbstwidersprüche hinwegsieht!

Mathilde Vaerting verdankt ihre grundfalsche Hypothese ihrer schlechten Methode: Bei ihrer Materialsichtung werden Fakten zusammenhanglos aneinandergereiht, und zwar noch zusammenhangloser, als sie in der ethnographischen Feldforschung ohnehin schon aufgezeichnet sind. Entfernt auseinanderwohnende Völker werden von Satz zu Satz bunt durcheinandergewürfelt. Die historische Dimension und das Erkennen von Sozialgefügen kommen bei dieser Methode nicht auf. Generell vergleicht sie Unvergleichbares, generell berücksichtigt sie keine geschichtlichen und sozialstrukturellen Zusammenhänge. Alles hat sich ihrer einseitigen psychologi-

schen Hypothese zu fügen, daß Männer im Frauenstaat ebenso unterdrückt, verhuscht und verdummt herumgelaufen sind wie
Frauen im Männerstaat. Wenn wir uns fragen, warum Mathilde
Vaerting sich von so falschen, vorgefaßten Meinungen hinreißen
läßt, die durch keinerlei Material belegbar sind, so finden wir es
spätestens bei ihrer Monogamie-These heraus: Denn die Monoga-
mie wird – laut Vaerting – endlich die Welt von allen Übeln der
Frauenherrschaft wie der Männerherrschaft befreien! Wenn sich
Mann und Frau erst in der liebenden Monogamie verbinden, wegen
ihrer gleichen psychischen Eigenschaften dem Unisex huldigen und
einem Gleichberechtigungsstaat nachstreben, ist alles gut!
Was wir von dieser Gleichberechtigungsthese unter patriarchalen
Bedingungen zu halten haben, sahen wir bereits an anderer Stelle.
Diese Art Utopie unter Auslassung der Patriarchatskritik haben
wir mehrfach als Ideologie zurückgewiesen, gleichgültig, ob sie von
Männerlippen oder aus Frauenmund kommt. Solcher bewußten
oder unbewußten Ahnungslosigkeit wegen – was die patriarchale
Monogamie angeht, denn eine andere Monogamie gibt es nicht –
betrachte ich Mathilde Vaertings Buch nicht als feministisch, sondern bestenfalls als eine vorfeministische Überlegung. Es fällt weit
hinter Bachofens Gedankengänge zurück.

11.2. Zwei Schritte vorwärts: Bertha Eckstein-Diener und Josefine Schreier

Unter dem Pseudonym »Sir Galahad« veröffentlichte *Bertha Eckstein-Diener* ihr Buch »Mütter und Amazonen«,[55] das sie die »erste
weibliche Kulturgeschichte« nennt. Sie stützt sich dabei auf die
Forschungen Bachofens und Briffaults, ohne mit neuen Gedanken
über diese hinauszugehen. So ist ihr Buch im Grunde eine Wieder-
holung der Hauptthesen Bachofens, etwas durch Briffault ergänzt,
aber es bringt nichts Neues. Wenigstens ist Bertha Eckstein-Diener
nicht wie Mathilde Vaerting hinter Bachofen zurückgegangen, sondern bringt durch ihr Buch seine Forschung in die feministische
Diskussion. Das ist ein Schritt vorwärts.
Aber ist ihr Buch wirklich die »erste weibliche Kulturgeschichte«,
wie sie vollmundig behauptet? Hören wir sie zu ihrer Grundein-
stellung in ihrer Arbeit:

»Wie sieht die Welt denn überall dort aus, wo die Frau sie gerichtet hat, ihrem Naturwesen allein gemäß? Ihrerseits mit Ausscheidung des Mannes als
Persönlichkeit wieder einseitig, gewiß, doch gerade das Hälftenhafte hier
wie dort mag dann überblickt sich zum Ganzen fügen, denn die Wahrheit
liegt in den Gegensätzen zugleich.« (S. 7)

Schon diesen Beginn halten wir für äußerst problematisch, er läßt
uns fast zusammenfahren. Denn wie soll die Frau als Naturwesen,

offenbar unter Ausschaltung ihres Geistes und der so unendlich wichtigen Persönlichkeit des Mannes, Kultur schaffen? Und welche Gegensätze werden hier, zusammengenommen zum Ganzen, wieder zur »Wahrheit« gefügt: ein bißchen Matriarchat und ein bißchen Patriarchat? Das kommt uns zu bekannt vor. – Bertha Eckstein-Diener fährt fort:

»Bei meiner Darstellung der weiblichen Kulturgeschichte ist der Schnitt so über die Erdkugel und durch die Rassen und Kulturen hingeführt, daß er möglichst viele Seelenschichten trifft, denn dort, im magischen Blut- und Erdgrund, wurzeln recht eigentlich die Frauenreiche. Reiche sind es – niemals Staaten – irrational, zutiefst lebendig, infolge guter Substanz durch nichts zusammengehalten als einer Art zauberhafter Brutwärme aus Magie und Gefühl, Ehrfurcht des Gestalteten vor der Gestalterin, der Gesitteten vor der Gesitterin.« (S. 7)

Nun kennen wir den Grund unseres Zusammenfahrens, denn mittlerweile wissen wir geschichtlich, wohin eine solche Kulturgeschichte der Frau aus »Blut- und Erdgrund, Irrationalität und Brutwärme« führen kann! Wir sehen nicht eine »weibliche Kulturgeschichte« aus der Feder Bertha Eckstein-Dieners entstehen, sondern hören eher ihre eigene irrationale Auffassung von Kulturgeschichte. Klischees aus Bachofens Terminologie kehren wieder, durch den Mangel an jeglicher Ideologiekritik um einiges verschlimmert. Wir beginnen uns zu fragen, mit welcher Methode sie eigentlich ihren riesigen Anspruch, die »erste weibliche Kulturgeschichte« zu schreiben, verwirklichen will.

»Nachdem die Norm (der Weibsubstanz) an Biologie, Mythos, magischer Seelenlage, Ursprung menschlicher Gesellungsformen besser anschaulich geworden ist, erfolgt ein mutterrechtlicher Spaziergang über den Globus. Ausgeschnitten als ethnographische und historische Medaillons reiht sich da, was bei matriarchaler Grundstruktur an Farbe, Kraft oder sonstwie doch reizvolle Besonderung zeigt, bis aus diesen Einzelbildern das Ganze ersteht.« (S. 8)

Eine weibliche Kulturgeschichte zu schreiben als Spaziergang über den Globus, wo sich Medaillon an Medaillon reiht, wann immer sich reizvolle Besonderung zeigt, ist sicherlich keine tragfähige Methode. Mit den Mitteln des Kunstgewerbes läßt sich eine solche Aufgabe nicht bewältigen. Ebensowenig durch eine neuromantische, schwülstige Sprache, deren »Weibsubstanz recht eigentlich« im Jugendstil wurzelt, aber nicht in anstrengender wissenschaftlicher Arbeit. Bertha Eckstein-Diener hat nicht als Forscherin geschrieben, sondern als Schriftstellerin, daher bleibt das Buch schriftstellerisch-zufällig und romanhaft-ästhetisierend. Seinem eigenen Anspruch wird es nicht gerecht. Das heißt nicht, daß dieses Buch nicht gute Einzeleinsichten enthält, denn hier schreibt eine Frau kritisch aus der Perspektive von Frauen. Zum Beispiel hier:

»Solange (die Heiratsregeln, welche die Stämme zusammenhalten) vom

Mann ausgehen sollten – und ohne zu fragen, nahm alle Welt das an –, wirkten ihre Phänomene konfus, bockig, verkehrt. Besonders patriarchal verrannt nimmt sich hier der manische Vaterkomplex der Psychoanalytiker aus. Für diese gibt es Mütter nur als Sexualobjekt; aber daß so ein Objekt schließlich ein Subjekt sein könnte, das dreinzureden hat, wird tiefnaiv vergessen.« (S. 284)

Klipp und klar kritisiert Bertha Eckstein-Diener hier die männliche Optik, die immer nur Männer als Subjekte der Geschichte wahrnimmt und deshalb grundlegende wissenschaftliche Probleme wie die Entstehung der Heiratsregeln (Exogamie) nicht lösen kann. Nimmt man die Mütter als Subjekte an, lösen sich solche Probleme der Sippenordnung, der Matrilokalität und der Exogamie sehr leicht, wie die Intuition einer Frau gegen die Borniertheit sogar gelehrter Männer sagt. Oder ihre Kritik der Stufentheorien und der daraus folgenden Zirkelschlüsse:

»Heute, nach fast hundert Jahren planvoller Archäologie, geht es außer zu demagogischen Zwecken nicht mehr an, von fadenförmiger Vorwärtserei einer hypothetischen Menschheit zu reden, nur damit jeder Spätere sich automatisch als der Überlegene fühlen dürfe. Eine solche Wertung der Kulturen gibt es nicht und kann es nicht geben, weil der Maßstab fehlt. Jeder Versuch, die eine wertend über die andere herauszuheben zwecks Konstruktion eines Aufstiegs, fällt somit dahin.« (S. 315)

Das bewahrt Bertha Eckstein-Diener davor, Jubelgesänge über den endlich durchgedrungenen apollinisch-männlichen Geist à la Bachofen anzustimmen. Aber was setzt sie an deren Stelle?

»Wir haben Dutzende verschiedener Kulturen in verschiedensten Jahrtausenden kennengelernt, jede getragen von einer besonderen Menschenart. Der organische Ablauf ihres Voninnenwerdens, Voninnenabsterbens ist an den verlassenen Schalen ausgelebten Lebens greifbar.« (S. 315)

Statt der Stufentheorie die organische Biologisiererei des »Innenwerdens« und »Innenabsterbens«, wo alles von selber geschah ohne Kampf und Krieg? So wie die »zeitlose Frau« der Zukunft auf den Plan kommt, ganz von selbst, »ohne daß ein einziges Gesetz geändert werden müßte« (S. 319), denn sie steht plötzlich da? Die Umschwünge ereignen sich nur so, weil »Seelenschicht« sich umwälzt und zu »neuer Seelenschicht« wird, durchwittert von vagen Archetypen, angebunden an eine magische Nabelschnur? Da tritt zum Biologismus noch Völkerpsychologie im schlechtesten Stil dazu, und solche gedanklichen Verblümungen sorgen dafür, daß Bertha Eckstein-Dieners gute Einzeleinsichten insgesamt folgenlos bleiben, daß ihrem Buch keinerlei weiterführende, sachbezogene Erkenntnisse entnommen werden können. Wie schade!

Josefine Schreier hat ihr Buch »Göttinnen«[56] später geschrieben, es erschien erstmalig 1968 und wurde im Rahmen der Neuen Frauenbewegung 1978 wieder aufgelegt. Sie vertritt darin in klarer Sprache eigenständige Thesen zum Thema, das sie als Laienforscherin bearbeitet hat. Das ist ein zweiter wichtiger Schritt vorwärts. Obwohl sie sich selbst nicht als Feministin versteht, hat sie – ihrem kritischen Geist vertrauend – anregende Ideen formuliert, welche viele Feministinnen beeinflußt haben.

In ihrer schlichten, kompromißlosen Sprache formuliert sie vier Thesen, welche ihre gesamten Überlegungen tragen. Zunächst liest sie Mythologie – wie Bachofen, den sie kennt – realitätsbezogen, das ist ihre Methode:

»Es wird (in der Literatur zum Thema) nicht bezweifelt, daß die Herrschaft des frühen Königtums auf dem Glauben beruhte, daß der König göttliche Macht besaß, die magische, zauberische Macht (Frazer). In der Zeit des frühen Königtums wurden in den Mythen Götter und Könige gleichgesetzt. Aber dasselbe Prinzip muß auch für die Göttinnen-Königinnen gelten, und wir müssen daher rückschließen, daß in der Urzeit die Frauen nicht nur verehrt wurden, sondern auch tatsächlich die politische Macht besaßen.« (S. 18)

Damit hat sie durchaus recht.

Es folgt ihre erste These, daß Frauen in der Urzeit einer anderen Rasse angehört haben als die Männer, mit denen sie zusammenlebten. Dies schließt sie aus den Unterschieden von Schädelformen und zitiert einige Anthropologen, die den Frauen der Urzeit höhere Stirn und größeres Schädelvolumen zuschreiben.

Diese These ist leider falsch, denn größeres Schädelvolumen weist nur auf einen anderen, höheren Typus hin, aber noch nicht auf eine andere Rasse. Daß die Frauen der Urzeit, die an schöpferischer Intelligenz den Männern – gemäß so vielen Indizien aus verschiedenen Wissenschaftszweigen – überlegen waren, den höheren körperlichen Typus herausbilden, ist nicht verwunderlich; es liegt sogar auf der Hand. Eine weitere Folgerung läßt sich jedoch daraus nicht ziehen. Wir schließen ja auch nicht in der Gegenwart auf eine andere Rasse bei Männern, bloß weil diese heute – nach einem jahrtausendelangen Selektionsprozeß, der sich allmählich wieder umzukehren beginnt – größer und breiter sind und dickere Köpfe haben als die meisten Frauen. Selbst wenn sich in der Urzeit Frauen und Männer zweier verschiedener Rassen zusammengetan hätten, so wäre bereits innerhalb zweier Generationen wieder eine einheitliche Mischrasse entstanden, vor allem bei den ausgeprägt stammesinternen Heiratsregeln. Auch die Tatsache von Stämmen mit verschiedener Frauen- und Männersprache bestätigt nicht Josefine Schreiers These, denn das gibt es sogar heute noch (Tuareg-Berber und chinesische Bergstämme). Hier gehören beide Geschlechter eindeutig zum selben Stamm, die Frauen aber bewahren – gemäß alter matriarchaler Tradition – das sakrale, literarische und medizinische Wissen des Stammes und tradieren es nur untereinander. Sie

sprechen damit die Sprache der Wissenden und der Weisen gegenüber den Männern, die vergleichsweise ungebildet sind und über
diese Sprache nicht verfügen. Von zweierlei Rassen jedoch keine
Spur!
Aus Josefine Schreiers erster unhaltbarer These folgt ihre zweite,
die leider ebenso unhaltbar ist. Hier versucht sie zu erklären, wie
Stämme, bei denen Frauen und Männer verschiedenen Rassen angehören sollen, überhaupt zustande kommen. Das ist ja einer Erklärung bedürftig! Dabei greift sie auf das freudianische Muster
vom totalen Krieg zwischen den Stämmen der Urzeit zurück, das
Lévi-Strauss wieder aufgewärmt hat.

»Der totale Krieg zwischen Stämmen, die verschiedenen Rassen angehörten, war die Ursache der sonderbaren Erscheinungen, die wir besprochen
haben. Der siegreiche Stamm rottete alle erwachsenen Männer und die
männlichen Kinder des besiegten Stammes aus und ließ nur die Frauen am
Leben. Die Frauen blieben allein zurück und bildeten Frauengemeinschaf-
ten, oder sie wurden in den siegreichen Stamm aufgenommen und gewan-
nen dank überlegener Intelligenz, wenn sie einer anderen Rasse angehörten,
die Herrschaft.« (S. 32)

Wenn dies die Entstehung von Matriarchaten darlegen soll, so wird
es hier äußerst problematisch. Erstens ist die These vom Krieg seit
Urzeiten unhaltbar, wie wir schon in der Kritik an Freud/Lévi-
Strauss sahen. Zweitens formuliert Josefine Schreier hier eine sehr
naive Ansicht über die Entstehung von Herrschaft (vgl. Sigrist),
wobei noch die falsche Assoziation mitschwingt, daß Frauen in
Matriarchaten »geherrscht« hätten. Und drittens haben wir wieder
die schon oft beobachtete unwissenschaftliche Situation vor uns,
daß die »Urgeschichte« – was immer das sein soll – als Projektions-
fläche für moderne Vorstellungen benutzt wird. Hier mangelt es
Josefine Schreier an Ideologiekritik gegenüber dem Autor, auf den
sie sich stützt: Sigmund Freud.
Ein weiteres großes Problem liegt in ihrem Begriff der »Urzeit«,
auf den sie sich bei ihren nächsten zwei Thesen bezieht:

»Der totale Krieg war gewiß eine häufige Erscheinung in der Urzeit. Überfälle von der See her, bei welchen die Männer des überfallenen Stammes getötet und Frauen und Kinder in die Gefangenschaft verschleppt wurden,
waren häufige Ereignisse in der ältesten griechischen Geschichte.« (S. 32)

Die «älteste» griechische Geschichte, die sie hier benennt, ist keineswegs Urzeit! Sie gehört in jene Epoche, in der wir den Kampf
der neuen patriarchalen mit der alten matriarchalen Gesellschaftsordnung verfolgen können, und das ist Spätzeit für das Matriarchat
(Kretas Untergang, 1400 v. Chr.). Seine Urzeit beginnt dagegen mit
der Altsteinzeit vor mindestens 100 000 Jahren, wenn nicht schon
früher. Geschichte beginnt nun einmal nicht mit der Geschichte
Griechenlands; das ist noch immer Bachofens Perspektive, wo er

selber – mangels neuerer Archäologie – zu kurz greift. Aber Josefine Schreier schreibt *nach* den wichtigen Entdeckungen der Archäologie, wie sie Evans und Mellaart gemacht haben – sie hätte es wissen müssen! Aus ihrem zu engen Begriff der »Urzeit« folgen die Probleme ihrer dritten und vierten These:

»Aber diese Göttinnen (Frauen der Urzeit) sahen sich nun dem Problem gegenüber, den wilden Mann zu erziehen. ... Sie erwählten jene Männer, die ihren Anforderungen entsprachen, zu Königen, übergaben ihnen einen Teil ihrer Macht und benützten diese Männer, um andere Männer in ihrem Sinn zu beeinflussen.« (S. 34)

Hier sieht Josefine Schreier den von den Frauen eingeleiteten »Identifizierungsprozeß« am Werk (Freud). Frauen lassen Männer an ihrer Macht im Kultus teilnehmen, damit diese sich mit ihnen identifizieren können. Das zeigt sich nach ihr in der Sitte von Priesterkönigen, weibliche Kleidung zu tragen und die weibliche Gebärfähigkeit zu imitieren.

Hier kommen gleich mehrere Ungereimtheiten herein: Denn wenn Frauen so viel Macht errungen haben, daß sie sich den König aussuchen können, warum müssen sie dann – wie Machtlose – über ihn als Mittler die anderen Männer manipulativ beeinflussen? Es wird nicht klar, ob ihre Stellung stark oder schwach ist, und die Erklärung reicht für die Entstehung des matriarchalen Königtums nicht aus. Ferner sind matriarchale Priesterkönige die Sohn-Geliebten der großen Göttinnen, aber sie tragen niemals die Kleidung der Frauen, und sie imitieren auch nicht als Quasi-Väter die Gebärfähigkeit der Frauen – jedenfalls nicht im vollen Matriarchat (vgl. Kreta). Josefine Schreier spricht hier von der frühpatriarchalen Umbruchszeit, in der solche Erscheinungen auftraten, und verwechselt sie mit der matriarchalen Epoche. Ursache ist ihr verkürzter Begriff der »Urzeit«. So kommt sie dann zur vierten These:

»Während also in der ersten Phase das Individuum die Person, mit welcher es sich identifizierte, zum Ideal nimmt und ihre Werte annimmt, will das Individuum in der folgenden Phase sich anstelle der Idealperson setzen und sie eliminieren. ...Wir können diese Gedankengänge auf die Situation der Männer im Patriarchat anwenden. Die Männer hatten sich mit den Frauen identifiziert und ihre Werte angenommen und ihre Herrschaft anerkannt. Aber diese Identifizierung war eben ambivalent. Die Männer wollten sich von der Frauenherrschaft befreien und das gleiche haben, was die Frauen hatten – die Macht.« (S. 61/62)

Hier sehen wir wieder, wie Erkenntnisse der Individualpsychologie des 19. Jahrhunderts auf geschichtliche Vorgänge der Frühzeit übertragen werden – unter Weglassung jeder genaueren Betrachtung dieser geschichtlichen Vorgänge. Dies soll nun die Erklärung sein für den Wechsel vom Matriarchat zum Patriarchat, wobei nochmals die fatale Gleichsetzung von »Frauenherrschaft« und

Männerherrschaft unterläuft. So geht es nicht, selbst wenn Josefine Schreier auf ihre Weise eine mutige Pionierin ist!

Mittlerweile wissen wir, daß die frühen Patriarchate nicht durch bloße psychische Identifizierungsprozesse der Männer heraufkamen, sondern durch katastrophische Wanderungszüge und die Erfindung von Krieg und Herrschaft. *Ein* Mechanismus, nach der Eroberung Herrschaft auch im Kultus zu sichern, war gewiß die Imitation der weiblich-göttlichen Gebärfähigkeit, um den Mann als Vater-Gott zu etablieren und zu beweisen, daß er auch alles könne wie die Frau. Diesen Zwischenschritt, der nicht unwichtig ist, um männliche Götter zu »Vätern aller Götter und Menschen« zu machen, beschreibt Josefine Schreier anhand von Mythen, Bildern und Bräuchen (z. B. die Couvade, das Männerkindbett). Er findet in frühpatriarchalen Zeiten statt, wo Männer aus ihrem ewigen Gebärneid heraus (Bruno Bettelheim) sich endlich zu allmächtigen, intoleranten Vätern machen. Aber im Matriarchat gab es keinen Begriff des Vaters, also konnte er auch durch Imitation nicht erlangt werden. Der Status des Mannes war bestimmt durch die Aufgaben des Sohn-Geliebten und des schützenden Bruders – von Vaterideologie keine Spur! Diese ist ein typisch frühpatriarchales Produkt, und der ganze Prozeß, den Josefine Schreier beschreibt – von der Imitation bis zur Eliminierung der Göttin –, ist *ein* Faktor unter vielen zur patriarchalen Herrschaftssicherung, nachdem sich diese Herrschaft durch *andere* Faktoren vorher schon gebildet hatte.

Mitnichten ist er jedoch die Ursache für den Wechsel von Matriarchat zu Patriarchat – ganz abgesehen davon, daß es für einen derart komplexen, weltgeschichtlichen Prozeß *die* Ursache gar nicht gibt. So zu argumentieren, wie Josefine Schreier es tut, fügt nur eine weitere zu jenen typisch psychologistischen Hypothesen hinzu, bei denen die ungeheuren Dimensionen der Zeit menschlicher Entwicklung in eine einzige platte Ebene zusammenfallen. Bei solchen Zeitsprüngen verwirren sich die Thesen, ihr reeller und berechtigter Ort – der Begrenztes meint – wird nicht mehr gesehen.

So geht jeder mögliche Erkenntnisgewinn über Geschichte verloren. Hier ist einfach mehr und genaueres Wissen nötig, das Josefine Schreier durch Bachofen, Evans, Mellaart und Frazer – den sie zitiert – leicht hätte haben können. Trotz ihres mutigen Ansatzes verfängt sie sich so in der spekulativen Un-Methode, die Wissen durch Phantasie ersetzt, und findet den Weg aus ihrer Laienhaftigkeit nicht heraus.

11.3. Feminismus und Rassismus: Elizabeth Gould-Davis

1971 erschien in Amerika das Buch »Am Anfang war die Frau« von Elizabeth Gould-Davis,[57] das bei Erscheinen wenig Beachtung fand, um später zu einem »Klassiker« der feministischen Bewegung zu avancieren. Elizabeth Gould-Davis versteht sich – im Gegensatz zu den vorher genannten Autorinnen – ausdrücklich als Feministin, deren Anliegen es ist, den Selbstwert der Frau in klarer Abgrenzung vom kritisch betrachteten männlichen Geschlecht wiederzufinden.

»Die fälschlicherweise als weiblich bezeichnete Frau, die von ihrem Erfinder, dem Mann, so sehr bewundert wird, die Frau, die sich in ihre Minderwertigkeit fügt und die Vorstellung des Mannes verinnerlicht, sie sei zu seiner Gefährtin und zu nichts anderem bestimmt, ist in Wirklichkeit die männliche Frau. Die wirklich weibliche Frau bebt innerlich vor Zorn darüber, daß sie sich mit dem negativen Bild identifizieren soll, das sich ihr Ausbeuter von ihr gemacht hat. Das sind die Frauen, die ermüdet von ihrer Rolle als Vasallin des Mannes begonnen haben, ihrem eigenen Geschlecht seine alte Würde zurückzugeben.« (S. 345)

Das ist eine kurze, treffende Beschreibung dessen, was feministisches Bewußtsein in seiner frühen Phase ausmacht. Konsequent wird dieser autonome, von der Perspektive der Frau und nicht des Mannes ausgehende Standpunkt auf die Geschichte übertragen:

»Die meiste Zeit der Menschheitsgeschichte über war die Frau die Führerin. . . . Denn Verstand, Einsicht und Verständnis waren (seit jeher) zum Überleben weit wichtiger als brutale Kraft. Wenn das Geheimnis des Überlebens in brutaler Kraft bestanden hätte, wäre der Mensch schon vor langer Zeit den größeren Tieren . . . unterlegen gewesen. Doch zum Überleben war Kraft keine Notwendigkeit, sondern Auffassungsgabe, Voraussicht, Eingebung und Intelligenz waren nötig – und in diesen wichtigen Eigenschaften zeichneten die Frauen sich aus. Es waren die Frauen, an die sich die Männer wandten, wenn es um Führung, um die Erklärung der Naturereignisse und die Verbindung zur Natur und zur Ewigkeit ging. Die Frau war Prophetin, Priesterin, Richterin, Medizinerin, Königin und Göttin.« (S. 346)

Klar erscheint hier die Frau als intelligentes, handelndes Subjekt der Geschichte. Keine Anleihen bei diffusen, unterschwellig patriarchalen Mann-Frau-Ergänzungstheorien sind nötig – wie sie Vaerting und Eckstein-Diener noch anhaften –, um das festzustellen. Ebenso unerschrocken äußert Elizabeth Gould-Davis ihre politische Anklage gegen die patriarchale Gesellschaft: Denn seit patriarchaler Zeit geriet die Gesellschaft in Unordnung; Gewalt, Elend und Chaos – in der nicht-patriarchalen Geschichte unbekannt – waren und sind an der Tagesordnung. Die Ursache ist die Unterdrückung des Geschlechts, das die höhere soziale Intelligenz besitzt, nämlich der Frauen, durch die physische Gewalt und die Apparaturen der Männer. Zum jetzigen Zeitpunkt droht die Apparate- und Herrschsucht in eine Tötungsmaschinerie ohnegleichen umzukippen, die durch atomare und chemische Verseuchung die mögliche Vernichtung der Menschheit und des Lebens auf der Erde greifbar macht. Diese patriarchale Bedrohung spricht Elizabeth Gould-Davis offen aus, und damit weist sie unverblümt darauf hin, daß die patriarchale Kulturentwicklung kein Aufstieg war, sondern ein entschiedener Abstieg in der Menschheitsgeschichte.

Damit ist eine politische Perspektive formuliert, wie sie den Feminismus kennzeichnet und bei den vorigen Autorinnen noch nicht zu lesen war. Denn selbstbewußte Laienforschung von intelligenten Frauen als Einzelkämpferinnen – wie Eckstein-Diener und Schreier es waren – macht noch keine politisch-feministische Perspektive aus, die erst mit dem Beginn der Neuen Frauenbewegung in den sechziger Jahren in Amerika und in den siebziger Jahren in Europa begann. Hierin ist Elizabeth Gould-Davis noch einmal einen entscheidenden Schritt weitergegangen.

Doch was trägt sie von der Sache her zur Matriarchatsforschung bei? Hören wir ihre beiden Grundthesen:

»Dieses Buch ist das Ergebnis der Verbindung zweier Gedankengänge. Erstens, daß es sich bei der frühesten uns bekannten Kultur lediglich um das Wiederaufleben einer älteren Kultur handelt, und zweitens, daß die antreibende und wiederbelebende Kraft dieser Kultur die Frau war.« (S. 7)

Mit der zweiten These haben wir nach dem, was wir bisher wissen, kaum Mühe. Aber was meint Elizabeth Gould-Davis mit ihrer ersten These?

»In Europa und auf den Britischen Inseln bewahrten die Kelten, die letzten Überlebenden der großen Weltkultur, die Tradition der weiblichen Vorherrschaft bis zum Untergang Roms – als aus den nordöstlichen Wäldern Welle auf Welle germanischer Barbaren über das Land nach Süden fegte und auf den Ansturm orientalischen Christentums traf, das sich aus dem Mittelmeerraum nach Norden ausbreitete. Zwischen diesen beiden Mühlsteinen des Maskulinismus wurden die Kelten am Ende zerrieben. Am Ende behauptete sich das teutonisch-semitische Patriarchat in Europa. Die keltische Kultur geriet in Vergessenheit, die keltische Göttinnenreligion verschwand aus der Öffentlichkeit, keltische Bräuche und keltischer Glaube degenerierten zu heidnischem Aberglauben, und keltischer Feminismus wurde von den patriarchalen Eroberern als Sünde verdammt.« (S. 9)

Wir begegnen einer neuen absonderlichen Geschichtskonstruktion: Es gab eine Urkultur, die keltisch war, was aus dem Satz von den Kelten als den letzten Überlebenden dieser Weltkultur hervorgeht. Und alles, was irgendwo in der Welt matriarchal aussieht, ist eine Wiederbelebung dieses urkulturellen »keltischen Feminismus« – wie Elizabeth Gould-Davis es nennt. Die Zerstörer dieses weltweiten Keltentums werden klipp und klar benannt: einerseits die Teutonen, bezeichnet als germanische Barbaren (bis hin zu den heutigen Deutschen), andererseits die orientalischen Semiten.

So landen die semitischen Völker alle in einem Topf. Und von den vielen indoeuropäischen Völkerschaften bleiben nur die »germanischen Quadratschädel« übrig. Und sind die Kelten etwa keine Indoeuropäer, welche die erste Eroberungswelle brachten?

Bei ihrem Ansatz schwant uns Böses, und im folgenden sehen wir, wie Elizabeth Gould-Davis jede historische Frage nach den Kelten durch deren fortschreitende Mystifizierung ersetzt. Zunächst wird eine Wellentheorie der Geschichte aufgetischt, nach der es alle 1500 Jahre einen kulturellen Aufstieg bzw. Abstieg gibt – das erinnert fatal an selbige nationalsozialistische Wellentheorie. Dann wird gefragt, was denn vor der ersten kulturellen Aufstiegsphase (Sumer) gewesen ist, und Elizabeth Gould-Davis greift zum gleichen mystischen Atlantis als Urkultur wie schon Hermann Wirth – nur daß ihr Atlantis am Südpol liegt und mit Kelten bevölkert ist, während Wirths Thule-Atlantis am Nordpol beheimatet und voller Germanen war. Aber hier wie dort waren diese mysteriösen Völker in ihrem sagenumwobenen Land der Beginn der Kultur überhaupt, die sie höchstpersönlich und in eigener Rasse in alle Welt hinaustrugen.

»Wer auch immer diese alten Seefahrer gewesen sein mögen, sie sind wahrscheinlich für die Überlieferung des wunderbaren Fremden verantwortlich, die bei so vielen primitiven Völkern der Welt zu finden ist. Bei all diesen primitiven Völkern, von Yucatan bis Tasmanien, bezog sich die Tradition des wunderbaren Fremden auf eine blauäugige, golden- oder rothaarige Rasse. Sie waren weder semitisch noch arisch, und niemand weiß, woher sie kamen und in welche heutige Rasse sie hineinwuchsen. Vielleicht besaßen noch die Ägypter eine verschwommene Erinnerung an eine längst verschollene Überrasse, welche sie einst die Künste der Kultur gelehrt hatte, und falls es so war – wer waren dann diese goldenen Fremden? Unter den bekannten Rassen tritt Rothaarigkeit nur bei den europäischen Kelten auf.« (S. 20)

Uns schauert bei solchen Worten von der blauäugigen, goldenen, rothaarigen »Überrasse«, die sogar die alten Ägypter die Künste der Kultur gelehrt hat! Statt an Kulturgeschichte fühlen wir uns an Science Fiction erinnert wie die von Däniken, wo Überwesen von den Sternen den armen Ägyptern und anderen Völkern erst die Kultur gebracht hätten. Und wie bei Däniken ist alle spätere Kultur nur ein Abklatsch der Urkultur solcher fremden Wunderwesen!

Um diese mystifizierte keltische Urrasse rein zu bewahren, grenzt Gould-Davis sie scharf ab von den späteren Kelten, die vielleicht doch in die indoeuropäische Rasse eingeschmolzen wurden! Aber wo sind die Urkelten unterdessen geblieben? Wie konnten sie ihre Rasse und Kultur so viele Jahrtausende im Untergrund des Verschwundenseins erhalten? Darauf bekommen wir keinerlei Antwort.

Wie die rassistische Germanophilie uns immer den großen, blonden Krieger als Supermann vor Augen führt, so ist es bei Gould-Davis umgekehrt die große, rotblonde Superfrau, die Kriegerin und Kulturschöpferin, die in aller Welt als Übermenschin auftaucht.

Aber diese Umkehrung der geschlechtlichen Vorzeichen hilft nicht darüber hinweg, daß Gould-Davis einem keltischen Rassismus übelster Prägung huldigt, den sie – unter anderem – von dem rassistischen Keltologen John Rhys aufgenommen hat. Nur daß dieser keltische Rassismus weniger auffällt als der germanische, weil er sich nicht die politischen Exzesse erlaubt hat wie letzterer im Nationalsozialismus – im Prinzip ist er jedoch dasselbe!

Für die Sache der Matriarchatsforschung stimmt dieser Befund eher traurig, denn die deklarierte Feministin Gould-Davis hat ihr einen schlechten Dienst erwiesen. Auch solche Theorien stellen einen Mißbrauch des Themas Matriarchat dar, der niemand nützt. Denn matriarchale oder patriarchale Kulturentwicklung an eine Rasse zu knüpfen, gleich welche, ist historischer Unsinn. Nicht eine einzige Rasse war Erfinderin von diesem oder jenem, sondern tiefreichende Kulturentwicklungen haben schon immer die Grenzen von Völkern und Rassen überschritten.

Hätte sich Elizabeth Gould-Davis auf die These von der Frau als Kulturbringerin beschränkt, so hätte sie mit ihren interessanten Einzelüberlegungen zum Thema Matriarchat viel beitragen können. Aber die Verknüpfung mit der rassistischen Keltenthese verzerrt ihre Forschung bis ins Groteske. Wieder blüht die wilde Spekulation, durch keine Methode korrigiert, wieder fällt eine Laienforscherin durch theoretische Unerfahrenheit auf einen patriarchalen Theorie-Vater herein. Was nützen dann die vielen kritischen Spitzen gegen »die Männer«?

Ich denke, es ist höchste Zeit, daß Frauen auf dem Boden theoretischen Überblicks, guter Methode und genauen Wissens beginnen, ihre eigene Geschichts- und Weltsicht zu entwickeln, und zwar endlich frei von der Übernahme patriarchaler Ideologien (von denen der Rassismus eine extreme ist) mit Hilfe einer präzisen Ideologiekritik, welche die Forschung ständig begleitet. Alles andere führt hilflos im Kreise herum.

11.4. Ein Beispiel für gelungene Laienforschung: Gerda Weiler

Im soeben genannten Sinne begann ich mit dem Buch »Die Göttin und ihr Heros« 1980 selber meine Veröffentlichungen im Bereich der Matriarchatsforschung, nachdem ich mich vorher zwei Jahrzehnte der Mühe des Sammelns, Sichtens, methodischen Ordnens und theoretischen Durchdenkens unterzogen hatte. Ich nehme zu meiner eigenen Arbeit – die eine Vorstudie zu diesem größeren Werk ist – nicht Stellung, da ihre Ergebnisse, soweit sie gültig geblieben sind, hier einfließen werden.

Gerda Weiler wurde durch meine Arbeit angeregt und hat in ihrem

Buch »Ich verwerfe im Lande die Kriege. Das verborgene Matriarchat im Alten Testament« (1984)[58] neue Einsichten der Matriarchatsforschung auf höchst eigenständige Weise in dem gewählten, besonderen Bereich weitergeführt. Ihre Arbeit ist ein Beispiel dafür, daß auch Laienforschung zu einer guten, kritischen Auseinandersetzung und zu neuen Erkenntnissen in einem Wissensbereich führen kann, wenn die Grundregeln wissenschaftlichen Forschens beachtet werden. Denn diese sind ja nicht an die universitären Institutionen gebunden.

Sie analysiert das Alte Testament auf seine matriarchale Vorgängerkultur im Raum Altpalästinas hin und beschäftigt sich zugleich ideologiekritisch mit der Sekundärliteratur zu diesem Thema, die – wie sie sagt – ganze Bibliotheken füllt. Mit dieser doppelten Methode von Quellenstudium (Altes Testament) und Ideologiekritik (Sekundärliteratur) gelingt es ihr, die Spuren der kanaanitischen, noch matriarchal geprägten Kultur herauszufinden, welche die israelitischen Stämme antrafen, als sie in dieses Gebiet einwanderten.

»Ihrer eigenen Überlieferung zufolge sind die israelitischen Stämme nach Palästina eingewandert. Sie kamen aus dem Zweistromland, aus Nordarabien und aus Ägypten. In Palästina, dem Gelobten Land, trafen sie die Kanaanäer an, ein Volk, dessen Kultur ihnen weit überlegen war. Im Gegensatz zu den Ländern, aus denen sie kamen, und zur kanaanäischen Kultur, in die sie sich einnisteten, sollen die israelitischen Stämme eine von Anfang an patriarchale Tradition gehabt haben. Spätestens die Ausgrabungen in Ras Schamra haben erwiesen, daß diese Vorstellung falsch ist!« (S. 37)

In kritischer Sichtung des Alten Testaments kann Gerda Weiler nachweisen, daß die eingewanderten israelitischen Stämme die überlegene, matriarchal geprägte Kultur ihrer Umgebung angenommen haben, weil sie selber keineswegs von Anfang an mit einem »Urmonotheismus« ausgestattet waren, sondern offenbar auch einen matriarchalen Kulturhintergrund hatten. Auf ihrem langen, katastrophischen Wanderzug durch die Wüste ist ihre ökonomische und matriarchale Grundlage immer wieder erschüttert worden, so daß sie für die patriarchalen Herrschaftsbestrebungen ihrer charismatischen Führer, wie Moses und die Propheten es waren, anfällig wurden. Diese kleine Gruppe jahwistischer Priester hat immer wieder versucht, den Patriarchalisierungsprozeß voranzutreiben und sich entsprechend lobend oder verdammend dem Volk und dem Königshaus entgegengestellt – je nachdem, ob diese dem neuen Jahwe-Monotheismus huldigten oder sich von ihm abkehrten. Das Alte Testament, sozialhistorisch gelesen, läßt genau diesen Prozeß durchscheinen, bis die Jahwe-Priester siegreich waren.

Scharfsinnig und ideologiekritisch zugleich deckt Gerda Weiler diesen Patriarchalisierungsprozeß auf. Damit fällt einerseits die penetrant behauptete These dahin, daß die israelitischen Stämme von

Anfang an einem patriarchalen »Urmonotheismus« gehuldigt hätten, woraus orthodox-jüdische Kreise die Sonderstellung des »Auserwählten Volkes« ableiten wollen. Andererseits fällt damit auch eine negative Zuweisung weg, die das jüdische Volk allein verantwortlich machen will für die Einführung des Patriarchalismus im Nahen Orient und – als Wirkung davon – in Europa. Ersteres ist eine arrogante Überheblichkeit, die lange gegolten hat, letzteres eine üble Simplifikation, die von vergleichender Geschichtsforschung keine Ahnung hat oder haben will. Die Verhältnisse der jahrhundertelangen Übergangszeit im Vorderen Orient und im Mittelmeerraum sind dagegen komplizierter. Einen wichtigen Strang davon, nämlich die Situation des Wandels im antiken Israel, zeichnet Gerda Weiler nach, und dabei sind ihre zwei zentralen Thesen: Erstens, die israelitischen Stämme kannten den Göttinglauben und übernahmen das kultische Göttin-Heros-Muster der matriarchalen Religion erneut von der sie umgebenden kanaanitischen Kultur. Zweitens, hinter den alttestamentarischen Wundergeschichten verbergen sich matriarchale Kultlegenden, die durch die biblische Endredaktion der Jahwe-Priester verfremdet, patriarchalisiert und getilgt worden sind (S. 92/93).

Für ihre Thesen sprechen viele Beispiele, so die fortbestehende Verehrung der Göttinnen Asherat und Anat wie ihrer Kultheroen El und Baal beim israelitischen Volk. Auch die Struktur des Königshauses spiegelt matriarchale Traditionen: Die Königinmutter, die Gebira, war nicht nur die Vererberin des Thrones an ihren Sohn, sie krönte ihn – wie als Abbild von Göttin und Heros – auch selbst und hielt wesentliche Regierungsgeschäfte in ihren Händen. Gegen diese Sitten und Bräuche eiferten die Jahwe-Priester, die einen extrem männlich geprägten Monotheismus vertraten. Ihr jahrhundertelanger Kampf kam mit dem König David zum Sieg, der den israelitischen Nationalstaat erzwang und nun den neuen Jahwe-Monotheismus als Staatsreligion brauchte. In dieser Entwicklung zum Patriarchat hin ist das israelitische Volk keine Ausnahme innerhalb jener bewegten, dramatischen Zeiten des Aufeinanderpralls zweier Gesellschaftsordnungen; seine Geschichte ist verwoben in analoge Geschichte der sie umgebenden Völker.

Es gibt dennoch ein paar Unklarheiten in Gerda Weilers sonst glänzender Studie, die hier wenigstens genannt werden müssen, ohne ihre Leistung herabzusetzen. Meine Hinweise wollen der Weiterbeförderung dieser Forschung dienen: Erstens gibt es Unklarheiten in der Deutung des Göttin-Heros-Musters, zweitens treten sie auf beim Gebrauch von psychologisierenden Hypothesen anstelle sozial-struktureller Beschreibung der matriarchalen Gesellschaftsform und ihres Umbruchs. Zum ersten:

»Die Eine-Große-Herrin übergreift den Jahresrhythmus und integriert das kosmische Geschehen in ihrer Gestalt. Sobald sie in drei deutlich voneinander zu unterscheidende Gestalten auseinandergetreten ist, wird sie selbst zum Objekt der Veränderlichkeit des Lebens. Nicht mehr das Männliche ist den Gesetzen der Natur unterworfen, sondern sie.« (S. 49/50)

Hier wird die Gestalt der Göttin um eine religionsgeschichtliche Dimension verkürzt. Denn noch im klassisch-matriarchalen Bild erscheint die Göttin als Dreifache, und ihre Gestalten von Mädchen-Frau-Greisin sind klar unterscheidbar. Dennoch ist sie die Drei-Einige und keineswegs schon auseinandergetreten und patriarchalisiert. Dieser Prozeß setzt später ein, nämlich dann, wenn sie in drei einzelne Göttingestalten zerfällt, deren Zusammengehörigkeit nicht mehr bekannt ist (frühpatriarchal).

Ein ähnliches Schwanken besteht bei Gerda Weiler beim Heros-Muster: Da wird Baal einmal sehr genau als Heros charakterisiert, der Sohn, Geschöpf, die vergänglich-sterbliche Seite darstellt und sich im König verkörpert (S. 68–70). Dann wieder heißt er bei ihr »Gott« und verkörpert angeblich die Erde mit ihrer Vegetation und ihrem Wandel (S. 47). Das ist sehr mißverständlich, denn kein Heros ist ein »Gott«, und kein Heros verkörpert die Erde. Er verkörpert das Irdische, Vergängliche, aber die Erde in ihrer Umfassendheit ist in vielen Mythologien eine Göttin. Das entgeht Gerda Weiler, weil sie das Bild der Göttin zu sehr auf die kosmische »Himmelsherrin« eingrenzt und dabei übersieht, daß von der mythischen Grundvorstellung her sowohl Erde wie Kosmos die umfassende Göttin war. Der Heros ist ihr gegenüber das Vergängliche, ob sein Sinnbild nun die Vegetation (sehr häufig), die Sonne (noch häufiger) oder der Mond (selten) ist. Ihn als »Gott« zu bezeichnen, streift dagegen schon die frühpatriarchale Phase der Vergottung der Kultheroen, welche einen Bruch mit der matriarchalen Tradition darstellt. Hier begegnen wir einer ähnlichen religionsgeschichtlichen Verkürzung, die daraus entstanden sein mag, daß sich Gerda Weiler ausschließlich mit den Jahrhunderten der Übergangszeit in Palästina beschäftigt und nicht mit den matriarchalen Jahrtausenden davor.

Zum zweiten: Bei der Frage nach dem Umbruch von Matriarchat zu Patriarchat bei den israelitischen Stämmen greifen Gerda Weilers Erklärungen zu kurz:

»Landsuchende, auf Eroberung eingestellte Völkerschaften sind patriarchal. Aber sie sind nicht patriarchal, weil sie wandern. Sondern sie wandern, weil sie patriarchal geworden sind.« (S. 108)

Das klingt sehr nach der Frage, was zuerst war, die Henne oder das Ei? Gerda Weiler fährt fort:

»(Vielleicht) haben sie ihr Kulturland dermaßen ausgebeutet, daß sie ihre eigene Lebensgrundlage zerstört haben. Sie haben also die matriarchale An-

passung an die Natur aufgegeben und sich zu Herren der Erde gemacht.«
(S. 108)

Auch hier wird – wie oben – eine mögliche Ursache genannt: Zerstörung von Kulturland und Wanderung. Aber wieder geht Gerda Weiler haarscharf an einer nüchternen Erklärung vorbei und bietet stattdessen »patriarchale Mentalität« als Erklärung an, wobei wir erneut fragen können: Wie kam es zu dieser? Dasselbe Argumentationsmuster tritt auf, wo es um die patriarchale Mentalität der Jahwe-Priester geht:

»Das alttestamentliche Schrifttum spaltet dabei in einem gewaltigen kollektiv-psychologischen Prozeß das Weibliche ab und projiziert es als ein Fremdes aus sich heraus. Die Kanaanäer, die Fremdvölker ... werden zu Projektionsträgern des Bösen. Israel verleugnet seinen Mutterschoß, es verdrängt seinen Ursprung.« (S. 59)

Das mag durchaus eine Überlegung sein für die Interpretationsweise der Jahwe-Priester. Sie liefert aber keine These dafür, wie es zu dieser patriarchalen Haltung gekommen ist, sondern schiebt statt einer historischen Erklärung eine psychologistische Hypothese ein. Ganz abgesehen davon, daß es gefährlich ist, von »kollektiv-psychologischen Prozessen« zu sprechen – wie wir bei mehreren Autoren gesehen haben. Das verschleiert nur die Macht- und Herrschaftstechniken, die bestimmte Gruppen – von uns klar benennbar – anwenden. Aber dann sind kollektiv-psychologistische Hypothesen, die sich auf ein ganzes Volk beziehen, überflüssig. Denn sehr schnell landet man mit ihnen dann bei der »jüdischen Seele« (S. 74) und bei den Pauschalisierungen der Völkerpsychologie.

Deutlich zeigt sich, daß solche psychologistischen Hypothesen keine historischen Erklärungen liefern. So bleibt nicht nur die Entstehung, sondern auch die weitere Entfaltung des Patriarchalisierungsprozesses bei Gerda Weiler merkwürdig unklar: Dabei ließe sich die Entstehung leicht erklären aus der Wandergefolgschaft um charismatische Führer bei der katastrophischen Wanderung durch die Wüste aus Ägypten (vgl. Sigrist). Hier wäre der Beginn von Herrschaftstendenzen zu finden, deren Wirkung und Entfaltung Gerda Weiler bis hin zu König David beschreibt. Aber das ist noch nicht das Ende der Geschichte, denn ob der angebliche »Urmonotheismus« sich bereits jetzt zur Staatsreligion aufschwingt, ist zweifelhaft. Die Ansichten gehen hier auseinander, denn seine Verfestigung und Dogmatisierung scheint sich erst später, im babylonischen Exil – was ja wieder eine »katastrophische« Situation war – als identitätsstiftender Block für das israelitische Volk herauszukristallisieren. Hier bleibt noch viel zu tun übrig, um den komplexen Prozeß von Herrschafts- und Ideologiebildung (»Urmonotheismus«) im Verlauf der frühen Geschichte der Israeliten in seinen verschiedenen Stadien zu erfassen.

Ihre gelegentliche kollektive Psychologisiererei hat Gerda Weiler den Vorwurf des »Antijudaismus« eingetragen. Dieser Vorwurf ist ungerechtfertigt, er dient lediglich dazu, eine unabhängige, unerschrockene Pionierarbeit zu diskriminieren. Denn merkwürdigerweise scheinen die Kritiker/innen nicht zu wissen, daß aufklärerische Juden wie Erich Fromm und Josefine Schreier den extremen Patriarchalismus als Ergebnis eines langen Prozesses in der Geschichte Israels ähnlich wie Gerda Weiler ablehnen. Und ferner scheint sie der tatsächlich antijüdisch gefärbte Rassismus eines Hermann Wirth oder einer Elizabeth Gould-Davis nicht zu stören, denn darüber verlieren sie kein Wort. Das läßt darauf schließen, daß es gar nicht um »Antijudaismus« geht, sondern um den Angriff auf die autonome, von institutionell-männlichen Interpretationen freie Matriarchatsforschung, wie sie heute entsteht.

In dieser unabhängigen Matriarchatsforschung steckt nämlich ein Theoriemuster, das wesentlich weiter greift als die bisher genannten vorfeministischen und feministischen Ansätze. Zum Beispiel zeigte sich bei Elizabeth Gould-Davis das neue politisch-feministische Bewußtsein deutlich, aber ihre Kritik verlief entlang der Linie »Frauen hier« – »Männer dort«, was in einer bloßen Umkehrung der Werte mündete. Die sozialhistorische Dimension, die sie doch meinte, wurde dabei verkürzt, was die Gefahr der Übernahme undurchschauter patriarchaler Denkmuster heraufbeschwor. Das ist sehr typisch für die Position des frühen Feminismus.

In der autonomen Matriarchatsforschung, die heute entsteht, zeigt sich die Position eines gereiften Feminismus. Einmal ist damit nicht nur Forschung »von Frauen für Frauen« gemeint, sondern Forschung von selbstbewußten, kritischen Frauen für alle Menschen, denn es geht um ein neues Geschichtsbild und eine neue Weltsicht. Es wird stets danach gefragt, was *matriarchale* Frauen und Männer einerseits geprägt hat, und zwar durch alle Phasen dieser Kulturform hindurch, und was *patriarchale* Männer und Frauen andererseits deformiert hat, auch durch alle Phasen dieser Kulturform hindurch. Damit kommt die sozialhistorische Dimension in voller Reichweite hinein, die Stärke dieser Fragestellung läßt nichts aus und wird dadurch subversiv-systemüberschreitend fürs Patriarchat.

Zugleich unterläuft bei dieser radikalen Art zu forschen nicht der umgekehrte Fehler, den wir so oft beobachten konnten, daß Männer wie Frauen meinen, wenn man nur ein bißchen von beiden Positionen, weiblich und männlich, ergänzt – egal wie sie inhaltlich gedeutet werden –, ist die Utopie fertig (Ergänzungstheorie). Das ist eine ebenfalls unhistorische Perspektive, und sie ist vorfeministisch in doppelter Hinsicht: Erstens übergeht sie schlicht die noch bestehende Situation der Benachteiligung und Unterdrückung von

Frauen, und zweitens fragt sie nicht genau, wie diese Situation historisch entstanden und künftig zu überwinden ist – denn so genau will man es gar nicht wissen! Das heißt, hier fehlt das Bewußtsein und die Kritik der noch bestehenden patriarchalen Situation, die jedoch nicht übersprungen werden kann (ein Beispiel außer den schon zitierten Autoren: die »New Age«-Bewegung).

Von beiden Positionen, der vorfeministischen wie der frühfeministischen, ist die autonome Matriarchatsforschung mit ihrer radikalen, umfassenden Fragestellung – wie ich sie selber entwickle – gleich weit entfernt. Das macht ihre verändernde Kraft aus, um deretwillen sie schon in ihrem Anfang angegriffen wird.

Zusammenfassung der Thesen:

- Die Frau stellte in der Ur- und Frühgeschichte vermutlich den körperlich höheren Typus dar (Josefine Schreier, auf dem Boden anthropologischer Hinweise). Sie war jedoch keine andere Rasse (meine These).
- Kulturausbreitung, sowohl die matriarchale wie die patriarchale, überschreitet die Grenzen von Völkern und Rassen (meine These gegen Elizabeth Gould-Davis und andere rassistische Theorien).
- Die israelitischen Stämme hatten nicht von Anfang an einen »Urmonotheismus«, sondern vermutlich auch einen matriarchalen Kulturhintergrund; das machte es ihnen leicht, die überlegene matriarchale Kultur der Kanaanäer nach ihrer Einwanderung in Palästina zu übernehmen (Gerda Weiler).
- Die Jahwe-Propheten trieben den Patriarchalisierungsprozeß in Israel voran, der verschiedene Stadien durchlief (Gerda Weiler). Ähnliche Patriarchalisierungsprozesse sind bei anderen Völkern des Mittelmeerraumes zu sehen (meine These).
- *Ein* Faktor unter anderen zur patriarchalen Herrschaftssicherung – nach der patriarchalen Eroberung – ist die Imitation der Gebärfähigkeit der Muttergöttin durch einen Vatergott, was in der Verdrängung der Göttin münden kann (Josefine Schreier).

Fische, das Ende, die Auflösung

12. Männliche Positionen zur Matriarchatsforschung heute: Forscher, Gegner und Vereinnahmer

12.1. Matriarchatsforscher der Gegenwart: Ernest Bornemann und Jean Markale

Ernest Bornemann hat sein Buch »Das Patriarchat« (1975)[59] den Frauen gewidmet:

»Es soll der Frauenbewegung dienen, wie ›Das Kapital‹ der Arbeiterbewegung gedient hat: als Analyse der Vergangenheit, als Schlüssel zur Zukunft, als Waffe im täglichen Kampf der Gegenwart.« (Widmung)

Mit Freude nehmen wir diesen selbsternannten Marx der Frauenbewegung zur Kenntnis, würden es aber in jedem Fall vorziehen, unsere eigene Stimme zu erheben, unsere eigene Weltsicht zu formulieren, die Theorie aus unserem eigenen Selbstverständnis zu entwickeln. Denn die Haltung, als Mann die Frauen zu bevormunden, hat im Patriarchat Geschichte. Nicht wenige sprachliche Schnitzer in Bornemanns Buch sind dafür Indizien, wo er in typisch patriarchaler Sprachgebung die Frauen als handelnde Subjekte übersieht:

»Da die Sippe niemals wissen konnte, welche ihrer Kinder von welchen Vätern stammten und der Kausalnexus zwischen Paarung und Zeugung möglicherweise noch nicht bekannt war, *setzte die Sippe* die Abstammung in mütterlicher Folge fest.« (S. 41, Hervorhebungen von mir)

Wieso die Sippe und nicht die Frauen als Mütter? Schließlich bringt nicht die Sippe die Kinder zur Welt! Oder:

»Da der Vorgang des Gebärens und der zyklischen Übereinstimmung zwischen Mondphasen und Menstruation dem Manne unheimlich und rätselhaft vorkam, *erhob er* die Frau zur Göttin.« (S. 81)

Oder Bornemanns These vom Umschlag des Matriarchats ins Patriarchat ausschließlich durch Erfindung des Pfluges:

»Dies bedeutet zwar, daß *der Pflug* dem Manne die Vorherrschaft in der Nahrungsversorgung und damit auch im sexuellen Verhältnis *gab*.« (S. 117)

So einfach ist das: Wenn es um Einfluß und Macht der Frau geht, gibt der Mann sie ihr. Geht es aber darum, daß der Mann auf Kosten der Frau die Herrschaft an sich reißt, ist es plötzlich der Pflug gewesen! Diese Verdrängung der handelnden Subjekte ist ein Problem. Leider wimmelt es bei Bornemann von solchen Formulierungen. Obwohl er sich an anderen Stellen redlich bemüht, nicht nur den Menschen als Mann in der Geschichte erscheinen zu lassen, sondern auch die Geschichte der Frau nachzuzeichnen, sitzen patriarchale Sprache und patriarchales Bewußtsein auch bei ihm tief. Sie lassen sich nicht durch eine gute Forschungsabsicht, die durchaus dem eigenen Ehrgeiz dient, überwinden. So lehnte die Frauenbewegung ab, Bornemann als ihren Marx zu feiern. Er ist darob beleidigt – nun ja!

Doch wir wollen Bornemanns sachliche Leistung würdigen, um sie im Rahmen der bisher erschlossenen Matriarchatsforschung einordnen zu können. Er versucht, Gesamtgeschichte zu schreiben, indem er erstens die Geschichte der Frau und ihrer Gesellschaftsform nachzeichnet und zweitens die Entstehung des Patriarchats im antiken Griechenland und Rom darstellt. Beide Absichten realisiert er mit sehr unterschiedlichem Erfolg, denn die Geschichte des Matriarchats – bei ihm »matristische Gesellschaft« genannt – gelingt ihm aus Mangel an Wissen nicht, die Darstellung, wie sich das Patriarchat in Griechenland und Rom etablierte, ist dagegen in vielen Teilen ausgezeichnet. Insgesamt aber leidet sein Buch an vielen Verkürzungen, die es als Gesamtdarstellung der Geschichte der Frau und ihrer Gesellschaftsform untauglich machen.

Eine »matristische Gesellschaft« ist nach Bornemann gekennzeichnet durch Matrilinearität, Matrilokalität und hoher Achtung vor der Frau, die hingegen niemals »herrscht«. Auf dem Boden der Forschung von H. L. Morgan zur Gentilgesellschaft, interpretiert von Engels als klassenlose, herrschaftsfreie Gesellschaft, breitet Bornemann seine Gedanken zur Ur- und Frühgeschichte aus, wobei er den Morgan-Engelsschen Ideen wenig Neues hinzuzufügen hat. Er sieht seit der Altsteinzeit über die Mittelsteinzeit bis zur Jungsteinzeit die Frau in dominanter Position, kein uranfängliches Patriarchat wird bei ihm davor- oder danebengeschaltet – darin kritisiert er vehement und zu Recht die bürgerlich-patriarchale Urgeschichtsforschung, die ohne diese Ehrenrettung des männlichen Selbstwertgefühls nicht auskommt. In unverblümt erfrischender Weise zeigt er, wie die Frau von frühester Zeit an in der menschlichen Gruppe die führende Rolle innehat: Bereits bei den Wildbeutern bringt sie durch Sammeln den Hauptanteil der Nahrung herbei und beteiligt sich beim Jagen. Sie erfindet die Kunst des Feuermachens und hütet das Feuer, um die Nahrung zuzubereiten. Sie baut die ersten Windschirme, Hütten und Häuser, sie erfindet und näht die erste Kleidung aus Fellen und Leder – in jeder wirtschaftlichen Hinsicht ist sie wichtiger als der Mann. Bornemann enthält sich hier des üblichen Urteils, daß sie gerade deswegen am Materiellen klebe und auf die geistige Erleuchtung durch den Mann warten muß. Ganz im Gegenteil dazu zeigt er, daß die Frau auch in geistiger Hinsicht führend ist: Sie regeneriert den Stamm durch die Geburten, schafft dadurch die matrilineare Sippe und baut darauf ihre Kultur auf. Diese beruht auf dem Prinzip des mütterlichen Schenkens: Verteilen des Erbeuteten nach den Bedürfnissen, nicht den Leistungen, alles ist Gemeinschaftsbesitz. Es gibt weder Privilegien noch Machtpositionen noch Hierarchie, sondern nur die anerkannte Autorität der ältesten Mütter, der Ahnfrauen, welche als Ratgeberinnen auf dem Boden freiwilligen Respekts ihren Einfluß ausüben. Dieses Ethos ist uralt und nach Bornemann von keiner Zivilisation später je wieder erreicht worden. Aus der Verehrung der Ahnfrau als der Schöpferin des Stammes und der Menschenwelt hat sich später das Bild der Göttin entwickelt. Die Natur wird nun mit der schenkenden Frau verglichen, die Göttin ist Herrin der

Tiere und Meeresmutter, die dem Jäger die Fallen und dem Fischer die Netze füllt. Die schenkende Göttin ist die erste Gottheit überhaupt und wird in der Jungsteinzeit zum Bild und zum Kult der Großen Mutter.

So weit, so gut. Bornemanns klare Worte auf dem Boden neuerer marxistisch-ethnologischer und -historischer Forschung (Koswen, Thomson) sprechen durch ihre innere Konsequenz für sich. Leider setzen aber schon hier seine sachlichen Verkürzungen ein: So fehlt wegen der Eingrenzung auf die ökonomistische Perspektive bis auf wenige Hinweise die Darstellung der geistigen Welt völlig, denn Bornemann hat sich auf die sozialhistorische Erschließung von Mythologie nicht eingelassen. Das ist schade, denn er hätte die Forschungen von Bachofen, Frazer, Ranke-Graves und Marie König zur Verfügung gehabt. So gerät ihm auch das Bild der Frau als Göttin zu simpel, denn wieder ist sie nur die Fruchtbarkeitsgarantin, als hätten die frühen Menschen nichts als Essen und Trinken im Kopf gehabt. Da die Menschen aber – entgegen Bornemanns und landläufiger Ansicht – keine vom dauernden Verhungern bedrohte, sondern die erste Überflußgesellschaft (»first affluent society«, Sahlins) bildeten, waren sie auch mit geistigen Problemen wie denen von Leben und Tod beschäftigt, für deren Lösung die Frau/Göttin als Wiedergebärerin die zentrale Rolle spielte. *Das* machte ihre Heiligkeit aus und nicht nur die vollen Fallen, Netze und Bäuche.

Extrem verkürzend tritt Bornemanns ökonomistische Perspektive dann hervor, wenn es um die Frage nach dem Umschwung vom Matriarchat zum Patriarchat geht. Krampfhaft sucht er nach rein wirtschaftlichen Ursachen hierfür, zählt mehrere einzelne Faktoren auf, die weder inhaltlich noch als Einzelfaktoren stimmen. Obendrein werden diese Faktoren ohne strukturellen Zusammenhang aufgezählt, so daß Bornemanns Überlegungen sich hier in heillosen Widersprüchen verwirren. So soll es einmal die Entstehung von »Privateigentum« sein, das in Kleidung, Werkzeugen und Schmuck besteht – dabei sind diese persönlichen Gegenstände wertlos und verschwinden mit dem Eigentümer im Grab. Dann soll es das Erbrecht auf diese persönlichen Gegenstände sein, welche eine Vater-Sohn-Beziehung aufbringt – dabei setzt eine Vater-Sohn-Beziehung mehr voraus als die Weitergabe wertloser Dinge, nämlich Erkennen und Definition der Vaterschaft mit Hilfe der Monogamie. Dann sind es gar die frühen jungsteinzeitlichen Stadtkulturen, die als »hydraulische Kulturen« mit komplizierten Bewässerungsanlagen (Mesopotamien, Ägypten, Induskultur) eine Arbeitsteilung, Spezialisierung und hierarchische Organisation durch einen »Gottkönig« haben (»asiatische Produktionsweise«, Marx). Hier erweist sich Bornemann einfach als schlecht informiert, da er mit einem sogenannten »Gottkönig« – ohne Berücksichtigung der Göttin und Priesterin-Königin – gleich das Patriarchat ausbrechen sieht. Sein mangelndes Wissen in Archäologie und Kulturgeschichte macht sich bemerkbar. Außerdem sitzt er dem marxistischen Klischee auf, daß Arbeitsteilung zugleich Hierarchie und Herrschaft bedeutet – hier hatte sich schon Engels, dem Bornemann kritiklos folgt, geirrt. Da sich Bornemann des Patriarchats der »hydraulischen Kulturen« aber nicht sicher zu sein scheint, ist es an anderer Stelle auf einmal die Erfindung des Pfluges durch den Mann gewesen, der urplötzlich den Ackerbau und des Mannes sexuelle wie politische Vorherrschaft mit sich bringen soll. Denn auf einmal soll er sich zum wichtigsten Ernährer mausern – und das in der vollen Jungsteinzeit mit seinem ausdrücklichen Ackerbauerinnen-Kult wie zum Beispiel dem der Göttin Demeter, Göttin des Getreides und des Pfluges, und dem der archaischen pflanzenzüchtenden Athene, welche als Erfinderin des Pfluges und des Joches für die Ochsen galt! Da nichts für das Patriarchat als jähe Folge des Pfluges spricht, ist sich Bornemann auch hier nicht so sicher und schlägt – getreu seinen unreflektierten marxistischen Begriffen – noch die angeblich »asiatische Produktionsweise« vor, die mit auf Kriegszügen erbeuteten Sklaven ihre Städte und Pyramiden gebaut haben soll. Zu unserer Verblüffung finden wir Kreta unter dieser Rubrik, über das Bornemann nur Widersprüchliches verlauten läßt: Einerseits soll es eine ausgedehnte See-Kolonialherrschaft gewesen sein, deren Reichweite absolut unterschätzt wird und die von allen Völkern Sklaven und Tribute eintrieb, andererseits sollen die Kreter dies ganz ohne Waffen und in tiefster Friedfertigkeit getan haben; einerseits soll Kreta eine ausbeuterische Klassenstruktur gehabt haben, andererseits ließ es sämtliche Klassen an seiner »alles durchdringenden Ästhetik« teilnehmen. Zuletzt gibt Bornemann zu, daß er über die Ökonomie und Sozialstruktur der Minoischen Kreter nichts weiß (S. 93), und darum muß Kreta eine Ausnahme sein! Welch sonderbare Logik: Was man(n) nicht versteht, wird zur exotischen Ausnahme gemacht; worüber man(n) nichts weiß, darüber schwatzt man(n) so viel! Wird es dadurch etwa verständlicher? Doch Bornemanns verzerrender Umgang mit den jungsteinzeitlichen Stadtkulturen, die bis in die Bronzezeit reichen, steht nicht vereinzelt da. Es ist nur der typisch »wissenschaftliche« Umgang mit einer bis heute unverstandenen Phase menschlicher Kulturentwicklung. Erst sie als das zu erkennen, was sie ist: als Phase des hochentwickelten städtischen Matriarchats, kann die vielen Rätsel zwanglos lösen. Unterdessen eilt Bornemann in seiner Geschichtsdarstellung zu den nächsten Widersprüchen weiter: Auf einmal entdeckt er die Urheber des Patriarchats, die Indoeuropäer! Als nomadisierende

Hirten lebten sie im asiatischen Gebiet zwischen Hindukusch und Aralsee, und allein ihr Hirtentum, der »Mehrwert«, den sie aus dem Herdenbesitz schlagen (Engels), und der »weite Horizont der Steppen« um sie herum (bürgerliche Urgeschichtsforschung) reichen aus, um sie zu patriarchalisieren. Hinzu kommt ihre »räuberische Mentalität«, die sie durch Viehdiebstähle bei gleichzeitigem Herdenüberfluß(!) gelernt haben und die sie später an den Ackerbauvölkern auslassen. Wir wissen, daß ein Sammelsurium von falschen Faktoren noch keine gute Erklärung ausmacht, ganz abgesehen davon, daß wir der Sage von den patriarchalen Hirtenstämmen, bloß weil sie Hirten sind, keinen Glauben mehr schenken. Sehr paradox wird es aber dann, als Bornemann diese patriarchalen Indoeuropäer auf die alten Stadtkulturen des Vorderen Orients und des Mittelmeerraumes prallen sieht, deren Sozialordnung sie völlig umstürzten und deren Bewohner sie durch ihre Erfindung von Krieg und Herrschaft unterdrückten und ausbeuteten. So sehr wir Bornemanns Aussage in dieser Hinsicht beipflichten, fragen wir uns dennoch, warum dies eine so umstürzende Katastrophe in der Menschheitsgeschichte sein konnte, wenn doch die Stadtkulturen vorher auch schon via Pflug oder Hydraulik oder Arbeitsteilung die Hierarchie, die Herrschaft und das Patriarchat eingeführt hatten? Oder hatten sie das doch nicht? Hier bleibt bei Bornemann alles ungeklärt stehen, und das macht seine Arbeit als Darstellung der Geschichte der matriarchalen Gesellschaftsform und ihres Unterganges untauglich.

Sehr spannend ist Bornemanns Gesellschaftsanalyse hingegen *nach* der geschichtlichen Wende der indoeuropäischen Eroberungen im Mittelmeerraum. Er kann nicht beschreiben, wie sich dieser Patriarchalismus bildete, aber er beschreibt für Griechenland und Rom ausgezeichnet die Mechanismen, mit denen patriarchale Herrschaft, einmal erreicht, durchgesetzt und etabliert wurde. Er zeigt, wie auf die Eroberungen der Achäer (Mykene) ein jahrhundertelanger Verfall folgte, der Griechenland fast entvölkerte und im kulturellen Niveau um Jahrtausende zurückwarf (archäologische Zeugnisse). Erst durch einen mühsamen Lernprozeß, in dem sie die Kenntnisse der umliegenden Völker aufnahmen – um sie in ihrem Sinne zu verdrehen –, gelang es den frühen Hellenen, ihre geborgte Ackerbaukultur aufzubauen, um später daraus ihren zynischen Staat zu machen, der auf den Prinzipien des Besitzes von Territorium und Geld, Sklavenhaltung und Frauenunterdrückung beruhte. Und wie jeder nachfolgende patriarchale Staat, der sich auf latenter Gewalt und Ungerechtigkeit aufbaut, erwies sich dieser griechische Staat als dissonant, voll widerstrebender Kräfte und kurzlebig. Nun war jene instabile Gesellschaftsform geschaffen mit ihren rasch vorübergehenden Staaten und Reichen, auf welche ihre Schöpfer und Erhalter zu Unrecht so stolz sind. Aber sie erfanden die Herrschaft, welche die Stämme und Städte vor ihnen nicht kannten, was diesen wiederum eine harmonische Langlebigkeit nicht nur von Jahrhunderten, sondern sogar von Jahrtausenden bescherte – eine Dauer, mit der kein einziger patriarchaler Staat aufwarten kann. Dies für Griechenland und Rom mit patriarchatskritischer Schärfe und aufmerksamem Blick für die Situation der Frau gezeigt zu haben, ist Bornemanns Verdienst, auch wenn in diesen Teilen seines Werkes – wie schon bei der Situation der Frau in der Frühgeschichte – die kulturelle und geistige Seite abermals verkürzt wird. So versäumt er, neben den Mechanismen der Herrschaftsdurchsetzung jene der Formulierung und Durchsetzung von Ideologie, welche Herrschaft immer begleitet, mitzubeschreiben. Hier hätte Bornemann die Berücksichtigung des dialektischen Wechselverhältnisses zwischen »Basis« und »Überbau« sicherlich gut getan und ihn vor den vielen platten Gleichsetzungen von Ökonomie und Kultur bewahrt, die sein Buch durchziehen.

Anders als Bornemann grenzt *Jean Markale* in seinem Buch »Die keltische Frau«[60] seine Forschung auf ein bestimmtes Gebiet ein, die keltische Mythologie, und kann daher eine treffende Analyse geben. Frei von jeder rassistisch-keltophilen Ideologie bestimmt er die Situation der Kelten sehr genau, und im Vergleich mit keltischem Recht zeichnet er ein spannendes, vorurteilsfreies Bild der keltischen Frau.

»Die Kelten waren, obwohl während der Eisenzeit in ganz Westeuropa beheimatet, nicht die einzige dort lebende Bevölkerung. Die Einwandererschübe trafen auf Völker, die bereits seit der Vorzeit diese Gegenden bewohnten. Besonders zahlreich waren die einwandernden Keltenscharen nämlich nicht: Es handelte sich um kaum mehr als um die Elite einer kriegerischen Oberschicht im Besitz von Technologien, die es ihr möglich machten, die in den betreffenden Ländern bereits ansässigen nichtkeltischen Völker zu unterwerfen, ihnen eine neue Lebensart aufzuzwingen und sie zu assimilieren. Dieser Assimilationsprozeß wirkte dabei nicht nur in einer Richtung. Die alten Völker von Gallien, Irland und Britannien haben die keltische Urgesellschaft bis in die Grundstrukturen beeinflußt.« (S. 18)

Da die Kelten auf mitteleuropäischem Boden die ersten indoeuropäischen Einwanderer waren, haben sie eine noch rein matriarchale Kultur angetroffen, was bei den später erobernden Germanen und Römern nicht mehr der Fall war. Daraus erklären sich die großen Unterschiede zwischen der keltischen Tradition, die den ersten Assimilationsprozeß spiegelt, und den Traditionen der Germanen und Römer, die einen jeweils weitergehenden Ruck zur Patriarchalisierung zeigen. Markale bestimmt den Ort der Kelten klar:

»Aufgrund der Unmenge deutlicher Archaismen in der Struktur stellt die

keltische Gesellschaft eine Übergangsphase dar zwischen den Gesellschaftsformen patriarchalischen Typs auf der einen Seite und den sogenannten
matriarchalisch geprägten Gesellschaften auf der anderen Seite.« (S. 42)

Damit ist der bestimmte historische Ort der Kelten gekennzeichnet, der ihre Besonderheit ausmacht, was den Rückgriff auf eine
wie immer mystifizierte keltische »Mentalität« überflüssig macht.
An keiner Stelle seiner glänzenden Studie benötigt Markale einen
solchen Rückgriff. Darum gelingt es ihm, das matriarchale kultische Grundmuster der Göttin und ihres Heros in allen keltischen
Sagenstoffen, besonders den weitverbreiteten Gralssagen und Tri-
stan-Isolde-Sagen, unmißverständlich herauszuarbeiten. So kann er
beispielsweise zeigen, daß die Suche nach dem Gral – bevor sie
christianisiert und völlig verzerrt wurde – die Suche nach der Frau
und der Göttin ist, deren Symbol der Gral ist. Und immer ist es der
junge Mann, der Sohn-Geliebte, der den Weg der Suche nach der
Göttin-Mutter antritt.

Ich kam in meiner unabhängig von Markale geschriebenen Untersuchung derselben Stoffe zum gleichen Ergebnis[61], und diese Ergebnisse von Markale und mir befinden sich in bester Übereinstimmung mit der internationalen Forschung zum »ritual mattern«, wie
wir bei Evans, Mellaart und Ranke-Graves sehen konnten. Sie alle
erkannten das Göttin-Heros-Muster als das der Großen Mutter
und ihres Sohn-Geliebten, was den Kern der matriarchalen Mythologie und des matriarchalen Kultes ausmacht.

Sehr schade ist allerdings, daß Markale für die Erklärung dieses Mu-
sters sich ständig auf die Freudianische Psychoanalyse stützt. Dadurch gerät ihm jeder »junge Sohn der Mutter« zu einem, der »den Vater entweder tötet oder entmannt oder auf eine andere Art und Weise
schachmatt setzt und damit die einstige Souveränität der Mutter wie-
derherstellt« (S. 296). Anschließend liebt dieser Sohn die Mutter,
worin Markale ausschließlich einen von ambivalenten Gefühlen be-
gleiteten »regressus ad uterum« des Helden sieht, eine inzestuöse
Rückkehr in den Mutterschoß, wobei er den paradiesischen Zustand
vor der Geburt wiederherstellen möchte (S. 256). Der Ödipus-Kom-
plex winkt herüber, und diese absurde Deutung wird wie ein Deckel
auf jede Göttin-Heros-Struktur gesetzt, die Markale mit Geschick
und Scharfsinn aus der keltischen Mythologie erschließt. Wir hätten
mehr erfahren, wenn Markale den Versuch unternommen hätte, dieses weltweit verbreitete Muster aus der Sozialstruktur und dem Welt-
verständnis der matriarchalen Völker selber zu erklären, wo es weder
den Begriff des »Vaters« noch des »Inzests« gibt und die Göttin-Frau
ein Symbol für die mütterliche Erde oder den mütterlichen Kosmos,
aber nicht einfach die biologische »Mutter« ist. Der Sohn-Geliebte
kehrt zu seiner Mutter zurück, wie der Mensch im Tod in den Erd-

schoß der mütterlichen Erde zurückkehrt, aber nicht des »Inzestes«, sondern der Wiedergeburt wegen. Statt dieser Erklärung wird das Göttin-Heros-Muster zugedeckt mit der Perspektive der krankhaften Vater-Mutter-Sohn-Konstellation der dekadenten, hermetisch abgeriegelten, bürgerlichen Kleinfamilie des 19. Jahrhunderts, dessen spätpatriarchale Deformationen die Psychoanalyse beschreibt. Der Gedanke, daß matriarchale Völker ihr Triebleben anders organisierten und deshalb auch eine andere Empfindungswelt hatten, kommt gar nicht erst auf.

Ähnlich problematisch ist Markales Deutung von der »Sonnengöttin« und dem »Mondheros« in der keltischen Mythologie. Sein Gewährsmann für die weltweite Situation in diesem Punkt ist ausgerechnet Erich Neumann mit seiner verzerrenden Kompilation – auf diesem Boden lassen sich keine brauchbaren kulturhistorischen Thesen aufstellen.

»Alle mythischen und epischen Überlieferungen raunen uns zu, daß es vor langer Zeit einmal eine Sonnengöttin gegeben hat, und daß diese irgendwann von einem Mondgott entthront worden ist.« (S. 7)

Hier raunt Erich Neumann leider etwas Falsches zu, und Markale wäre besser beraten gewesen, sich auf Forscher und Forscherinnen zu stützen wie Ranke-Graves und Marie König. Denn erstens steht das nirgends in *allen* mythischen Überlieferungen, von denen die überwältigende Mehrheit uns die kosmische Göttin als die des Mondes und aller Sterne zeigt, während der Sonnenheros den geringeren und vergänglichen Platz einnimmt (Markale zählt selber mit der »Dame der Nacht« und den keltischen Sonnenheroen solche Beispiele auf). Zweitens sind die Einzelfälle von Sonnengöttinnen und Mondgöttern bei Kelten, Babyloniern und Japanern gesondert zu untersuchen, da es sich bereits um Erscheinungen aus komplexen Überlagerungsprozessen handelt. Drittens reichen Markales Begründungen für weitere Sonnengöttinnen in der keltischen Mythologie nicht aus, da sie meist darin bestehen, eine Frauengestalt nur der blonden Haare wegen oder wegen der dichterischen Metapher, daß »ihr Antlitz hell wie der Tag erstrahle«, als »Sonnengöttin« zu bezeichnen. Auch die weitere Begründung reicht nicht aus, daß die Frau die Sonne ist, weil diese das souveräne Lichtgestirn ist, und der Mann der Mond, weil dieser sein Licht von dem ihren borge. Das ist eine schlichte Umkehrung patriarchaler Abwertung der Mondgöttinnen, enthüllt aber noch nicht das matriarchale Denken. Denn in diesem ist die kosmische Nacht mit ihren Sternen und dem Mond ewig, allumfassend, weiblich-göttlich, während die männliche Sonne ihre vorübergehende Rolle spielt. Der Sternenkosmos mit dem Mond bleibt nämlich auch hinter den Strahlen der Sonne bestehen, die ihn nur zeitweilig überleuchten. So erscheint der Sonnenheros bei seinem Weg von Auf-gang bis Untergang eingebettet in das ewige All, für das das Bild der Mondgöttin nur »pars pro toto« steht. Wir bemerken dabei, daß matriarchale Völker von der konkreten Beobachtung des Him-mels ausgehen, so wie er sich uns *zeigt*, und nicht von dem natur-wissenschaftlich-heliozentrischen Weltbild der europäischen Neu-zeit. So projiziert auch Markale ein späteres Denkmuster in frühe Zeiten hinein, doch gereicht ihm dieser Fehler zur Ehre. Denn es geht ihm darum, gegen alle Ideologien von der Frau als dem Prin-zip des Dunklen, Verschlingenden, Dumpfen, Ungeistigen, Töd-lichen, diesen Männerphantasien der »Furchtbaren Mutter« – und diese sind Legion, wie wir gesehen haben – die Frau als die Licht-trägerin darzustellen, die Helligkeit, Leben, Fruchtbarkeit, Freude und Geist spendet:

»Diese weibliche Lichtgestalt und Sonnengöttin, die jahrhundertelang ins Dunkel der Nacht verbannt war, sollte dabei wieder auftauchen, neu er-scheinen und die Welt erleuchten.« (S. 6)

Zusammenfassung der Thesen (zur Situation in Europa):
– Die Mechanismen der Durchsetzung patriarchaler Herrschaft, nachdem sie durch Eroberung (und nicht anders!) erlangt wurde, sind die Prinzipien des Staatsaufbaues auf dem Besitz von Territorium und Geld, von Sklavenhaltung und Frauenun-terdrückung. Das ist exemplarisch an der Entwicklung des pa-triarchalen Griechenlands und Roms zu sehen (Bornemann).
– Die keltische Gesellschaft (frühe Indoeuropäer) stellt eine Über-gangsphase zwischen den matriarchalen Urgesellschaften Euro-pas und den nachfolgenden patriarchalen Eindringlingen (Ger-manen, Römer) dar. Davon ist die Situation der keltischen Frau geprägt (Markale).
– Die umfassende matriarchale Göttin ist die der Erde oder die des Kosmos, wobei Sterne, Mond und Sonne als Teile für das Ganze des Kosmos stehen können. In den meisten Fällen ist die kosmische Göttin die der Sterne und des Mondes, der vergäng-liche Teil ist durch den Sonnenheros repräsentiert. In sehr selte-nen (und relativ späten) Fällen gibt es eine Sonnengöttin, gele-gentlich einen Mondgott (These von mir und anderen Forschern und Forscherinnen gegen Markale und Weiler).

12.2. Zeitgenössische Kritiker der Matriarchatsforschung: Uwe Wesel und Hartmut Zinser

Uwe Wesel hat mit seiner Arbeit »Der Mythos vom Matriarchat«[62] ein geplantes 1. Kapitel von einem rechtsgeschichtlichen Werk zu einem kleinen Buch gemacht. So vorläufig und unfertig wie ein 1. Kapitel, für das man nicht lange forscht, ist es allerdings. Dennoch wird es nicht mit entsprechender Bescheidenheit präsentiert, sondern es wird mit unbegründet in den Raum gestellten Behauptungen, mit endlosen Wiederholungen seiner Thesen im Telegrammstil – wodurch sie nicht wahrer werden – und mit arrogant hingeschnodderter Sprache der Leserin um die Ohren gehauen.

Prüfen wir die Argumentation seiner Arbeit: Im ersten Teil des Büchleins folgt Wesel den Pionieren Bachofen und Morgan – die sich selbstverständlich fast überall geirrt haben –, im zweiten Teil beschäftigt er sich oberflächlich mit der Ethnologie, deren geschichtslose Perspektive er zu Recht kritisiert, ohne selbst etwas anderes an ihre Stelle setzen zu können. Die mageren Ergebnisse seiner Arbeit sind höchst unoriginell, da sie im Nachbeten Marx/Engelsscher Thesen zum Thema bestehen, so zum Beispiel der »Arbeitsteilung«, welche allein schuld sein soll an der zunehmenden Schlechterstellung der Frau in der Geschichte.

Nach Wesel hat Bachofen erstens nur die Matrilinearität entdeckt und zweitens statt des Matriarchats (Gynaikokratie) lediglich den Mythos vom Matriarchat. Solche Matriarchatsmythen sollen zum Beispiel die Berichte von den Amazonenreichen sein oder die Darstellung der Erinnyen in der »Orestie« (Aischylos), die Sühne für Muttermord fordern und damit auf das alte gynaikokratische Gesetz verweisen. Solche Mythen von der Macht der Frauen bezeichnet Wesel als Erfindung der Männer zur Legitimation ihrer Unterdrückung der Frauen, da die mächtigen Frauen möglichst blutrünstig und negativ gezeichnet werden. Daraus schließt er flott, daß es Gesellschaften mit Macht von Frauen (Matriarchate) nie gab!

»Die Eumeniden (Erinnyen) als die größte Leistung des männlichen Geistes. Das ist ihre Funktion gewesen, die Legitimation für die Unterdrückung von Frauen. Nicht allein, aber es war ihre Funktion. Wie es der Zweck von Matriarchatsmythen allgemein ist.« (S. 62)

Salopp hingestoppelt weiß es Wesel besser als die griechischen Historiker, was sie da niederschrieben: ihre eigenen Übertreibungen, ihre Männerphantasien! Weder fragt er, *worin* sie vielleicht übertrieben haben – nämlich in ihrer Negativwertung –, noch stört es ihn, daß ihn 2500 Jahre von jenen Verhältnissen trennen, welche die antiken Geschichtsschreiber als Zeitgenossen hinschrieben. Diesem grotesken Umgang mit den Quellen entspricht Wesels Logik: Denn warum müssen die griechischen Männer mit erfundenen Mythen gegen etwas ankämpfen, das es nach Wesel nie gab? Und warum müssen sie etwas Selbstverständliches wie Frauenunterdrückung – die es nach Wesel in der Geschichte einmal mehr, einmal weniger gab – erst legitimieren? Woher kommt dieser Zwang? Die naheliegende Überlegung, daß Mythen einen historischen Kern haben könnten, tut er mit der Bemerkung ab:

»Mit seiner uneingeschränkten Identifizierung von Mythos und Geschichte steht Bachofen allein.« (S. 55)

Welch ein Irrtum! Dieser Irrtum verrät uns lediglich Wesels Unkenntnis der Literatur von Archäologen und Religionswissenschaftlern. Später fallen ihm Schliemann und Evans doch noch ein, aber dieser Selbstwiderspruch stört ihn nicht, denn das war ein Einzelfall!

»Sicher gibt es einzelne Mythen mit historischem Hintergrund. Sonst hätte Schliemann nicht Troja und Mykene entdeckt und Evans nicht das minoische Knossos. Aber daraus folgt nicht das gleiche für jeden anderen Mythos.« (S. 54)

Nicht anders als Bachofen und der kulturhistorischen Forschung ergeht es Morgan und der ethnologischen Forschung bei Wesel. Morgan lebte unter den Irokesen-Stämmen in Nordamerika und beschreibt als Augenzeuge ihre matriarchale Gesellschaftsordnung. Aber auch hier weiß es Wesel besser:

»Wie konnte es passieren, daß Morgan den gleichen Fehler machte wie Bachofen, von der Matrilinearität auf ein Matriarchat zu schließen? Die Erklärung ist in der Tat sehr einfach. Die Irokesen sind nämlich *zufällig* eine der ganz wenigen matrilinearen Gesellschaften, in denen die Frauen tatsächlich eine erstaunlich starke Stellung haben. Sie sind wohl sogar die einzige (Gesellschaft), die man mit einem gewissen Recht als matriarchalisch bezeichnen kann.« (S. 25; Hervorhebung von mir)

Welch ein Zufall! Morgan geriet bei so reicher Auswahl ausgerechnet in die einzige matriarchale Gesellschaft, die es überhaupt gab, und beschreibt ausgerechnet diese! Und als er die dort gefundene gleichheitsbewußte, herrschaftsfreie Struktur der Gentilgesellschaft verallgemeinerte, war das laut Wesel gut; aber als er das damit verknüpfte matriarchale Muster verallgemeinerte, war das schlecht. Vor allem deswegen, weil die Frauen das bißchen Matriarchat bei den Irokesen nicht sich selbst, sondern der häufigen Abwesenheit ihrer Männer und der getrennten Lebensweise verdankten (S. 117). So einfach ist das bei all diesen Wesels!

Schliemanns und Evans Funde aufgrund historischer Mytheninterpretation ein Einzelfall (S. 54), das ethnologische Ergebnis bei Morgan ein Zufall (S. 25), die Hopi eine Ausnahme (S. 101), die Amazonenkämpfe, über die berichtet wird, ein einmaliger Vorgang (S. 57) – das ist die bewährte Methode, geschichtliche Vorgänge, die einem nicht passen, zu vereinzeln und zu zerstückeln. Ägypten, Kreta und Lykien sind dann keine Einzelfälle mehr, deshalb waren die Frauen dort laut Wesel auch nur »gleichgestellt«, denn es gab einen König an der Spitze(!) und auch sonst die »asiatische Produktionsweise« (Marx/Engels). Wir erfahren weder, woher diese Einzelfälle kommen, noch, wie es die Frauen in Ägypten, Kreta und Lykien schafften, trotz »asiatischer Produktionsweise« (despotischer Gottkönig, Hierarchie, straffe Organisation, hohe Arbeitsteilung, Sklavenwirtschaft) gleichgestellt zu sein? Vor allem, wenn doch die Arbeitsteilung der Grund ihres Abstiegs ist?

Doch Selbstwidersprüche sind das Salz in Wesels Suppe. Irgendwann wird es für ihn zwingend, statt Einzelfällen von Gleichstellung doch eine allgemeine Stufe von nicht-patriarchalen Gesellschaften anzunehmen, in denen die Frauen nicht unterdrückt waren, obwohl er vorher genau das Gegenteil behauptete:

»Auch an anderen Orten kann die früheste Entwicklung ähnlich gewesen sein wie bei ihnen (Ägypten, Kreta, Lykien). Und möglich ist auch, daß es ganz anders gewesen war. Eine allgemeine Kulturstufe der Menschheit (dieser Art) wird es kaum gegeben haben.« (S. 53)

»Am historischen Beginn matrilinearer Gesellschaften steht regelmäßig die Matrifokalität (Matrilokalität und Matrilinearität). Es gibt also doch eine Entwicklungsstufe, in der sich Frauengesellschaften finden.« (S. 129)

Fragen wir nun danach, wann diese Entwicklungsstufe war, erhalten wir erneut eine widersprüchliche Antwort:

»Matrifokalität findet sich nicht auf der historisch frühesten Stufe, sondern erst auf der zweiten, der Seßhaftigkeit. Ihr ist in den Jägergesellschaften die sehr lange Zeit einer leichten Benachteiligung der Frauen vorausgegangen.« (S. 130)

»Allgemein ist es (das Leben der Frauen) schlechter geworden mit der Seßhaftigkeit, schlechter als in Jägergesellschaften.« (S. 97)

Was sollen wir davon halten? Aus Widersprüchen kann man schließlich alles Beliebige ableiten, und so kommt es, daß Wesel überall am besten Bescheid weiß. Die Ursache ist eine heillose Begriffsverwirrung, denn für ihn sind Frauengesellschaften »matrifokal«, aber nicht »matriarchal«. Unter »Matrifokalität« versteht er die Verbindung von Matrilokalität (Wohnsitz bei der Mutter) und Matrilinearität. Da diese Gesellschaften zugleich Gentilgesellschaften waren, wo Verwandtschaftsbeziehung und politische Ordnung in eins fallen, ist es kaum glaubwürdig, daß die Frauen hier nur »gleichgestellt« waren. Denn sie waren räumlich wie rechtlich das Zentrum der Verwandtschaftsordnung. Was soll nun aber »matriarchal« sein, wenn genau diese Kombination, die Wesel beschreibt, das Matriarchat auf seiner einfachen Stufe der Gentilgesellschaft ausmacht? Aber wir erfahren:

»Von *Herrschaft* kann man (bei diesen Gesellschaften) in keinem Fall sprechen. Ein Matriarchat hat es nie gegeben.« (S. 130; Hervorhebung von mir)

Wer hat behauptet, daß Matriarchat eine Gesellschaftsform ist, in der Frauen herrschen? Gerade die herrschaftsfreien Gesellschaften sind matriarchal. Wesel bastelt sich eine falsche Definition, um das ganze Buch über auf seinem eigenen Popanz herumzudreschen. Das ist die Begriffsverwirrung, und *hier* stoßen wir auf den Mythos vom Matriarchat: Denn Matriarchat als platte Herrschaftsumkehrung nach patriarchalem Muster hat es in der Tat nie gegeben! *Diesen* Mythos haben die patriarchalen Griechen erfunden, und seit sie ihn aufbrachten, werkeln immer andere an diesem männlichen Hirngespinst, bis zu der demagogischen Schreiberei eines Wesel.

Hartmut Zinsers Bändchen »Der Mythos des Mutterrechts«[63] ist noch schmaler als das von Wesel, aber im Gegensatz zu diesem ist es sprachlich und argumentativ klar aufgebaut. Zinser verzichtet auf jegliche bevormundende Haltung und arrogante Belehrung, dafür verfolgt er konsequent seinen sachlichen Gedankengang:

»Drei Theorien des Mutterrechts haben wir zum Gegenstand gemacht und in allen dreien gezeigt, daß sie wesentlich Begründungen und Rechtfertigungen der gegenwärtigen, aber auch vergangener gesellschaftlicher Hintansetzung und Unterdrückung der Frau darstellen. Der Witz oder eigentlich der Aberwitz aller drei Theorien über das Reich der Frau ist, daß sie männliche Vorstellungen über die Frau zur Grundlage haben *und nicht die Frau als Subjekt,* wie man es zunächst für ein Mutterrecht erwarten würde.« (S. 88; Hervorhebung von mir)

Zinser zeigt dies in einer glänzenden ideologiekritischen Analyse an den Theorien Bachofens, Engels und Ferenczis, der auf Freud aufbaut. In allen drei Theorien wird die Unterdrückung der Frau historisch begründet, jedoch in einer mythologisierten Form: Ferenczi verlegt den aktuellen Geschlechterkampf in die biologische Gattungsgeschichte und schreibt ihn als naturnotwendig fest, nachdem Freud ihn schlicht ignorierte, weil er der Frau ein Triebleben (Libido) überhaupt absprach. Nach dieser Theorie bedeutet eine Versöhnung der Geschlechter nur Anpassung oder Unterwerfung für die Frau, Emanzipation ist nicht möglich. Bei Engels ist das Mutterrecht ein Teil der menschlichen Naturgeschichte, das sich mit zunehmender Arbeitsteilung beim Eintritt in die Geschichte von selber auflöst. Die Bestimmung der produktiven Arbeit als geschichtstreibender Kraft gerät auch hier auf die Seite des Mannes, während die Arbeit der Frau im Haus als isolierte und unsichtbare Arbeit durch die Maschen der Politischen Ökonomie fällt. Versöhnung der Geschlechter wird in der Zukunft als möglich und notwendig erachtet, die Frau hat sich jedoch als politökonomischer »Nebenwiderspruch« bis nach der Revolution zu gedulden. Bei Bachofen ist das Mutterrecht klar Teil der Geschichte, der aber vergangen ist und bleiben soll. Denn in seiner Ideologie landet der Geist ausschließlich beim Manne, so daß sich der von Bachofen thematisierte Geschlechterkampf damit erledigt, daß die Frau zum Geist des Mannes aufblickt und sich ihrer wahren Bestimmung, nämlich Hausfrau und Mutter zu sein, unterwirft. Jede Emanzipation der Frau ist von daher gesehen ein Rückschritt. Zinser kommt zu dem Fazit:

»Alle drei Theorien erklären das für sie jeweils Wesentliche für männlich: die an den Vorstellungen der klassischen Bewußtseinsphilosophie orientierte... den Geist (Bachofen), die auf den historisch-gesellschaftlichen Realwiderspruch zu dieser setzende die Arbeit (Engels) und die eine Wiedereinsetzung der verdrängten animalischen Natur des Menschen betreibende den Trieb (Freud). Fragt man sich, was der Frau gelassen sei, welche Hoffnungen ihr erlaubt seien, so bleibt – wenn wir von der Mutterfunktion absehen – nichts, den Männern wird alles, wie in der Wirklichkeit, subsumiert.« (S. 89)

Der Frau wird – nach Zinsers Analyse – Geist, Arbeit und Trieb abgesprochen, in jeder Hinsicht wird sie in den Schattenbereich verdrängt. Sie ist nicht mehr als ein »aufsässiges Nichts«. Damit wird zur bereits vorhandenen direkten und indirekt-gesellschaftlichen Gewalt gegen die Frau noch die theoretische Gewalt gegen sie hinzugefügt (S. 77, 89). Zugleich wird durch diese gewaltsame Verdrängung überdeutlich, wie unhaltbar die Ungleichheit der Geschlechter geworden ist. Soweit Zinsers Ideologiekritik, die an Klarheit und Schärfe sowie an eindeutiger Stellungnahme für die Frau als Subjekt nichts zu wünschen übrig läßt – wir können ihm nur beipflichten.

Leider übersieht er dabei, daß diese Mutterrechtstheorien eben nicht nur Geschichtsphantasien ihrer Verfasser sind. In ihrem ideologischen Teil sind sie das zweifellos, aber nicht in ihren sachlichen Aussagen. Deshalb muß man sich der Mühe unterziehen, diese beiden Teile zu trennen, und zwar durch *Sachkenntnis*. Es ist Zinsers Verdienst, darauf hingewiesen zu haben, daß die Ideologiebildung in den Theorien Bachofens, Engels und Freuds gegen den am Ende des 19. Jahrhunderts beginnenden Emanzipationskampf der Frauen gerichtet war, um diese aktuelle und für Männer bedrohliche Situation theoretisch abzuwehren. Denn wenn dieser Kampf biologisch oder historisch festgeschrieben und mystifiziert wird, kann man ihn für jene Gegenwart abtun, die damals sozialpolitisches Umfeld war. Aber wie schon Wesel schüttet auch Zinser bei seiner Ideologiekritik das Kind mit dem Bade aus, indem er diesen Theorien jeglichen Sachgehalt zum Thema Matriarchat abspricht. So kommt er zu der unbegründeten Behauptung, daß es Matriarchate nie gegeben habe:

»Alle Behauptungen über matriarchale Verhältnisse halten einer Nachprüfung nicht stand; diese lassen sich vielmehr als Projektionen, Wunsch- und Angstbilder, als Neutralisierungen oder sonstige Abwehrstrategien von Männern dechiffrieren.« (S. 90)

Dazu habe ich drei Kommentare: Erstens frage ich, wieweit diese sachliche »Nachprüfung« eigentlich reicht? Zinser glaubt sie auf dünnen 90 Seiten zu bewältigen und Wesel auf mageren 150 Seiten. Beide Autoren weisen eine erschreckende Unkenntnis der für dieses Thema relevanten wissenschaftlichen Zweige und Werke auf, wie ich sie in diesem Buch exemplarisch und keineswegs schon vollständig vorgeführt habe. Sie kennen meist nicht mehr als Bachofen, Morgan und Engels, haben rasch in die moderne Ethnologie hineingeschnuppert, die sie allerdings nicht genügend ideologiekritisch behandeln. In dieser Situation das Wort der wissenschaftlichen »Nachprüfung« in den Mund zu nehmen, ist – gelinde gesagt – Angabe.

Zweitens macht Zinser denselben logischen Fehler wie Wesel: Er definiert Matriarchat als »politisches Matriarchat« nach Kriterien, die nicht aus matriarchalen, sondern aus patriarchalen Gesellschaften stammen. So hält er stets Ausschau danach, ob Frauen in matrilinearen Gesellschaften etwa gesonderte politische Gremien gebildet hätten oder sich gar eine Königin oder Fürstin an der Spitze finden ließe (S. 60)! Dabei übersieht er einerseits den Aufbau und die Funktion von Gentilgesellschaften, bei denen Verwandtschaftsgefüge und »politische Gremien« zusammenfallen, andererseits übersieht er sämtliche Königinnen und Fürstinnen, die als *sakrale Macht* zusammen mit dem Heroskönig als ihrem Delegierten regierten. Es sind immer dieselben beiden Fehler, durch die er – wie schon Wesel – mit Hilfe einer fehlerhaften Definition das Matriarchat einfach hinwegdefiniert.

Drittens bin ich versucht, diese uns immer wieder begegnende, halb zu Ende gedachte Argumentation auch als eine der »sonstigen Abwehrstrategien von Männern« zu dechiffrieren – und zwar in einer Zeit, in der die Neue Frauenbewegung mit ihren drängenden Kritiken und ihrer beginnenden Formulierung einer nicht-patriarchalen Geschichts- und Weltperspektive das gegenwärtige sozialpolitische Umfeld darstellt.[63a]

Wir stellen eine Schlußfrage: Was treibt Männer heute, sich mit Matriarchatsforschung zu beschäftigen? Die Gründe dafür sind mehrfach. Sicherlich hat diese Beschäftigung noch nicht die Rolle der »Einspruchsfigur« (Zinser), die sie am Ende des 19. Jahrhunderts hatte, verloren, Einspruch gegen die Überlegungen und Tendenzen der Neuen Frauenbewegung, wie es bei Wesel und Zinser am deutlichsten wird. Sie wissen besser als die Frauen – die sie nicht gefragt haben –, was für deren Emanzipationskampf nützt.

Einen anderen Grund nennt Markale:

»Die Frauenbewegung, die sich in den verschiedensten feministischen Aktionen äußerte, lenkte die Aufmerksamkeit auf die meisten der von Ungleichheit geprägten Gebiete wie Arbeitswelt, politische Rechte, Familie, Mutterschaft ... Auf die Bewegung der Revolte folgte aus merkantilen sowie aus politisch-soziologischen Gründen die Gegenbewegung der Vereinnahmung: denn wenn der Eindruck entsteht, daß der Gesellschaft eine Explosion droht, ist es ratsam, einige Sicherheitsventile zu öffnen.« (S. 6)

Alle in diesem Kapitel genannten Autoren schreiben zu der Zeit der Neuen Frauenbewegung, sie gehört zu deren sozialem Umfeld. Bei allen gibt es die Tendenz der Vereinnahmung von Ideen und Gedanken aus der feministischen Diskussion, ohne die sie kaum zu ihrem Thema gegriffen hätten. Sie erfüllen damit die Funktion des Sicherheitsventils, das die Unterdrückung der Frau nicht aufhebt: Denn während durch solche Autoren Themen und Gedanken aus der feministischen Diskussion in die Verlage, Akademien und Universitäten geraten, durch die sie persönlich arrivieren, werden die Feministinnen selbst aus den Institutionen verdrängt, stehen die Frauen weiterhin vor der Tür. Meine Erfahrungen in den Institutionen und meine persönlichen Begegnungen mit Bornemann, Markale und Wesel haben dies bestätigt.

Einen dritten Grund finden wir bei Bornemann und Zinser:

»Ich hoffe, durch meine Untersuchung zur Aufklärung dieses Verhältnisses, zur Befreiung der Frau, aber auch des Mannes, dessen Unfreiheit mit der Frau zugleich gesetzt ist ... beizutragen.« (Zinser, S. 56)

»Wieso schreibe ich als Mann eine solche Fibel, die der Frau die Instrumente zum Sturz meines eigenen Geschlechts liefert? Weil ich kein anderes Mittel zur Befreiung des Mannes kenne.« (Bornemann, S. 20)

Wie erstaunlich sind solche Bekenntnisse: Obwohl die Frauen weiterhin bevormundet werden, obwohl ihre Gedanken vereinnahmt und sie als Personen verdrängt werden, obwohl das volle patriarchale Konkurrenzverhalten noch gegen sie abläuft, sollen diese den Männern in ihrer patriarchalen Bredouille, die ihnen allmählich spürbar wird, zu Hilfe eilen? Selbstlos, verstehend und rettend sollen sie den Mann befreien, bevor sie sich selbst befreien konnten – wofür keiner dieser Rufer in der Wüste praktisch sorgt? Sollen sie wieder die helfende Mutter sein, nachdem das Patriarchat – an dem alle Männer kollaborieren – sie durch ihre Fähigkeit zur Mutterschaft jahrtausendelang geknechtet hat? Oder sollen sie plötzlich das schwesterliche, revolutionäre Subjekt werden, nachdem ihnen die Subjektwerdung jahrtausendelang abgesprochen und genommen wurde? Dazu sagen wir ein deutliches Nein in dem Sinne, daß die Befreiung des Mannes nicht bei der Frau, sondern bei *seiner* Patriarchatskritik und Selbstkritik beginnt. Die Befreiung der Frau beginnt hingegen an einem anderen Ort: bei ihrer Zurückweisung der direkten, gesellschaftlichen und theoretischen männlichen Gewalt und bei ihrer autonomen Formulierung *ihrer* Weltsicht und Geschichtsdeutung – nicht für die Frauen allein, sondern für alle Menschen, die das Patriarchat *um sich und in sich* überwinden wollen.

Anmerkungen

1 Vgl. dazu meinen Artikel: »Wissenschaftstheoretische Positionen in der Frauenforschung (Amerika, Frankreich, Deutschland)« in: »Was Philosophinnen denken«. Amman-Verlag: Zürich 1983, S. 253 ff. Darin habe ich mein wissenschaftstheoretisches Konzept beschrieben, welches die Grundlage für meine Matriarchatsforschung ist.

2 Karl Leonhardt: »Grundriß der Geschichte«, Band 1, 1. Teil. Klett-Verlag: Stuttgart 1957.

3 Frank Waters: »Das Buch der Hopi«. Köln 1983.

4 Richard Fester in »Weib und Macht«. Frankfurt 1980.

4 aDie heutigen Schulbücher zeichnen sich im Gegensatz zu diesem älteren Schulbuch durch ihre Ärmlichkeit in bezug auf geschichtliches Wissen aus. In den Büchern zum Geschichtsunterricht werden Jahrtausende im Eiltempo abgehandelt, der lehrende Text schrumpft zugunsten bunter Bildchen, um der jungen Fernsehgeneration gerecht zu werden. Ein komplexes Thema wie »Matriarchat« kommt überhaupt nicht mehr vor. Die politische Indoktrinierung ist, mithilfe der Unterschlagung von historischem Wissen, direkter und plumper geworden. Am Ende steht immer der moderne Industriestaat als unübertreffliche Lebensform.
Dasselbe ist in den Büchern für Politikunterricht und Gemeinschaftskunde nachzulesen. Bar jeden historischen Skrupels ist auch hier am Ende der bestehende Staat der beste. Durch seichte Texte über den Rollenwandel in der Familie – wo die Schüler/innen zum tiefen Nachdenken über die Vertauschung der Rollen der Frau zur Berufstätigen und des Mannes zum Hausmann angehalten werden – wird vorgetäuscht, daß dieser Staat nicht mehr patriarchal sei. Über die Macht der Männer in den Institutionen, in der Wirtschaft und Politik, über die fortgesetzte soziale Ungleichheit und die Feminisierung der Armut steht darin kein Wort.
Ein einziges dieser Schulbücher, die sich wie Dutzendware in ihren Ansichten gleichen, gebraucht für den Politikunterricht noch den Begriff »matriarchalisch«, indem es einen kurzen Text von B. Malinowski über die Trobriander abdruckt (»Politik im Aufriß«, Ludwig Helbig, Diesterweg-Verlag 1975). Aber trotz des linken, neomarxistischen Anstrichs geht es dabei nicht um das Bild einer andersartigen Gesellschaft oder gar der Stellung der Frau, sondern nur um die Rolle des Vaters, der hier keiner ist. Das »Matriarchalische« wird nur genannt, weil Engels darauf verwiesen hatte. Doch sofort wird ihm widersprochen, seine Theorie – obwohl sie auf Morgans Augenzeugenberichten beruht – ins Unbeweisbare verwiesen. Aber daß es Patriarchate von Anfang an neben den Matriarchaten gegeben hat, weiß der Autor genau. Hier wandelt ihn kein Zweifel der Unbeweisbarkeit an. So mündet denn auch dieses Buch in den Lobpreis des modernen Staates, wobei der bürgerliche klassenkritisch gesehen wird und der sozialistische besser abschneidet. Über die Grundtatsache, daß es sich in beiden Staatstypen noch immer um patriarchale Gesellschaftsformen handelt, fällt kein Sterbenswort.

5 Gebhardt: »Handbuch der deutschen Geschichte«, Bd. 1, Verfasser: E. Wahle. Klett-Verlag: München 1973.

6 Wilhelm Schmidt: »Das Mutterrecht«. Wien-Mödling 1955.

7 Johann Jakob Bachofen: »Das Mutterrecht«, wiederaufgelegt bei Suhrkamp (stw): Frankfurt 1975.

8 Henry Lewis Morgan: »Die Urgesellschaft«. Stuttgart 1891.

9 Herbert Maisch: »Inzest« (Hrsg. Hans Giese, Institut für Sexualforschung). Verlag Rowohlt: Hamburg 1968.

10 Ich sage immer »patriarchal« und vermeide das Wort »patriarchalisch«, denn es ist eine schlechte Mischung aus einem lateinischen Wort und einer deutschen Endsilbe. Wir sagen auch nicht »trivialisch« oder »banalisch«, denn wenn etwas banal ist, dann ist es eben banal. Und wenn etwas patriarchal ist, sollte es durch die Endsilbe »-isch« weder verkleinert noch abgeschwächt werden.

11 Friedrich Engels: »Der Usprung der Familie, des Privateigentums und des Staates«. Dietz Verlag: Berlin 1983.

12 Zum Begriff und der Funktion von Paradigmen: Thomas S. Kuhn: »Die Struktur wissenschaftlicher Revolutionen«. Suhrkamp: Frankfurt 1967.

13 August Bebel: »Die Frau und der Sozialismus«. Stuttgart 1913.

14 Christian Sigrist: »Regulierte Anarchie«. Syndikat: Frankfurt 1979.

15 Bronislaw Malinowski: »Das Geschlechtsleben der Wilden in Nordwest-Melanesien«. Syndikat: Frankfurt 1979.

16 Wilhelm Reich: »Der Einbruch der sexuellen Zwangsmoral«. Fischer: Frankfurt 1975.

17 Wilhelm Schmidt: »Das Mutterrecht«. 1950 aus dem Nachlaß, basiert auf »Völker und Kulturen«. 1924, a.a.O.

18 Claude Lévi-Strauss: »Strukturale Anthropologie«, Bd. I und II. Suhrkamp: Frankfurt 1978/1975; zusammenfassend über Lévi-Strauss: Michael Opitz: »Notwendige Beziehungen – Abriß der strukturalen Anthropologie«. Suhrkamp: Frankfurt 1975; vgl. zur feminist. Kritik an Lévi-Strauss auch Brigitte Nölleke: »In alle Richtungen zugleich«. Frauenoffensive: München 1985.

19 Wilhelm Reich: »Der Einbruch der sexuellen Zwangsmoral«. a.a.O.

20 Robert Briffault: »The Mothers«, Band I, II, III. 1927, wiederabgedruckt 1969 (Johnson Reprint Corporation) New York.

21 Sir Galahad (Pseudonym für Bertha Eckstein-Diener): »Mütter und Amazonen«. München 1975, S. 284–288.

22 James George Frazer: »Der goldene Zweig«. Ullstein: Frankfurt 1977, Original »The Golden Bough« (1861).

23 Vgl. Robert von Ranke-Graves, Darstellung im folgenden Abschnitt; vgl. Heide Göttner-Abendroth: »Die Göttin und ihr Heros. Die matriarchalen Religionen in Mythos, Märchen, Dichtung». Frauenoffensive: München ⁷1986.

24 Vgl. Lévi-Strauss: »Der Zauberer und seine Magie« und »Die Wirksamkeit der Symbole«, in: »Strukturale Anthropologie», Frankfurt 1967, S. 183 und 204.

25 Auf den Zusammenhang von jahrtausendelanger Bevölkerungsökologie und Matriarchat hingewiesen zu haben, ist das Verdienst der Forscherin Cillie Rentmeister. Sie weist nach, daß mit dem Beginn des Patriarchats diese Balance zerstört wurde, in: Cillie Rentmeister: »Frauenwelten – Männerwelten«. Leske-Verlag: Opladen 1985; und »Das Rätsel der Sphinx«, in: »Weiblich – Männlich« (Hrsg. Wartmann). Verlag Ästhetik und Kommunikation: Berlin 1980, S. 151 ff. – Die Zerstörung dieser ökologischen Balance wird extrem verschärft durch die Bevölkerungspolitik der Neuzeit, die in der Ermordung von Millionen Frauen als »Hexen«, insbesondere der weisen Frauen und Hebammen und der Ausrottung ihres Verhütungswissens, gipfelt. Diesen Zusammenhang gesehen zu haben, ist das Verdienst der Forscher Heinsohn, Steiger und Knieper, in: Heinsohn/Knieper/Steiger: »Menschenproduktion«. Suhrkamp: Frankfurt 1979; und Heinsohn/Steiger: »Die Vernichtung der weisen Frauen«. März-Verlag: Herbstein 1985.

26 Mircea Eliade: »Schamanismus und archaische Ekstasetechnik«. Suhrkamp: Frankfurt 1980.

27 Karl Kerény, Vorwort zu Frazer: »Der goldene Zweig«. a.a.O., S. 17.

28 Vgl. Heide Göttner-Abendroth: »Die Göttin und ihr Heros«, a.a.O., und: »Die tanzende Göttin«. Frauenoffensive: München ³1985.

29 Robert von Ranke-Graves: »Griechische Mythologie«, 2 Bde. Rowohlt: Reinbek bei Hamburg 1961. – Auch der Forscherin Jane Harrison verdankt Ranke-Graves Ideen.

30 Robert von Ranke-Graves: »Die weiße Göttin«. Medusa-Verlag: Berlin 1981.

31 Arthur Evans: »The Mycenaean Tree and Pillar Cult«. London 1901,; »The Earlier Religion of Greece in the Light of Cretan Discoveries«. London 1931.

32 Friedrich Matz: »Kreta – Mykene – Troja«. Stuttgart-Zürich 1956.

33 James Mellaart: »Chatal Hüyük, Stadt aus der Steinzeit«, 1967; »The Neolithic of the Near East«, 1975.

34 Marija Gimbutas: »The Goddesses and Gods of Old Europe«. London 1982.

35 Marie E. P. König: »Am Anfang der Kultur. Die Zeichensprache des frühen Menschen«. Ullstein: Frankfurt-Berlin-Wien 1981.

36 Richard Fester, Marie E. P. König, Doris F. Jonas, A. David Jonas: »Weib und Macht. Fünf Millionen Jahre Urgeschichte der Frau«. Fischer: Frankfurt ²1982.

37 Wilhelm Mannhardt: »Antike Feld- und Waldkulte in der bäuerlichen Tradition in Mitteleuropa« (1905, wiederaufgelegt 1963).

38 Friedrich Panzer: »Bayerische Sagen und Bräuche. Beiträge zur deutschen Mythologie«, 2 Bände. 1848, neu herausgegeben von Will-Erich Peuckert, Göttingen 1954/1956.

39 Vgl. meine Märcheninterpretationen in »Die Göttin und ihr Heros«. a.a.O.

40 Otto Höfler: »Germanisches Sakralkönigtum«. Tübingen 1952, und: »Siegfried, Arminius und die Symbolik«. Heidelberg 1961.

41 Evans Wentz: »The Fairy Faith in Celtic Countries«. London 1911, Neuaufl. 1977.

42 Lewis Spence: »British Fairy Origins« (40er Jahre) London.

43 Carl Gustav Jung, Studienausgabe in 20 Bänden. Ex Libris: Zürich 1972.

44 Gerda Weiler: »Der enteignete Mythos. Eine notwendige Revision der Archetypenlehre C. G. Jungs und Erich Neumanns«. Frauenoffensive: München 1985.

45 Erich Neumann: »Die Große Mutter« (1956); »Die Bedeutung des Erdarchetyps für die Neuzeit« (Aufsatz 1953); »Ursprungsgeschichte des Bewußtseins« (1949); »Zur Psychologie des Weiblichen« (Aufsatz 1975); vgl. zur Kritik an Neumann wieder Gerda Weiler: »Der enteignete Mythos«. a. a. O.

46 Erich Fromm: »Die sozialpsychologische Bedeutung der Mutterrechtstheorie« (1934); »Die Bedeutung der Mutterrechtstheorie für die Gegenwart« (1970), beide in: »Analytische Sozialpsychologie und Gesellschaftstheorie«. Suhrkamp: Frankfurt 1970; und »Verwurzelung durch Brüderlichkeit oder Inzest«, in: »Wege aus einer kranken Gesellschaft«, Ullstein: Frankfurt 1981.

47 Vgl. dazu Erika Wisselinck: »Hexen. Warum wir so wenig von ihrer Geschichte erfahren und was davon auch noch falsch ist«. Frauenoffensive: München 1986.

48 Alfred Rosenberg: »Der Mythos des 20. Jahrhunderts« (1933).

49 Lydia Gotschewsky: »Männerbund und Frauenfrage« (1934).

50 Vgl. F. Weizel: »Die Gestaltung der Feste im Jahres- und Lebenslauf der SS-Familie« (1940); vgl. die kritische Forschung zur Situation der Frau im nationalsozialistischen Staat; zwei Beispiele: Dorothee Klink-Sieck: »Die Frau im NS-Staat« Stuttgart 1982; Margret Lück: »Die Frau im Männerstaat. Gesellschaftliche Stellung der Frau im Nationalsozialismus« Frankfurt u. a. 1979.

51 Mathilde Ludendorff: »Das Weib und seine Bestimmung«. Verlag Hohe Warte: Stuttgart 1976.

52 Hermann Wirth: »Die heilige Urschrift der Menschheit« (1931); »Zur Frage der Frauenberge, eine europäische Gegenwartsfrage« (1972); »Europäische Urreligion und Externsteine« (1980).

53 Bruno Bettelheim: »Die symbolischen Wunden«, München 1975.

54 Mathilde Vaerting: »Die weibliche Eigenart im Männerstaat und die männliche Eigenart im Frauenstaat« (1921); vgl. zur gegenwärtigen Matriarchatsforschung auch die Dissertation von Martina Schäfer: »Feministische Fiktionen und literarische Traditionen eines autonomen feministischen Verlages«, München 1986.

55 Sir Galahad: »Mütter und Amazonen«, Berlin 1962.

56 Josefine Schreier: »Göttinnen«. Frauenoffensive: München 1968.

57 Elizabeth Gould-Davis: »Am Anfang war die Frau« (deutsche Übersetzung). Frauenoffensive: München 1977.

58 Gerda Weiler: »Ich verwerfe im Lande die Kriege. Das verborgene Matriarchat im Alten Testament«. Frauenoffensive: München 1984.

59 Ernest Bornemann: »Das Patriarchat«. Fischer: Frankfurt 1975.

60 Jean Markale: »Die keltische Frau« (Original: 1972, deutsch 1984). Dianus Trikont: München. (Leider ist die deutsche Übersetzung an vielen Stellen fehlerhaft.)

61 Vgl. »Die Göttin und ihr Heros«, 3. Teil. a. a. O.

62 Uwe Wesel: »Der Mythos vom Matriarchat«. Suhrkamp: Frankfurt 1980.

63 Hartmut Zinser: »Der Mythos des Mutterrechts«. Ullstein: Frankfurt u. a. 1981.

63 a Es gibt eine Reihe weiterer Gegenpositionen zum Thema Matriarchat, die jedoch so schematisch sind wie die Typen der Vorurteile, die ich bei den Matriarchatsforschern selber gefunden habe. Letztere haben sich wenigstens sachlich um das Thema bemüht, während die meisten sogenannten »Gegner« sich noch nicht einmal die Arbeit eines näheren Eindringens in das Sachgebiet machen, sondern ihre Vorurteile, welche die bestehenden gesellschaftlichen Vorurteile spiegeln, quasi nackt auftischen. So z. B. die Autorin Janssen-Jurreit (»Sexismus«, 1976), welche die Nichtexistenz von Matriarchaten und die Überflüssigkeit dieser Frage für die Frauenbewegung annimmt, nachdem sie sich mit diesem Gebiet schlicht gar nicht beschäftigt hat. Diese Haltung ist weit verbreitet, da sie bequem ist, denn man oder frau muß für solche Äußerungen keine Forschungsarbeit investieren – um die sich Wesel und Zinser, wenn auch sehr oberflächlich, wenigstens bemühen –, sondern nur das ignorante, aber sehr beliebte Vorurteil wiederholen. Gegenüber keinem anderen wissenschaftlichen Thema würde man oder frau dieserart leicht-

fertiges Mitgerede wagen. Aber wie jede andere Wissenschaft verlangt das Thema Matriarchat auch fachliche Kompetenz und nicht bloß laienhaftes Meinen – doch leider erregt es die Emotionen so sehr und ist eigentlich tabu!

Andere solcher »gegnerischen« Haltungen beruhen auf falschen Definitionen, die sich aus Vorurteilen und nicht aus Sachkenntnis speisen, wie z. B. die Definition vom Matriarchat als Herrschaftsumkehrung oder die Definition der Primitivität der Matriarchate, was seinen notwendigen Untergang mit sich brachte. Dazu ist die relevante Diskussion anhand von Vaerting, Wesel, Zinser, Bachofen, Engels und anderen bereits geführt worden. Ich brauche sie hier nicht zu wiederholen.

Ein dritter Typus von »Gegnerschaft«, der insbesondere die heutige Ethnologie durchzieht, ist die Reduktion des Matriarchats auf Matrilinearität. Hinzu kommt der Hinweis, daß Matrilinearität gar nichts besage, da es heute (!) noch viele matrilineare Gesellschaften gebe, in denen die Frauen aber sozial und politisch unterdrückt seien. Ein Vorläufer dieser Ansicht ist Ronhaar (»Women in Primitive Motherright Societies«, 1931), und wie bei ihm, so läuft es auch bei späteren ethnologischen Studien in der Regel ab: Erstens wird jegliche geschichtliche Perspektive gestrichen, die untersuchten Gesellschaften ins chaotische Nebeneinander des Hier und Jetzt gereiht wie Perlen auf eine Schnur. Zweitens werden Berge relevanten Materials beiseite gelassen. Drittens stützt man sich nur auf das, was männlichen Forschern über männliche Gewährsleute zugänglich war. Viertens spielt die europäisch-patriarchale Brille stets hinein, erzeugt Projektionen vom Bild der Frau, wodurch es unmöglich wird, die tatsächliche Gesellschaftsstruktur und Rolle der Frau wahrzunehmen. Ich habe die Wirkung solcher Entstellung im Verlauf der Diskussionen dieses Buches zur Genüge gezeigt und brauche meine Argumente hier nicht zu wiederholen. In der Flut ethnologischer Literatur kann sie jeder kritisch Lesende allenthalben selbst wiederfinden.

Liste der im Text erwähnten Literatur

Bachofen, Johann Jakob: »Das Mutterrecht«. Frankfurt 1975.

Bebel, August: »Die Frau und der Sozialismus«. Köln 1967.

Bettelheim, Bruno: »Die symbolischen Wunden«, München 1975.

Bornemann, Ernest: »Das Patriarchat«. Frankfurt 1975.

Briffault, Robert: »The Mothers«. New York 1969.

Eliade, Mircea: »Schamanismus und archaische Ekstasetechnik«. Frankfurt 1980.

Engels, Friedrich: »Der Ursprung der Familie, des Privateigentums und des Staates«. Berlin 1983.

Evans, Arthur: »The Mycenacan Tree and Pillar Cult«. London 1901.

–: »The Earlier Religion of Greece in the Light of Cretan Discoveries«. London 1931.

Fester/König/Jonas/Jonas: »Weib und Macht. Fünf Millionen Jahre Urgeschichte der Frau«. Frankfurt 1982.

Frazer, James George: »Der goldene Zweig«. Frankfurt 1977.

Fromm, Erich: »Analytische Sozialpsychologie und Gesellschaftstheorie«. Frankfurt 1970.

–: »Wege aus einer kranken Gesellschaft«. Frankfurt 1981.

Galahad, Sir (Eckstein-Diener, Bertha): »Mütter und Amazonen«, München 1975.

Gasparini, Evel: »Il matriarchato Slavo«. Firenze 1973.

Gebhardt: »Handbuch der deutschen Geschichte«. München 1973.

Gimbutas, Marija: »The Goddesses and Gods of Old Europe«. London 1982.

Göttner-Abendroth, Heide: »Die Göttin und ihr Heros. Die matriarchalen Religionen in Mythos, Märchen, Dichtung«. München 1980.

–: »Die tanzende Göttin. Prinzipien einer matriarchalen Ästhetik«. München 1982.

–: »Wissenschaftstheoretische Positionen in der Frauenforschung (Amerika, Frankreich, Deutschland)«, in: »Was Philosophinnen denken« (Hrsg. Bendkowski, Weisshaupt). Zürich 1983.

Gotschewsky, Lydia: »Männerbund und Frauenfrage« (1934).

Gould-Davis, Elizabeth: »Am Anfang war die Frau«. München 1977.

Heinsohn/Knieper/Steiger: »Menschenproduktion«. Frankfurt 1979.

Heinsohn/Steiger: »Die Vernichtung der weisen Frauen«. Herbstein 1985.

Höfler, Otto: »Germanisches Sakralkönigtum«. Tübingen 1952.

–: »Siegfried, Arminius und die Symbolik«. Heidelberg 1961.
Jung, Carl Gustav: Studienausgabe in 20 Bänden. Zürich 1972.
Klink-Sieck, Dorothee: »Die Frau im NS-Staat«. Stuttgart 1982.
König, Marie: »Am Anfang der Kultur. Die Zeichensprache des frühen Menschen«. Frankfurt-Berlin-Wien 1981.
Kuhn, Thomas: »Die Struktur wissenschaftlicher Revolutionen«. Frankfurt 1967.
Leonhardt, Karl: »Grundriß der Geschichte« (Schulbuch). Stuttgart 1957.
Lévi-Strauss, Claude: »Strukturale Anthropologie«. Frankfurt 1975/1978.
Ludendorff, Mathilde: »Das Weib und seine Bestimmung«. Stuttgart 1976.
Lück, Margret: »Die Frau im Männerstaat. Gesellschaftliche Stellung der Frau im Nationalsozialismus«. Frankfurt u. a. 1979.
Maisch, Herbert: »Inzest«. Hamburg 1968.
Malinowski, Bronislaw: »Das Geschlechtsleben der Wilden«. Frankfurt 1979.
Mannhardt, Wilhelm: »Antike Feld- und Waldkulte in der bäuerlichen Tradition in Mitteleuropa«. Darmstadt 1963 (Original 1904/5).
Markale, Jean: »Die keltische Frau«. München 1984.
Matz, Friedrich: »Kreta – Mykene – Troja«. Stuttgart-Zürich 1956.
Mellaart, James: »Chatal Hüyük, Stadt aus der Steinzeit«. Bergisch Gladbach 1967.
–: »The Neolithic of the Near East«. London 1975.
Morgan, Henry Lewis: »Die Urgesellschaft«. Stuttgart 1891.
Neumann, Erich: »Die große Mutter«. Olten 1974.
–: »Die Bedeutung des Erdarchetypus für die Neuzeit«, ERANOS Zürich 1953.
–: »Ursprungsgeschichte des Bewußtseins«, München 1974[2].
–: »Zur Psychologie des Weiblichen«, aus: »Umkreisung der Mitte«, Bd. 2, Zürich 1953.
Nölleke, Brigitte: »In alle Richtungen zugleich«. München 1985.
Oppitz, Michael: »Notwendige Beziehungen – Abriß der strukturalen Anthropologie«. Frankfurt 1975.
Ortiz-Osés, A.: »El matriarcalismo Vasco«. Bilbao.
Panzer, Friedrich (Hrsg. Peuckert): »Bayerische Sagen und Bräuche. Beiträge zur deutschen Mythologie«. Göttingen 1954/1956.
v. Ranke-Graves, Robert: »Griechische Mythologie«. Hamburg 1961.
–: »Die weiße Göttin«. Berlin 1981.
Reich, Wilhelm: »Der Einbruch der sexuellen Zwangsmoral«. Frankfurt 1975.
Rentmeister, Cillie: »Frauenwelten – Männerwelten«. Opladen 1985.
–: »Das Rätsel der Sphinx«, in: »Weiblich – Männlich« (Hrsg. Wartmann). Berlin 1980.
Rosenberg, Alfred: »Der Mythos des 20. Jahrhunderts«. 1933.
Schäfer, Martina: »Feministische Fiktionen und literarische Traditionen eines autonomen feministischen Verlages«. München 1986 (Dissertation).
Schmidt, Wilhelm: »Das Mutterrecht«. Wien-Mödling 1955.
Schreier, Josefine: »Göttinnen«. München 1968.
Sigrist, Christian: »Regulierte Anarchie«. Frankfurt 1979.
Spence, Lewis: »British Fairy Origins«. London (40er Jahre).
Vaerting, Mathilde: »Die weibliche Eigenart im Männerstaat und die männliche Eigenart im Frauenstaat«. Berlin 1975 (Original 1921).
Waters, Frank: »Das Buch der Hopi«. Köln 1983.
Weiler, Gerda: »Der enteignete Mythos. Eine notwendige Revision der Archetypenlehre C. G. Jungs und Erich Neumanns«. München 1985.
–: »Ich verwerfe im Lande die Kriege. Das verborgene Matriarchat im Alten Testament«. München 1984.
Weizel, F.: »Die Gestaltung der Feste im Jahres- und Lebenslauf der SS-Familie«. 1940.
Wentz, Evans: »The Fairy Faith in Celtic Countries«. London 1977.
Wesel, Uwe: »Der Mythos vom Matriarchat«. Frankfurt 1980.
Wirth, Hermann: »Die heilige Urschrift der Menschheit«. Leipzig 1931.
–: »Zur Frage der Frauenberge, eine europäische Gegenwartsfrage«. Marburg 1972.
–: »Europäische Urreligion und Externsteine«. Wien 1980.
Wisselinck, Erika: »Hexen. Warum wir so wenig von ihrer Geschichte erfahren und was davon auch noch falsch ist«. München 1986.
Zinser, Hartmut: »Der Mythos des Mutterrechts«. Frankfurt-Berlin-Wien 1981.